LES GUERRES DU LUXE

DU MÊME AUTEUR

Le Complot de novembre, Lattès, 1996.
French Blues, First, 1997.
L'Égyptien, Lattès, 1998.
Le Commerce des illusions, Lattès, 1999.

Stéphane Marchand

LES GUERRES DU LUXE

Fayard

Pour Solène

«Le luxe, ce n'est pas le contraire de la pauvreté,
c'est le contraire de la vulgarité.»
CHANEL

Le catafalque de Tom

Paris a son ciel des grands soirs tristes. Un immense rideau de nuages gris dont la frange s'effiloche envahit lentement l'azur. Un crépuscule doux et inexorable, à serrer le cœur. Au rythme lent du jour qui baisse, les limousines se succèdent devant l'entrée du musée Rodin, crachant leurs VIP's. Un tapis noir, déroulé dans la cour de l'hôtel de Biron, conduit jusqu'à un chapiteau noir et pourpre dressé comme un catafalque au milieu du parc. Pour l'atteindre, les invités passent entre deux haies de garçons et filles nus sous leur smoking, une simple cravate de cuir autour du cou. À l'intérieur du musée, une lumière mauve, distillée par les stores et quelques spots, éclaire un champ d'orchidées sombres dont s'échappent des vapeurs d'encens.

L'atmosphère est si prégnante que les six cents invités, au fur et à mesure qu'ils pénètrent dans la tente, baissent la voix, comme s'ils entraient dans une crypte, et s'assoient à la place qui leur a été assignée. L'ambiance est inhabituelle pour un défilé de mode. On n'entend pas les hurlements des hordes de photographes des agences de presse. Le maître de cérémonie les a tout simplement tenus à l'écart.

Les invités ont été triés sur le volet en fonction de leur influence, de leur célébrité ou de leur fortune. La sélection a été draconienne et les appels aux passe-droits dont Paris s'est fait une spécialité sont restés lettre morte. Les gens sont arrivés à l'heure, à l'américaine. Il est vrai qu'on n'assiste pas tous les jours à une tentative d'immortalisation. Ce soir, le Tout-Paris de la mode, du pouvoir et de l'argent s'est déplacé pour assister à la mort symbolique – et à la résurrection – d'Yves Saint Laurent, le plus grand couturier du XXe siècle. Ce soir, Tom Ford, le styliste vedette de Gucci, présente sa collection de prêt-à-porter YSL Rive Gauche, la première depuis que le maroquinier italien a racheté Saint Laurent en 1999.

Conscient du défi qui l'attendait, le Texan n'a rien laissé au hasard et l'ambiance presque militaire qu'il a instaurée dans ce lieu mythique révèle à la fois sa mégalomanie de surdoué et l'effort qu'il fait pour tenter de se hisser à l'altitude de son modèle. Maintenant qu'il est le roi de Saint Laurent, il sait qu'on le jaugera à l'aune d'Yves Saint Laurent, l'empereur finissant et malade, qui a préféré se retirer dans un de ses palais de Marrakech ou de Tanger, plutôt que de venir observer, dans cette pénombre épaisse, ce qu'il adviendra de lui en ce bas monde lorsqu'il sera mort. Il s'agit bien de cela : empêcher que la mort d'un homme ne sonne le glas de son nom. Un enjeu qui se chiffre en milliards de dollars et qui méritait bien qu'on en dépense presque deux millions ce soir-là.

En ce vendredi 13 octobre 2000, il y a un an que Ford prépare méticuleusement ce grand oral. Il a lu ses classiques, observé un demi-siècle de créations d'YSL et recensé avec méthode les codes du style Saint Laurent. Ce soir, aucun ne manque à l'appel. Tous les mannequins, minces, longs, cheveux blonds raides tombant sur les yeux, sont autant de sosies de Betty Catroux, la première et dernière égérie du maître, qui est assise au premier rang et reçoit cet hommage avec simplicité. Au détour d'un modèle, on retrouve le gilet que portait YSL sous son smoking au temps de ses vingt ans, les sandales inoubliables de sa collection des années 40, le fameux bustier de bronze sculpté Lalanne aux bouts de sein en diamants. Le défilé est minimaliste : le moyen le plus sûr d'éviter les fautes de goût. Tom Ford se méfie des Parisiens. Pour que personne ne puisse crier au défilé-supermarché, il n'a affublé ses mannequins d'aucun accessoire et les modèles sont très épurés. Pour ne pas affronter, même indirectement, le génie des couleurs qui caractérise à jamais Saint Laurent, il a joué la prudence. Du blanc, du noir, parfois une giclée de pourpre, une petite robe coupée au cordeau et bridée d'une sangle qui fait plusieurs fois le tour de la taille, un manteau de satin blanc. Les épaules sont carrées, les mains enfoncées dans les poches pour cette cérémonie androgyne.

C'est beau, c'est chic, mais, dans la salle, chacun ressent un manque indéfinissable qui gâche la fête. Quelques mauvaises langues trouvent que la qualité laisse à désirer. L'ancien président de Christian Lacroix, Jean-Jacques Picart, qui n'était pas invité mais a visionné une cassette, fait la moue :

« Comme c'est mal fabriqué ! Les vêtements ne sont pas d'aplomb. Quand les mannequins marchent, les robes vrillent. Sans doute un manque d'essayage. C'est vraiment la collection de quelqu'un qui a été pris de court. »

Tom Ford peut bien expliquer, dans la petite plaquette remise à l'entrée aux invités, avoir voulu aller à l'essentiel, les puristes restent sur leur faim. L'empereur aussi allait à l'essentiel, le sien, mais il empruntait des chemins de traverse. Il était sensuel. Tom Ford est sexy. La volupté délicatement perverse dont YSL enveloppait ses femmes a été, comment dire, pasteurisée. Le *look* scientifiquement mondialisé de Gucci s'est déposé comme un vernis sur la légende parisienne. Bienvenue au XXIe siècle !

N'en déplaise aux quelques nostalgiques de la couture

impériale qui hantent toujours les rives de la Seine, Tom Ford n'est ni un artiste tourmenté, ni un intellectuel, ni un historien. C'est tout simplement l'as américain du marketing qui a sauvé Gucci de la déroute il y a cinq ans. Depuis, le maroquinier italien, devenu un des groupes de luxe les plus dynamiques du monde, s'est offert Saint Laurent pour la coquette somme de 6 milliards de francs. Alors, bien sûr, il veut du retour sur investissement, et vite ! Gucci a acheté très cher un passé glorieux. La mission de Tom Ford, à Paris, est d'assurer l'avenir. Il doit prendre un nom et en faire une marque.

Guerre dans le luxe

Le défilé du musée Rodin, le premier de Tom Ford en tant que patron de la couture Saint Laurent, est l'aboutissement stylisé d'une des batailles les plus sauvages que l'industrie mondiale du luxe ait connues depuis une décennie. Elle dure depuis le début de 1999 et n'a cessé de gagner en intensité. C'est une guerre franco-française, bien sûr, puisqu'elle met aux prises deux des plus puissants hommes d'affaires de l'Hexagone, Bernard Arnault, président de LVMH, et François Pinault, propriétaire de Pinault-Printemps-Redoute. Mais c'est aussi une guerre mondiale, car les grands groupes de luxe sont d'authentiques multinationales. Entre les deux Français, comme dans une bonne pièce de la commedia dell'arte, un personnage joue un rôle complexe. C'est un Italien naturalisé américain. Il s'appelle Domenico De Sole. Il est président de Gucci. À eux trois, Arnault, Pinault et De Sole font trembler le monde du luxe depuis les premiers jours de 1999.

Le duel pour Gucci commence le mercredi 6 janvier 1999. Ce jour-là, Yves Carcelle, le président de la branche mode et maroquinerie de LVMH, est pendu au téléphone. Le polytechnicien, qui commença sa carrière dans le luxe comme président de Vuitton, cherche à joindre Domenico De Sole avec lequel il entretient des rapports amicaux, des relations de confrères maroquiniers. Dans sa recherche,

Carcelle dispose de peu d'informations. Il sait seulement que l'Italien a quitté New York pour l'Europe, mais impossible de savoir dans quel pays il a atterri. Il passe donc un premier coup de fil au siège de Gucci, à Florence, mais tombe sur un portier qui lui répond :

« Le signore De Sole n'est pas là. Tout est fermé. Il n'y a personne ici. »

Personne, c'est curieux ! À moins que… Carcelle réalise soudain que ce jour-là est férié en Italie. Il appelle donc le domicile londonien du président. Bien vu ! Il est là, mais s'apprête à entrer dans sa douche. « C'est urgent ! » insiste Carcelle. De Sole renfile son peignoir, retourne dans le salon et attrape le combiné. Avec un petit pincement à l'estomac. Il se doute que le Français ne le dérange pas chez lui, dans sa maison de Knightsbridge, pour bavarder de la pluie et du beau temps.

« Désolé de te déranger, Domenico, mais c'est vraiment important. Il faut que je te le dise. Nous avons franchi la barre des 5 % dans le capital de Gucci. »

Domenico De Sole avale lentement sa salive. Pourtant, la voix de Carcelle est cordiale, trop peut-être. L'Italien sent les choses. Le patron de Vuitton n'aurait pas utilisé ce genre de formule si l'opération était amicale. Le cerveau de De Sole tourne à cent mille tours. Si Carcelle appelle, c'est tout simplement que LVMH est obligé de révéler le franchissement du seuil de 5 %. Le règlement de la Securities and Exchange Commission (SEC), l'institution qui surveille Wall Street, l'y oblige. Gucci et LVMH sont en effet tous les deux cotés à Wall Street.

À tout hasard, le président demande quand même :

« À quel niveau êtes-vous ? »

Carcelle hésite un instant et répond :

« Je ne suis pas habilité à te répondre. »

Une cruauté inutile. La bouche sèche, De Sole insiste.

« Quelles sont vos intentions ? »

Il n'obtient que des propos évasifs, mais il ne va pas avoir à attendre longtemps. La réponse viendra quelques jours plus tard, le 12 janvier exactement. Ce jour-là, par un communiqué laconique, LVMH fait savoir qu'il détient 27 % du capital de Gucci Group NV, un groupe coté en bourse à New York et à Amsterdam.

L'offensive ne surprend pas grand monde. Que le numéro un mondial du luxe veuille ajouter une griffe de plus à son impressionnante panoplie, la belle affaire ! Tout au long des années 90, Bernard Arnault a gobé les maisons de luxe familiales les unes après les autres, de Dior en Céline, de Guerlain en Kenzo, en passant par Ponsardin, Veuve-Clicquot, Château-d'Yquem et Sephora, ne limitant jamais son appétit car il est persuadé que chaque nouvelle acquisition lui fait faire des économies d'échelle, crée des synergies dans son groupe et renforce son levier de pression publicitaire sur les médias. Attirées par la profondeur des poches du Français, la plupart de ces proies n'ont pas opposé de réelle résistance.

Cette fois pourtant, LVMH peut expliquer qu'il agit en état de légitime défense. À tout le moins, pour employer une métaphore militaire, il opère des frappes préventives pour protéger sa marque phare, Vuitton. Le maroquinier domine très largement tous ses concurrents et Yves Carcelle a bien l'intention que cela continue. Alors quand il voit Prada, à la fin de 1998, commencer à grignoter le capital de Gucci, il prend peur. Gucci allié à Prada aurait représenté pour Vuitton une menace éminemment dangereuse. De son point de vue, ce qu'il effectue maintenant n'est qu'une légitime autoprotection.

Et puis, à ses yeux, Gucci et Vuitton sont deux affaires qui peuvent être gérées de manière indépendante.

De manière indépendante ? Au sein du même groupe ? L'Italo-Américain n'en veut sous aucun prétexte. Les deux griffes sont deux poids lourds dans leur secteur, deux concurrents directs qui s'affrontent sur tous les marchés de la planète. La perspective de voir un dirigeant de Vuitton siéger au conseil d'administration de Gucci a donc quelque chose d'ubuesque. Toutes proportions gardées, c'est comme si un responsable important de Pepsi devenait actionnaire de Coca Cola ! De Sole connaît la chanson et sait bien que Gucci deviendrait forcément la seconde roue du carrosse s'il venait à passer sous la coupe du propriétaire de Vuitton. Par exemple, si une opportunité d'acquisition se présentait dans le secteur de la maroquinerie, LVMH ne sera-t-il pas tenté d'en faire profiter Vuitton, sa filiale à 100 %, plutôt que Gucci, son concurrent-partenaire à 34 % ?

Domenico De Gucci

Dans le monde de la mode et du luxe, les Italiens ont beau être européens, leur histoire être aussi ancienne et tourmentée que la nôtre, ils partagent avec les Américains beaucoup plus de valeurs que les Français. Leur indéniable souci de qualité est moins éthéré, moins hautainement aristocratique que le nôtre. Leurs gouvernements n'ont pas eu à cœur, comme en France, d'étrangler lentement l'industrie textile nationale, ce qui leur permet aujourd'hui de s'appuyer sur une formidable base industrielle et une vaste main-d'œuvre qualifiée. En outre, ce sont des as du marketing et de la communication. Voilà pourquoi il n'est pas si surprenant que le Calabrais Domenico De Sole et le Texan Tom Ford soient devenus le couple emblématique du luxe mondial en ce début de troisième millénaire.

L'histoire de Domenico De Sole, petit homme barbu qui a quadruplé le chiffre d'affaires de Gucci NV Group depuis qu'il en a été nommé PDG en 1995, est moins rocambolesque que celle de sa société, mais elle finit, au fil des années, par en faire partie. Né à Rome, élevé en Calabre, ce fils de général enseigne le droit avant de s'envoler pour le Nouveau Monde en 1970. Il décroche un masters à Harvard et entame sa carrière sur les chapeaux de roues dans ce qui reste encore aujourd'hui un des plus prestigieux cabinets d'avocats du pays, Patton, Boggs & Blow, sis à Washington, capitale fédérale des États-Unis. Là, pour progresser rapidement, il suffit d'avoir du flair et de piocher les clients les plus prometteurs. Ses nouveaux patrons lui conseillent tout naturellement de se faire les crocs sur une affaire un peu compliquée concernant une famille de compatriotes. Quelques heures plus tard, il se plonge dans le dossier Gucci.

Comme tout bon Italien, il connaît vaguement l'histoire associée à ce nom. Elle commence dans les années 1890 quand le beau Guccio Gucci quitte son pays pour travailler comme serveur à l'hôtel Savoy de Londres. Là, il découvre la jet-set internationale, comprend que celle-ci a besoin de sacs pour voyager. Il repart alors pour Florence dans l'intention de fonder l'atelier de maroquinerie qui deviendra en quelques décennies un rendez-vous du très beau monde, fournissant leurs sacs « bambou » à la princesse Grace, à Jacky Kennedy comme aux plus grandes stars d'Hollywood.

Pour être franc, l'avocat De Sole va vite se mordre les doigts. Il est pris entre dix feux à la fois. Travailler pour la famille Gucci, c'est gambader au beau milieu d'un champ de tir. Frères, sœurs, cousins, oncles ne s'entendent sur rien et ne se retrouvent que dans un irrépressible appât du gain. Parmi ce nœud de vipères éclatent régulièrement des disputes homériques. Tout le monde a le sang chaud et on en vient vite aux mains. Le 16 juillet 1982, par exemple, dans la somptueuse salle du conseil d'administration, via Tornabuoni, à Florence, Paolo Gucci, qui insiste pour enregistrer les débats en cours sur son magnétophone, est violemment frappé[1] par un de ses frères sous l'œil approbateur de son propre père et de son cousin. On le retrouve dans la rue, le front couvert de sang. Mais, au-delà du folklore, les affaires souffrent. La famille est déchirée par des

1. *Gucci : A House divided*, Gerald McKnight, Pan Books, 1989.

haines et des rivalités intestines qui conduisent ses membres à une succession de décisions commerciales et industrielles suicidaires. Chacun veut lancer sa ligne de vêtements, ouvrir sa boutique, construire son usine, et surtout, se remplir les poches. Le cousin Roberto a lancé une bouteille de scotch Gucci. Paolo, le cousin maudit, prépare une ligne de maroquinerie rivale, tandis que Maurizio multiplie les tee-shirts et les porte-clés.

Est-il besoin de préciser que le respect de la loi est le cadet des soucis de la tribu ? Chez Patton, Boggs & Blow, la mission de Domenico De Sole, désormais citoyen américain, consiste à tempérer l'ardeur du fisc d'Outre-Atlantique, qui s'intéresse de plus en plus près aux « *combinazioni* » d'Aldo Gucci, troisième fils de Guccio, le fondateur mort en 1953. De Sole y met tant de talent que, très vite, la famille ne peut plus se passer de lui et lui propose de la rejoindre. Recruter un avocat fidèle qui défendra la famille bec et ongles, même s'il n'en fait pas partie, voilà qui évoque un peu le rôle de Robert Duvall dans *Le Parrain*, mais De Sole accepte. Un avocat peut avoir beaucoup d'influence, mais lui veut aussi du pouvoir. En 1984, il prend donc les commandes de Gucci America à un moment où, à la suite d'une dispute de plus, les ponts sont pratiquement coupés entre la filiale new-yorkaise et le quartier général italien. Florence est en faillite, à cause des erreurs de gestion catastrophiques de son président, Maurizio, unique descendant de Rodolfo, le cinquième fils de Guccio. Pour De Sole, la situation est idéale. Plus Florence s'enfonce, plus New York acquiert du pouvoir. Et New York, c'est lui.

La famille est à nouveau un véritable champ de bataille, mais, de tous les contentieux croisés, celui qui oppose la branche Aldo à la branche Rodolfo est le plus irréductible. C'est en tout cas ce que l'on croit jusqu'en 1986. Cette année-là, une affreuse dispute éclate, cette fois entre Aldo et son fils Paolo. La famille descend alors un barreau supplémentaire sur l'échelle de l'infamie. Paolo, célèbre pour son caractère colérique, commet l'ultime trahison. Il transmet à la justice américaine des documents sur diverses fraudes fiscales du clan et envoie son père Aldo tout droit en prison. Celui-ci, âgé de quatre-vingt un ans, y restera environ douze mois. La *famiglia* est en lambeaux.

De Sole avance en terrain miné, car il ne s'est pas fait que des alliés. Aldo, par exemple, qui, quand il n'est pas en prison, raille De Sole, «cet invité qui est venu dîner et qui n'est jamais reparti». Il lui reproche de gérer la compagnie à la seule fin de produire des honoraires pour son ancien cabinet, Patton, Boggs & Blow, lequel a facturé, il est vrai, un million de dollars à Gucci en 1986[1].

Non contents de se disputer comme des chiens, les héritiers se prennent tous pour des directeurs artistiques. L'image de la marque se ternit car oncles et cousins lancent des accords de licence à tout va pour renflouer la trésorerie où ils aiment tant puiser. Le «double G» est à la dérive. On le trouve sur des objets aussi ordinaires que des cendriers ou des briquets. On dénombre 22000 produits estampillés Gucci à travers le monde, qui sont distribués par 2500 magasins. Autant dire partout. Gucci a cessé d'être une marque de luxe.

Domenico De Sole observe le carnage, bien décidé, lui, à rester debout. Il apprend dans le moindre détail ce qu'il ne faut surtout pas faire avec une griffe de luxe. Au milieu de ce gâchis navrant, il apparaît comme un parangon de stabilité et d'efficacité. Il est à la tête de la seule filiale qui gagne encore de l'argent.

En Italie, en revanche, rien n'a changé : Maurizio, le président de Gucci, se débat dans les affres de la banque-

1. *New York Magazine*, 26 avril 1999.

route et cherche désespérément à évincer du capital à la fois son père Rodolfo et son oncle Aldo. Il demande son aide à De Sole. Ce dernier fait semblant de réfléchir, mais son parti est pris. Il en est maintenant convaincu : si on veut sauver Gucci, il faut en chasser les Gucci.

Le capital de la société est divisé entre des coteries d'héritiers. Maurizio, le P-DG italien, en détient la moitié. Le reste est réparti entre oncles, tantes et cousins. Chacun possède un morceau de cet empire qui s'étiole, y compris, bien sûr, Paolo, son père Aldo, et Rodolfo, le père de Maurizio. À ce stade, la société a atteint un tel degré de décrépitude que les vautours des affaires commencent à tourner autour en cercles de plus en plus rapprochés. Il s'agit de groupes d'investisseurs spécialisés dans le rachat d'entreprises en difficulté. Investcorp, un fonds domicilié à Bahrein, dans le golfe Persique, est l'un d'eux. Il a déjà défrayé la chronique en sauvant plusieurs canards boiteux de la déroute, puis en les introduisant en bourse. Il a connu sa grande heure de gloire avec la mise sur orbite du grand joaillier américain Tiffany.

Avec l'aide de Maurizio Gucci et de Domenico De Sole, Investcorp va prendre, pour 135 millions de dollars, le contrôle de la moitié du capital, c'est-à-dire tout ce qui n'appartient pas à Maurizio. Au cours des quatre années suivantes, pourtant, la situation continue de se dégrader, et les pertes de s'accumuler. Investcorp perd patience : il faut que des têtes tombent. En 1994, c'est le coup de grâce : en échange de 175 millions de dollars, Maurizio, le dernier des Gucci, est prié de faire ses bagages. Ça y est : il n'y a plus de Gucci chez Gucci.

L'heure de l'*avvocato* a sonné. Cette même année, c'est ceint de la couronne de *chief executive officer* – directeur général – qu'il retourne en Italie pour tenter de renflouer l'épave qu'est devenue la maison de maroquinerie. Investcorp, qui a mis 50 millions de dollars au pot à titre de *starter*, veut des résultats rapides et exige des économies immédiates. De Sole ferme donc le superbe siège social que le très mégalomane Maurizio avait installé à deux pas de la Scala, à Milan, et se replie sur Casellina, un bourg de la banlieue de Florence où le grand Guccio avait jadis monté son premier atelier.

La *storia* n'est pas finie. Un an plus tard, en 1995, la famille subit un nouveau coup du sort. Maurizio est assassiné à quarante-six ans de plusieurs balles, devant ses bureaux milanais, par un tueur à gages recruté par son ex-femme Patrizia Reggiani. C'est avec en arrière-plan ce sinistre vaudeville que la maison Gucci s'efforce de prendre un nouveau départ. Investcorp met Gucci en vente pour 200 millions de dollars. Un acheteur potentiel, français, se présente, mais fait la fine bouche et demande un rabais de 50 millions dollars. Il s'agit d'un certain Bernard Arnault, président de Moët-Hennessy-Louis Vuitton. Chez LVMH, tout l'état-major est favorable à l'acquisition, surtout Yves Carcelle, le patron de Vuitton, mais le chef tranche :

« On arrête tout. Cette marque est morte ! »

Gageons qu'Arnault se rappelle aujourd'hui ce refus avec une certaine amertume : Gucci vaut maintenant cinquante fois plus !

Faute de trouver un repreneur, Investcorp décide alors d'introduire Gucci Group en bourse à New York et à Amsterdam – un choix qui revêtira une importance décisive dans la suite mouvementée de l'histoire du groupe. Juste avant l'Initial Public Offering (IPO), De Sole, qui veut assurer l'avenir, prend deux précautions. Il fait voter par l'assemblée générale, composée de l'unique actionnaire Investcorp, une confortable augmentation de capital. Il nomme ensuite un à un les membres du conseil de surveillance. Ils lui doivent tous leur siège, à lui et à lui seul. Le système est bien verrouillé.

De Sole veut refaire du « double G » un label de qualité. Il maintient donc les ateliers en Italie et reste sourd aux appels de ceux qui lui suggèrent de délocaliser la production en Extrême-Orient. Il supprime une à une les licences marginales et récupère les plus stratégiques. Il rachètera ainsi bientôt Gucci Timepieces, la société qui fabrique les montres pour la maison. En termes de prix, le positionnement est choisi avec soin : beaucoup moins cher qu'Hermès, juste au dessous de Chanel. Les sacs aux bandes vertes et rouges, la toile plastifiée siglée des deux G, sont abandonnés. Trop copiés, ils sont devenus un boulet pour la marque. Les résultats de ces coupes claires ne se font pas attendre. Pour le premier semestre de 1995, les bénéfices sont multipliés par cinq par rapport à l'année précédente. De Sole investit massivement dans la communication et la publicité. Dans le même temps, il rationalise la circulation de l'information et multiplie les magasins détenus en propre. En un mot, puisqu'il dispose de tous les leviers de commande, il prend le pouvoir. C'est ce qu'on attendait de lui.

Mais il ne le prend pas tout seul ! Très vite, il va confier des responsabilités très étendues à un jeune Texan entré chez Gucci en 1990, d'abord comme responsable de la création de prêt-à-porter féminin, puis de la création tout court. Tom Ford, c'est lui, assiste en direct au naufrage de la maison. Une des dernières batailles perdues par Maurizio contre De Sole le concerne d'ailleurs directement. Féru de formes arrondies et de couleurs brunes, Maurizio jugeait Ford, avec son goût des formes géométriques et sa passion du noir, trop avant-gardiste, et avait demandé son licenciement, mais De Sole aura tenu bon.

Dictateur artistique

«Je suis né vieux, ambitieux, tyrannique[1].»

En 1994, un an avant que la maison ne soit secoué par le meurtre de Maurizio commandité par l'ex-femme de ce dernier, Tom Ford devient directeur artistique de Gucci. On ne dit pas encore «dictateur artistique», mais tous les codes d'un formidable culte de la personnalité sont déjà en place. L'ordre règne, en noir et noir. Les hommes doivent être beaux, athlétiques, «fashion».

Tom Ford, tout le monde en convient, est un bel homme. Les hommes le trouvent beau. Les femmes le trouvent beau. Les actionnaires et les banquiers de Gucci le trouvent très beau. On les comprend : en subordonnant la création au marketing, au merchandising et à la communication, en inféodant l'art au produit, il a peut-être tué la couture, mais il a fait leur fortune. Le destin de ce surhomme du luxe mérite qu'on s'y arrête. Il a vu le jour en 1961 à Austin, au Texas, mais a passé l'essentiel de sa jeunesse à Santa Fe, au Nouveau-Mexique. Très tôt, à en croire sa biographie officielle et ses interviews dispensées si parcimonieusement qu'elles sont reprises à l'infini, il manifeste un goût et une aptitude marqués pour l'ordre, la discipline et l'uniforme. À huit ans, au lieu de jouer au football, il fait des plans de

1. *Elle*, 5 juillet 1999.

carrière extrêmement détaillés et se sent « différent » des autres. Adolescent, il s'envole pour New York où il va suivre des cours d'histoire de l'art à la New York University. Puis il passe à l'architecture à laquelle il s'initie à la Parsons School of Design, une institution qui possède une antenne à Paris, ville où il termine ses études tout en faisant un stage comme vice-attaché de presse de la maison Chloé. Son diplôme en main, il retourne à New York et se lance dans la mode. Il commence avec Cathy Hardwick, poursuit comme directeur de la création pour Perry Ellis.

En 1990, il est embauché par Gucci Amérique qui l'envoie aussitôt à Milan. Il n'a pas encore trente ans. L'aventure commence. Plutôt mal. Gucci sombre. Il n'y a plus d'argent. Les équipes s'étiolent, les managers envoient leurs CV à la concurrence et Ford se retrouve si seul qu'il n'y a même plus personne pour lui traduire l'italien en anglais ou lui faire un café. Mais il est américain et voit le côté positif de la débâcle. Il y a des avantages à travailler dans une maison en déconfiture : on vous laisse créer en toute liberté. C'est peut-être la grande chance de sa carrière.

Seul aux commandes de la création de Gucci, il peut donc mettre en pratique sa vision paradoxale de la mode. Il dessine en homme de marketing. Pour faire du volume sans lasser, il peaufine donc la technique du « segment court », celle de la « ligne évolutive », en sorte que la cliente ait le sentiment d'un renouvellement.

Dès 1990, Tom Ford a compris qu'une grande marque ne peut être que globale, mondiale. Il veut que la relance de Gucci soit planétaire. Or, pour projeter une nouvelle image à pareille échelle, la maroquinerie est insuffisante, trop statique. L'effort doit se concentrer sur le prêt-à-porter que Maurizio avait commencé à lancer au début des années 90. Ford va le transformer en véritable machine de guerre. Le « pap » ne représente aujourd'hui qu'environ 10 % du chiffre d'affaires du groupe, mais c'est lui, au rythme soutenu de défilés médiatisés à l'extrême, qui permet d'injecter à haute fréquence l'image de Gucci dans le système nerveux du public.

Pour cette injection, la « seringue », ce sont les campagnes de publicité. Chez Tom Ford, la pub, c'est l'« ultime design[1] », celui qui parachève le produit. Il assiste à toutes les prises de vues, en général réalisées par deux de ses proches, la styliste Carine Roitfeld et le photographe péruvien Mario Testino. De campagne en défilé, le *look* nouveau de Gucci émerge : sexe, pouvoir, argent, sans manière, sans complexe. Ce *look* plaît ou déplaît, mais une chose est sûre : il est identifiable instantanément par la jet-set du monde entier.

D'un maroquinier en déclin, Tom Ford va faire une multinationale du luxe. Il parvient la plupart du temps à dissimuler son ambition, mais laisse tout de même échapper à l'occasion que, s'il a un droit de regard sur la stratégie industrielle et financière de la maison, Domenico De Sole, le P-DG de Gucci, n'a pas son mot à dire sur la création. Quelques disputes homériques opposeront les deux hommes…

Aujourd'hui, Ford est riche, très riche. Ses stock-options représentent au bas mot un potentiel d'un milliard de francs. Le prince noir de la mode vole de capitale en capitale comme une star d'Hollywood. Avant même d'avoir effleuré la quarantaine, son parc immobilier est impressionnant. Il possède une splendide maison de béton et de verre sur les hauteurs de Los Angeles, dessinée par Richard Neutra, un appartement à Londres, la ville où est implanté aujourd'hui le QG de Gucci, un appartement à Paris, en bord de Seine, où il descend quand il vient chez Saint Laurent, et, surtout, une bâtisse, celle de sa grand-mère, située à 2 500 mètres d'altitude dans le désert de pierres du Nouveau-Mexique.

1. *L'Express*, 1er avril 1999.

Air pur, ciel turquoise et pas âme qui vive : c'est là qu'il voudrait, dit-il, couler plus de jours heureux avec le journaliste de mode Richard Buckley, son compagnon qui, lui, ne veut pas d'enfant.

Les tics de la boutique

Lambert Wilson est venu avec des amis. Sa tête dépassant au-dessus du reste du groupe, tout le monde peut profiter de la présence de l'acteur. C'est un des petits trucs des bonnes attachées de presse : inviter des célébrités de haute taille pour être sûres que les journalistes ne les rateront pas. Un major-dome à la dégaine de garde du corps, des écouteurs aux oreilles, surveille les entrées. Des serveurs en pantalon noir et chemise noire à col ouvert serpentent dans la foule des invités, offrant des vodka-tonics, des petits-fours futuristes ou des montres à regarder. Ce soir, on inaugure la nouvelle boutique du maroquinier italien, rue Royale, à Paris.

Les invités passent et repassent devant les présentoirs de sous-vêtements annoncés par des posters résolument gays, ondulant au rythme de la musique rock qui jaillit des enceintes collées contre le rayon des manteaux de femmes. L'ambiance est élégante, froide, un peu maniérée, androgyne. Gucci. Au premier étage, la foule est moins dense. De loin, on jurerait que la longue blonde au cou gracile est torse nu. Ses seins voilés d'une gaze très légère jaillissent de sa robe fourreau blanche, exactement à hauteur du visage de Domenico De Sole, mais le président de Gucci continue imperturbablement à égrener les axes de sa stratégie multimarque pour le bénéfice des deux éphèbes imberbes qui accompagnent la hiératique splendeur. Sur le visage du mannequin, pas un muscle ne bouge. Terriblement Gucci. Le grand patron explique calmement, pour la millième fois, le concept du magasin, que l'on peut retrouver à l'identique partout dans le monde. Dans chaque boutique, le manteau en vison pour enfant à 30 000 francs sera disposé au même endroit, juste à côté de la chapka assortie à 12 000 francs. Chez Gucci, les boutiques ont des « tics ».

De Sole a le sourire, peut-être parce qu'à quelques jours de Noël, il vient de prendre connaissance du chiffre d'affaires du groupe Gucci. Au troisième trimestre 2000, celui-ci a doublé par rapport au trimestre précédent, pour atteindre 615 millions de dollars. C'est l'avantage des groupes relativement modestes : ils peuvent annoncer des chiffres de croissance impressionnants.

Dans cette stratégie de développement, les boutiques Gucci sont un autre moyen d'atteindre la même fin. Plus il y a de boutiques – à condition qu'elles soient situées dans les meilleurs emplacements des villes les plus riches du monde, et annoncées par une communication tonitruante –, plus on vend. C'est garanti, puisque les gens riches sont de plus en plus riches et de plus en plus nombreux. Dans le luxe moderne, la boutique, c'est le nerf de la guerre. Bien sûr celles de Gucci sont un peu systématiques, à l'américaine. Un Parisien persifle :

« Tom, au fond, c'est un vitriniste. »

Peut-être, mais un maître-vitriniste. Conçues dans le plus infime détail par Ford, les boutiques sont toutes exactement les mêmes. Pas de déclinaison ethnique en fonction du pays d'accueil, comme fait, par exemple, Vuitton. La femme qui s'habille Gucci doit pouvoir trouver dans chaque magasin l'ambiance à laquelle elle est habituée. Comme il y a un univers Disney dans lequel les enfants se déplacent instinctivement, il y a, pour la jeune femme riche qui se rêve en vamp fatale, un univers Gucci dans lequel elle doit pouvoir s'orienter et acheter les yeux fermés, comme si elle était chez elle. La boutique Gucci est un *total concept*, un mode de vie à part entière.

Cette bonne odeur du sang

Bernard Arnault est en forme. Tendu, mais en forme. Sans doute l'odeur du sang, comme disent les romanciers au Texas. L'opération Gucci lui rappelle les années folles de la conquête de Boussac, l'assaut victorieux contre LVMH, avec ses montées d'adrénaline, ses longues séances de planification tactique, l'irremplaçable saveur de la chasse. De cette bataille pour Gucci, il aime tout : l'attaque à la hussarde, l'ennemi aux abois, la presse qui ne parle que de lui. Si l'adversaire se soumet, il est prêt à se montrer magnanime ; impitoyable si l'impudent résiste trop. Il est le Gengis Khan du luxe !

Pour l'instant, il poursuit son encerclement en faisant la tournée des actionnaires de Gucci. Il leur rachète leurs parts : un peu à Prada, un peu à des fonds de pension anglo-saxons tels que Templeton et Patnam, et ainsi de suite. Comme l'action a déjà bien progressé, personne ne se fait prier pour vendre. Le 25 janvier, Arnault possède déjà plus de 30 % du capital du maroquinier italien. À ce niveau, il estime avoir droit à un certain pouvoir dans le groupe, et le fait savoir. Aimablement, pour commencer. Chez Gucci, on fait semblant de ne pas avoir peur, mais la tension est palpable dans chaque communiqué.

Les deux camps en sont réduits à chercher des médiateurs.

Par bonheur, ils trouvent assez vite. William McGurn, un avocat du cabinet américain Cleary, Gottlieb, Steen & Hamilton, a, dans le passé, travaillé à la fois pour Gucci et pour LVMH. Cette fois, pour le compte de Gucci, il va jouer les intermédiaires aussi longtemps que la situation ne sera pas ouvertement conflictuelle.

Le président de LVMH est sûr de lui. À 30 %, on peut y aller au bluff et se montrer exigeant. Ses banquiers-conseils de Goldman Sachs lui ont expliqué qu'avec 35 % du capital, il pouvait prendre le pouvoir chez Gucci. Comment ne pas les croire, quand on a tellement envie de les croire ?

Et De Sole ? Il défendra son indépendance. Il l'a toujours dit. Deux ans plus tôt, en 1997, il avait formulé à cet égard quelques principes plutôt radicaux : aucun actionnaire de Gucci, quelle que soit la quantité de capital dont il disposerait, ne serait autorisé à détenir plus de 20 % des droits de vote. Avec ce corollaire : si un investisseur veut prendre le contrôle de Gucci, il devra lancer une OPA sur la totalité du capital et verser en sus une prime de contrôle. Ces principes, il les répète à l'identique, et à qui veut l'entendre, quand l'italien Prada se défait soudain d'environ 10 % du capital de Gucci pour les céder à LVMH. Les conditions édictées par De Sole sont draconiennes, mais elles ont l'avantage de la clarté : les investisseurs trop pressants savent qu'ils seront combattus ; les actionnaires minoritaires savent qu'ils seront protégés.

Les intentions de Bernard Arnault ne sont pas très claires. Cherche-t-il à prendre le contrôle de Gucci ou envisage-t-il simplement une grosse participation afin de profiter de l'essor impressionnant de la griffe italienne ? Aujourd'hui, la ligne officielle propose la seconde version, qui semble crédible, mais il n'y a pas que dans les romans d'Orwell que l'histoire est parfois réécrite pour calmer les tourments des égos meurtris. En cette fin janvier, cependant, on ne pense pas encore à l'histoire et les égos sont remontés à bloc.

LVMH vient d'atteindre 34,4 % du capital.

Un homme suit cette ascension avec une attention passionnée : c'est Tom Ford. Une clause discrète de son contrat stipule que, si un actionnaire franchit la barre de 35 % du capital, il peut tirer sa révérence et exercer ses options. Il en possède deux millions, affectées d'un seuil d'exercice de 45 dollars. Ce jour-là, l'action vaut 85 dollars. Mais Arnault s'arrête soudain et Tom Ford perd l'occasion de rafler 80 millions de dollars.

Maintenant, Bernard Arnault s'estime en droit d'exiger du pouvoir, c'est-à-dire au moins un siège au conseil de surveillance de Gucci. Trois noms que LVMH voudrait voir siéger au conseil commencent à circuler entre Paris, Amsterdam, New York et Florence. En Toscane, l'atmosphère s'alourdit. Un membre du conseil confie à De Sole qu'Arnault lui aurait dit : «J'ai besoin d'avoir des yeux et des oreilles au conseil de Gucci.»

Quant un flirt devient-il un viol ? Jusqu'à présent, De Sole voyait surtout des avantages à être courtisé au prix fort par LVMH, mais cette mise en demeure du Français le pique au vif. S'allier, pourquoi pas ? Mais il n'est pas question d'être jeté, après tant d'autres, dans la gibecière du Français. Depuis qu'il a, à la seule force de son poignet, transformé son entreprise en un groupe multimilliardaire en dollars, forçant l'admiration et la jalousie de toute la profession, l'Italien ne supporte pas qu'on le traite en domestique. Il fait alors une proposition qu'il juge honnête : soit Moët-Hennessy-Louis Vuitton lance une OPA, évidemment très coûteuse, sur la totalité du capital de Gucci, et le couple De Sole-Ford accepte sous certaines conditions de rester ; soit LVMH s'engage à ne pas dépasser la barre du tiers du capital et signe un contrat de manière à régler le conflit d'intérêts flagrant entre Vuitton et Gucci dans le secteur de la maroquinerie. En attendant, il fait rejeter par son conseil de surveillance la nomination d'un administrateur proche d'Arnault. L'homme de Florence ne veut en aucun cas que des informations sur ses marges bénéficiaires parviennent à son concurrent français.

LVMH refuse les deux propositions. Bernard Arnault ne veut ni payer trop cher, ni négocier avec sa cible. Un monarque ne négocie pas avec un futur vassal, il le soumet !

L'impérieux polytechnicien porte sur les nerfs de De Sole, qui devient cassant. Pourtant, les tentatives de médiation se poursuivent. Les hommes de l'ombre finissent par organiser une rencontre, fin janvier. Arnault s'en souvient :

« Je l'ai invité à dîner. Il m'a convoqué chez Morgan Stanley[1] ! »

Cette première entrevue se déroule dans les locaux parisiens de la banque d'affaires, rue Balzac, et elle n'est pas du tout cordiale. Les deux hommes ont presque appris leurs répliques par cœur et les échanges sont invraisemblables. En termes qu'il croit diplomatiques, Arnault explique à De Sole que la griffe Gucci n'est pas exploitée au mieux de son potentiel, que LVMH pourrait la faire gagner en rentabilité grâce à toute une série de synergies.

De Sole prend ces conseils comme un soufflet et tape du poing sur la table :

« Je n'ai pas besoin de LVMH ! »

Est-ce pour détendre cette atmosphère un peu lourde que Bernard Arnault lui propose soudain une augmentation de salaire, comme à un cadre méritant ? C'est en tout cas la version de l'Américain. De son côté, Arnault affirme que De Sole lui a, au contraire, demandé avec insistance quelle

1. *Vanity Fair*, juillet 1999.

quantité de stock-options il envisagerait de lui octroyer, à lui et à Tom Ford, au cas où ils feraient affaire...

Le Français aurait alors répondu sur le ton de l'ironie glacée, sa spécialité :

« C'est la responsabilité du management de Gucci, pas celle d'un actionnaire qui ne possède même pas un siège au conseil de Surveillance... »

Les mensonges et la manipulation sont si intimement liés à la gestion médiatique de l'affaire qu'il est difficile de savoir laquelle de ces deux versions est la bonne. Elles sont peut-être toutes les deux vraies, ou toutes les deux fausses. En tout cas, la réunion de conciliation tourne court et les hostilités reprennent.

La presse du monde entier, qui n'a pas tous les jours un pugilat maroquinier à se mettre sous la dent, couvre la « guerre des sacs à main » comme s'il s'agissait d'un conflit au Proche-Orient. Offensives, contre-offensives, médiateurs, espions, traîtres, rapine : tout y passe. Des milliers de portraits d'Arnault et de De Sole sont publiés. La tête leur tourne un peu à tous deux. On les appelle, on les conseille, on les consulte, on les encourage. Il n'y en a que pour eux.

C'est exactement à cette époque, début février, que Bernard Arnault reçoit un coup de téléphone d'un autre grand homme d'affaires français : François Pinault vient aux nouvelles. Le Breton est loin d'être un de ses amis, mais les deux grands du capitalisme français entretiennent des relations parisiennes correctes. Pinault avait même invité Arnault au mariage de sa fille, poussant la politesse jusqu'à asseoir Hélène Arnault à son côté. Les deux hommes ne sont-ils pas montés vers le succès à la même époque ?

Au téléphone, Pinault est charmant. Il invite Arnault à une exposition Rothko qu'il organise, le félicite sur sa campagne d'Italie et lui pose d'un ton badin quelques questions sur Gucci. Flatté, Bernard Arnault ne se fait pas prier, s'excuse de ne pouvoir se rendre à l'exposition puisqu'il est en Italie, puis fait en long et en large l'éloge appuyé du maroquinier florentin. Pinault écoute attentivement, puis après avoir assuré Arnault de son « soutien amical », il raccroche.

Pendant ce temps, LVMH travaille à la victoire. Les membres de la *task force* juridique se réunissent quotidiennement autour de Pierre Godé, le juriste qui sert à Bernard Arnault de bras droit depuis quinze ans. À ses côtés, James Lieber, un avocat tout frais émoulu d'un grand cabinet américain qui est devenu le « directeur Corporate Affairs » de LVMH, est tout spécialement chargé d'envisager le litige sous l'angle du droit américain.

Depuis que William McGurn lui a dit en des termes alambiqués que Gucci était en train de mettre au point les mesures à prendre pour se défendre, Lieber se creuse la tête pour deviner ce qu'il a bien voulu dire. McGurn voulait-il parler d'un « chevalier blanc », c'est-à-dire d'un investisseur venant au secours de Gucci ? Sans doute. Mais, pour Lieber, tout pétri de droit américain, un « chevalier blanc », c'est un investisseur qui sauve en achetant tout le capital au moyen d'une OPA. Or ce n'est vrai qu'en Amérique. En Europe, surtout en Europe du Nord, le droit boursier est moins inflexible et le chevalier peut être beaucoup moins blanc.

Pierre Godé, qui se méfie de tout – on le paye pour ça –, demande une dernière fois au cabinet new-yorkais représentant LVMH aux États-Unis, Davis Polk & Wardwell, de vérifier tous les verrous : Gucci peut-il ou non tenter un coup fourré avec son capital ? Les avocats, des ténors de leur profession, se renseignent une fois de plus et confirment : aucune société cotée à Wall Street ne peut émettre plus de 20 % de son capital au profit d'un investisseur extérieur.

Godé se le fait préciser par lettre.

Pour plus de certitude encore, il pose la question à son conseil financier, Goldman Sachs, une des plus puissantes banques d'affaires du monde. Pour elle non plus, il n'y a aucun problème. Godé est rassuré.

Il a tort. Ce que tout le monde, dans le camp Arnault, semble ignorer – fait curieux quand on contemple l'armada d'avocats et de banquiers rémunérés par le groupe français –, c'est que la limite des 20 % ne vaut que pour les sociétés de droit américain. Les sociétés enregistrées à Wall Street sous statut étranger, comme Gucci, sont dispensées de cette contrainte. Une petite exception qui va faire dérailler l'énorme mécanique mise en branle par le groupe de Bernard Arnault…

De Sole tire deux fois

La vengeance est un plat qui se mange froid et qui peut donc se déguster vite. Celle de De Sole sera terrible, souterraine, en un mot florentine. Il veut faire payer à Arnault la peur que ce dernier lui a faite, et l'empêcher de se mêler des affaires de Gucci une bonne fois pour toutes.

L'objectif s'énonce très simplement : il faut diluer la participation d'Arnault dans le capital. Comment procéder ? Faire confiance à la Providence ? En affaires, c'est déconseillé. Le patron de Gucci sait que personne ne viendra spontanément à son aide. Heureusement, dans son épreuve, il bénéficie d'un allié précieux, le droit boursier hollandais, sans doute un des plus laxistes du monde industrialisé. À Amsterdam, les règles sont floues et la coutume veut que les juges se décident plus en fonction de principes un peu vagues d'équité économique qu'à la lumière d'un code très strict. À la bonne heure ! On devrait pouvoir se débrouiller

Le Calabrais secoue ses avocats et leur ordonne de trouver un plan d'action. Ces derniers reviennent vers lui avec une tactique de défense qui, à défaut de stopper l'assaut, permettra de gagner du temps. C'est un plan qui s'appelle l'ESOP, *employee stock ownership plan* et ne représente ni plus ni moins qu'un banal plan d'actionnariat salarié. Le 17 février, Gucci émet 20 millions d'actions exclusivement réservées à ses salariés. Une générosité louable, sauf que... les salariés acquièrent des droits sur seulement 0,5 % de la valeur de ces actions ! Le reste, c'est-à-dire 99,5 %, s'apparente à de l'autocontrôle et repasse instantanément sous la coupe du groupe. Joli tour de passe-passe !

Une petite précision : ce n'est pas Gucci qui émet directement les actions, mais un fonds d'épargne (*De Stichting*) auquel Gucci a prêté l'argent. En somme, le groupe finance le rachat de ses propres actions par un tiers, ce qui est totalement illégal. Mais Gucci a bien étudié l'article 23 de la deuxième directive européenne d'harmonisation du droit des sociétés. On y lit que la règle ne prévoit qu'une exception et une seule : le plan d'actionnariat salarié, précisément !

Tout semble donc en ordre, à ceci près que l'ESOP accorde aux employés de Gucci des droits de vote considérables en échange d'un pouvoir économique négligeable. Ils détiennent 38 % du capital du fonds de réserve, alors qu'ils n'ont déboursé que 0,5 % de la valeur des actions. Voilà qui lèse les actionnaires et pourrait jeter le discrédit sur le marché boursier d'Amsterdam. Les juges toussent.

C'était bien imaginé, mais la ficelle est trop grosse et l'opération est aussitôt jugée suspecte[1], car le véritable objectif de la manœuvre apparaît clairement. Il s'agit uniquement de diluer la part de LVMH dans le capital. Le 18 février, cette part, diluée par l'ESOP, retombe à 25,6 %. Tollé chez LVMH ! Ses avocats américains ont reconnu dans l'ESOP un « truc » souvent utilisé comme défense anti-OPA par des entreprises aux États-Unis, et systématiquement rejeté par les tribunaux outre-Atlantique. Pierre Godé proteste, clame que ce sont de « fausses » actions, attaque devant la Chambre des Entreprises de la cour d'appel d'Amsterdam. Une dizaine de

1. Dalloz Affaires n° 176, 30 septembre 1999.

jours plus tard, celle-ci gèle les actions émises dans le cadre de l'ESOP. Même au regard du droit boursier néerlandais, le plan d'actionnariat est louche. C'est dire s'il dégage juridiquement une odeur désagréable…

Le coup d'essai de De Sole n'était pas un coup de maître, mais cette première tentative lui a permis de gagner du temps et de clarifier ses idées. Les salariés, ça ne marche pas. Il faut trouver un autre bouclier, et vite ! L'ère des ruses continue, mais l'époque des faux-semblants s'achève. Si la fiction d'une possible réconciliation entre Gucci et LVMH avait plus ou moins duré jusque-là, la distrayante filouterie de l'ESOP l'a fait voler en éclats. Désormais, c'est la guerre déclarée, et l'intermédiation de William McGurn prend abruptement fin.

Maintenant, c'est clair, il y aura un gagnant et un perdant dans cette guerre. Dans un raid capitaliste hostile – Bernard Arnault n'ignore pas cette règle d'or –, le premier à partir à l'attaque doit gagner. Sinon, il risque de rester interminablement enlisé dans une position exaspérante de minoritaire impuissant. LVMH n'a d'autre choix que la fuite en avant.

La tension monte de plusieurs crans, les esprits s'échauffent. Un journal britannique affirme que Tom Ford est suivi en permanence par des détectives de la célèbre agence d'investigation new-yorkaise Kroll Associates[1]. Et l'assistante de Bernard Arnault affirme avoir reçu un coup de téléphone de menace d'un mystérieux correspondant italien[2]. On nage en plein polar.

La cour d'Amsterdam, qui a annulé l'ESOP, demande maintenant aux deux adversaires de reprendre leurs pourparlers le 19 mars. Gucci acquiesce benoîtement, mais Domenico De Sole a de tout autres projets. Il prépare sa

1. *Vanity Fair*, juillet 1999.
2. *Le Nouvel Observateur*, 1er décembre 1999.

deuxième salve défensive et, cette fois, n'a plus droit à l'erreur. Les administrateurs et les actionnaires pourraient se lasser.

Il monte alors dans la gamme de la subtilité. L'ESOP relevait de la carambouille. Cette fois, il se lance dans la diplomatie de haut vol. Des légions d'avocats et de banquiers d'affaires américains sont envoyés par Gucci à travers le monde avec pour mission de trouver le « chevalier blanc » qui arrachera le groupe italien aux griffes de LVMH. Gucci ne pourra pas résister longtemps seul au géant du luxe. Mais attention, pas n'importe quel chevalier : il doit être riche et sans trop de liens avec la maroquinerie.

C'est Morgan Stanley, la banque de prédilection de Gucci, qui coordonne les recherches. Elle trouve assez vite l'oiseau rare : un milliardaire français, inconnu dans le luxe. Il s'appelle François Pinault. Joseph Perella, un des associés de la banque, l'appelle au téléphone le 23 février et sent tout de suite que le Breton est ferré. Il ne se trompe pas. En quelques minutes au téléphone, Pinault ressent ce pincement à nul autre pareil : le désir du *raider* devant un « coup ». Il lui faut Gucci. Vite ! À partir du moment où il repose le combiné, son métabolisme change. Pinault est devenu un fauve en chasse. Pendant un mois, il ne pensera plus à rien d'autre.

Pendant les quinze premiers jours de mars 1999, les événements vont s'accélérer de manière frénétique. Cela commence par un voyage. Dans les tout premiers jours de mars, pour se faire l'œil, Pinaut part se balader incognito dans la boutique Gucci de la Cinquième Avenue, avec aux lèvres le sourire de celui qui prépare une bonne blague. Le 6 mars, de retour à Paris, les yeux brillants d'excitation, il s'entretient avec Serge Weinberg, l'énarque fabiusien qui préside Pinault-Printemps-Redoute (PPR), le gigantesque groupe de distribution dont Pinault est l'actionnaire majoritaire. Et si PPR prenait le contrôle de Gucci ? lui glisse

Pinault à brûle-pourpoint. Weinberg écoute et opine, sans plus. Il est d'accord, mais n'a pas l'air emballé. Il demande le secret : si l'affaire ne se fait pas, insiste-t-il, il faut que personne ne puisse imaginer qu'elle a été envisagée.

Le 8 mars, c'est le premier contact entre Pinault et De Sole. Il a lieu à Londres, dans l'hôtel particulier qui abrite l'antenne de Morgan Stanley. Michael Zaoui, le responsable des fusions-acquisitions de la banque pour l'Europe, est présent. Pinault et De Sole ne se sont jamais rencontrés. L'Italien s'efforce de ne pas montrer qu'il a le couteau sous la gorge. François Pinault et Patricia Barbizet, la directrice générale d'Artémis, savent qu'il est le dos au mur. Avant de faire le voyage, ils ont soigneusement épluché les comptes de Gucci et se sont un peu renseignés sur De Sole. L'affaire paraît saine, juteuse, mais compliquée. Michael Zaoui la présente sous un jour formidablement attrayant : marque en croissance exponentielle, rentabilité somptueuse, trésorerie pléthorique. Un rêve !

Une conversation animée s'ensuit, les hommes et les femmes présents se jaugent, s'observent, mais on n'entre pas dans les détails. Ils décident de se revoir le vendredi suivant à Paris.

Le lendemain 9 mars, Gucci, faisant comme si de rien n'était, transmet à LVMH un protocole d'accord pour une éventuelle alliance entre les deux sociétés. LVMH, qui ne se doute vraiment de rien, répond aussitôt : rendez-vous le 19 en Hollande.

Le vendredi 12, François Pinault reçoit à dîner, dans son hôtel particulier de la rue de Tournon, De Sole qui est accompagné de Tom Ford, le directeur artistique de Gucci. Zaoui est venu. Serge Weinberg est là. Patricia Barbizet est la seule femme. Elle est habituée. Tom Ford, prodigieusement élégant, admire longuement les magnifiques tableaux d'art contemporain qui ornent les murs, puis il s'assied et entreprend de charmer l'assistance.

Le courant passe. De Sole jure qu'il a été séduit, ce soir-là, par le regard bleu acier de Pinault, par la courtoisie avec laquelle il traite ses collaborateurs. Rien à voir avec la hauteur aristocratique qui l'avait glacé lors de ses deux rencontres avec Arnault. Avec Pinault, il n'a pas le sentiment d'être un gibier. Il oublie sans doute qu'il existe diverses façons de chasser…

Autour de la table, les Français écoutent, fascinés, la description de cette mécanique de précision qu'est Gucci, où le marketing, la création, la communication, le merchandising et la publicité s'emboîtent parfaitement dans un ballet à la fois merveilleusement huilé, ultracentralisé et incroyablement rentable. À ce dîner, François Pinault ressent une sincère admiration pour le duo qui, en cinq ans, a ressuscité, transformé et développé la griffe italienne. Les doutes viendront plus tard sur la capacité culturelle du tandem à créer un vrai groupe de luxe multimarque.

Les deux invités parlent, parlent, en rajoutent même, histoire de justifier le prix qu'ils s'apprêtent à demander. François Pinault a beau être ébloui, il manque de s'étouffer quand Domenico De Sole lui annonce le chiffre de sa voix onctueuse. Si le propriétaire de PPR veut 40 % de son capital, il doit mettre sur la table 18 milliards de francs.

« C'est énorme ! proteste Weinberg.

– C'est Gucci » répond De Sole, toujours modeste.

La négociation s'engage.

3 milliards de dollars en échange de 40 % du capital, cela met l'action Gucci à 75 dollars, alors qu'elle n'en vaut à l'époque que 60. Pinault marchande. Il commence à 62 dollars, puis remonte. Mais De Sole semble inflexible. Il serait légitime de se demander ce que Gucci va bien pouvoir

faire de 3 milliards de dollars, mais cette question est sans importance à ce moment-là. C'est l'arithmétique juridique et capitaliste qui impose cette somme. Si on veut diluer Arnault et ses 35 %, il faut prendre au moins 40 %. Impossible, puisque De Sole s'accroche au prix de 75 dollars l'action, de s'en tirer à moins de trois milliards de dollars. De plus, comme il ne lance pas une OPA sur la totalité du capital, Pinault ne peut prendre le pouvoir au conseil de surveillance de Gucci avant 2004. C'est ce qu'on appelle un *standstill*.

La démarche de François Pinault est simple : il paie un prix relativement modique, mais achète en viager. Alors ?

On attend ? On fonce ? Il faut réfléchir.

Weinberg, toujours méfiant, met une condition. Il veut impérativement que l'affaire soit conclue avant le 19 mars, date à laquelle Gucci est censé reprendre ses discussions avec LVMH. Sinon, prévient-il, tout est à l'eau. Le président de PPR ne veut pas que Gucci se serve de lui pour faire monter les enchères avec le groupe de Bernard Arnault. Il n'entend pas être manipulé par De Sole.

Pinault, lui, se projette déjà dans l'avenir. Le désir lui souffle d'y aller, de ne pas négliger une occasion pareille. Il est dans les affaires depuis assez longtemps pour savoir qu'elle ne se représentera pas forcément, et puis il n'est plus tout jeune. Tous les critères de son esthétique personnelle des affaires sont rassemblés : une intuition stratégique, des sommes considérables en jeu, des profits potentiels à la mesure, un montage financier acrobatique et une bonne dose de risque. Avec, finalement, la constitution du troisième groupe de luxe mondial.

Car, depuis des mois, il négocie avec Sanofi le rachat d'Yves Saint Laurent, et l'affaire est sur le point d'aboutir au nez et à la barbe d'Arnault, à condition de mettre 6,3 milliards de francs sur la table. Son raisonnement est simple : comme entrée dans le luxe, Gucci, c'est bien. Gucci plus Saint Laurent, c'est mieux. À la fin du dîner, il révèle à Ford et à De Sole qu'il compte récupérer Saint Laurent et le revendre à Gucci. Pinault se souvient de leur réaction : « Croyez-moi, ils salivaient ! »

Le ticket d'entrée est en or massif, mais il ouvre la porte d'un royaume aux marges bénéficiaires fabuleuses. Et puis, Bernard Arnault en fera une jaunisse, ce qui n'est pas pour lui déplaire. Certes, Serge Weinberg est un peu moins enthousiaste, mais c'est son tempérament. Le patron de PPR est un remarquable gestionnaire, ce n'est pas un conquérant. De toute façon, il n'a pas le choix : Artémis est son principal actionnaire, à 55 %. Weinberg cède.

Alors Pinault dit oui.

Une nuit à Luxembourg

Dès que Domenico De Sole a le feu vert de François Pinault, il prépare l'augmentation massive de capital – environ quarante millions d'actions – qu'il s'est engagé à réserver à PPR. En France, la chose serait impossible, la loi imposant à tout *raider* de lancer une OPA sur 100 % du capital sitôt qu'il en acquiert plus du tiers. De même, pareille opération serait impensable aux États-Unis où une règle fondamentale et plutôt saine interdit aux gestionnaires d'un groupe coté d'émettre plus de 20 % du capital, afin d'éviter qu'une coterie de cadres supérieurs puisse vendre le contrôle du groupe à un investisseur extérieur. Oui, mais Gucci est une société de droit néerlandais. Même si la « pilule empoisonnée » n'est pas inscrite dans le marbre de ses statuts, rien ne l'empêche d'en bricoler une, par exemple sous la forme d'une émission de capital réservé.

Oubliée la sacro-sainte indépendance de la marque florentine, si souvent proclamée avec des accents émouvants par De Sole ? Il n'y a que les imbéciles qui ne changent pas d'avis. Et puis, du point de vue de Gucci, une alliance avec Pinault n'a rien à voir avec celle que projetait Bernard Arnault. Tout d'abord, Pinault-Printemps-Redoute n'est pas un concurrent : il ne fabrique pas de sacs. Ensuite, autre qualité précieuse de François Pinault et de Serge Weinberg aux yeux de Dom et Tom, ils ignorent tout du luxe et laisseront donc les deux compères tranquilles. Enfin, PPR, contrairement à LVMH deux mois plus tôt, ne se contente pas de ramasser des actions à droite et à gauche. Par le truchement d'une augmentation de capital, il met à la disposition de Gucci 18 milliards de francs qui serviront à financer de futures acquisitions. En un mot, il se met au service des ambitions de croissance multimarque de Gucci.

Certains se demandent à nouveau si la compagnie a vraiment besoin de 18 milliards de francs, si elle a bien les capacités de les utiliser. Elle dispose déjà d'un trésor de guerre non négligeable qui lui permettrait de faire par elle-même des acquisitions, mais abondance de liquidités ne saurait nuire ! N'oublions pas que la stratégie multimarque, conçue par Pinault, est secondaire pour De Sole. L'essentiel, à ses yeux, c'est d'arrêter Arnault. *¡No pasarán!*

Le 17 mars, tout juste neuf jours après la première rencontre de Londres, le conseil de surveillance de Gucci entérine l'alliance avec PPR. Maintenant, le temps presse. La Chambre des Entreprises d'Amsterdam a convoqué une réunion de conciliation pour le 19 à onze heures du matin et il est impératif que tout soit verrouillé avant, faute de quoi l'alliance donnerait l'impression de défier la justice hollandaise. Si LVMH se méfiait et se décidait tout d'un coup à lancer une OPA, il serait trop tard, même en Hollande, pour élaborer un mécanisme de défense. Le mot d'ordre tient en peu de lettres : vite, vite, vite !

Il reste deux jours pour transférer 3 milliards de dollars dans les caisses de Gucci. Une course contre la montre juridique, financière et fiscale, s'engage à travers l'Europe, exploitant toutes les facilités offertes par les disparités de réglementation entre les pays de l'Union. C'est Michel Friocourt, le directeur juridique de PPR, dans son bureau encombré de boîtes de sushis, qui élabore le schéma. La pression est énorme. Il faut certes aller vite, mais la moindre bourde ferait capoter l'opération, la plus petite faille serait exploitée par les avocats de l'adversaire.

Le 18 mars, Morgan Stanley émet une lettre de crédit de 3 milliards de dollars garantie par Pinault-Printemps-Redoute. Pour brouiller les pistes et décourager les indiscrets, c'est l'antenne de Francfort de la banque qui a réalisé l'opération. Une levée de fonds classique serait possible, mais elle risquerait de faire jaser. La lettre, valable seulement cinq jours, est remise à PPR qui l'endosse immédiatement. Le groupe de Serge Weinberg transfère alors cette somme, sous la forme d'un apport en capital, à une société de participations française, nommée Marothi. Il se trouve que cette société, qui existe depuis dix ans, possède environ 1 % du capital de PPR. Sans elle, jamais les délais n'auraient été tenus.

Comme Marothi est une société civile, l'apport en capital peut se faire sans vérification par un commissaire aux apports. On gagne du temps ! Il est vingt heures, le 18 mars. Marothi est alors transformée en SARL, ce qui ne prend que quelques minutes. Elle devient une société de capitaux. L'étape suivante est la plus délicate, car elle comporte un premier franchissement de frontière. L'intégralité des actifs et des passifs de Marothi est apportée à une société luxembourgeoise baptisée Pinault-Printemps-Redoute Luxembourg. « PPR Luxe », s'amuse Serge Weinberg. Ou PPRL, pour faire court.

PPRL n'est presque rien. C'est une coquille vide qui a été créée la veille. Comme Marothi est une société de capitaux qui apporte tous ses actifs et passifs, la directive européenne n° 90 s'applique, qui l'exempte de droits d'apports. L'opération est en effet assimilable à une fusion. Sinon, ces droits se monteraient à 1 % de la transaction, soit 30 millions de dollars. Comme cela se passe au Luxembourg, la soudaine augmentation de capital de PPRL peut être constatée par un simple notaire, alors qu'en France un enregistrement au Registre du commerce serait exigé, qui ferait perdre une bonne semaine.

À 8h, le 19 mars, le notaire appose sa signature sur le document. Tout est maintenant en place pour l'alliance avec Gucci. À 9h30, Gucci augmente son capital de 3 milliards de dollars, à la suite de l'apport, par Marothi, des titres détenus par sa filiale luxembourgeoise PPRL. Les titres parviennent à Gucci Group à Amsterdam. À 11h du matin, PPRL devient Gucci Luxembourg. Là encore, le droit néerlandais facilite les choses, car le certificat du commissaire aux apports peut parfaitement être postérieur à la réalisation des opérations. Bref, en fin de matinée, au moment où les discussions sont censées reprendre de « bonne foi » avec LVMH, le capital de Gucci est augmenté de 3 milliards de dollars, et la part de Bernard Arnault chute de 34,4 % à 20,6 % ! Et, cette fois, c'est juridiquement irréprochable.

La somme est aussitôt placée par Gucci dans un holding bancaire de Lugano, en Suisse. Les conditions ont été négociées à l'avance : la taxe sur les plus-values ne sera que de 4 %. Un taux d'ami. Le deuxième essai de Domenico de Sole était le bon.

Messieurs, La Redoute entre dans le luxe !

De toutes ces tractations qui se déroulent au pas de charge, au cours de ces fameux quinze premiers jours de mars, le président de LVMH ne sait rien. Gucci continue de négocier vaguement avec lui, des lettres sont échangées, des options explorées afin d'endormir sa méfiance pendant que l'accord se noue avec PPR. Tout à ses efforts pour imposer un de ses proches au conseil de surveillance de Gucci, Bernard Arnault attend, fort de son bon droit, la reprise des pourparlers à Amsterdam.

Avec Pierre Godé, il persiste à faire le pari que l'insupportable Italien n'osera pas porter la joute trop loin, qu'il ne cherche qu'à faire monter les prix. Arnault comprend ce langage ; il est même prêt à le parler.

La douche du 19 mars 1999 n'en est que plus froide. Ce jour-là, tout l'état-major de LVMH est réuni à Eurodisney, près de Paris, pour un joyeux séminaire de management, une initiative à l'américaine de Concetta Lanciaux, la directrice des Ressources humaines du Groupe. À la place d'honneur, sur la tribune, Bernard Arnault prononce le discours d'introduction quand son officier de sécurité s'approche et lui glisse un billet sur lequel il découvre un bref message : « Anne Méaux. Très urgent. » C'est le nom de la femme qui gère ses relations publiques. Très peu de gens possèdent le numéro du téléphone portable de son officier de sécurité. Sitôt son discours achevé, Arnault s'isole et rappelle. Anne Méaux lui annonce la nouvelle sans fioritures : Pinault s'allie avec Gucci.

« PPR va l'annoncer dans un communiqué à 10 heures. Je voulais que vous le sachiez avant. »

Arnault est sous le choc. De plus, il se trouve à l'égard de son interlocutrice dans une situation embarrassante, très typique du microcosme capitaliste parisien : Anne Méaux est également en charge des relations publiques de Pinault ! Elle sait donc de quoi elle parle. Arnault a beau ne pas l'ignorer, l'incrédulité est la plus forte. Il s'écrie :

« C'est impossible. Godé est à Amsterdam. »

Pierre Godé, conseiller très spécial du président de LVMH depuis plus de quinze ans, juriste subtil et dévoué, impitoyable, est effectivement à Amsterdam pour reprendre les discussions avec Gucci, comme l'a exigé la Chambre des Entreprises. Lui tombe également de haut quand Alan Tuttle, le *legal counsel* de Gucci, lui apprend l'incroyable nouvelle.

Devant les doutes de Bernard Arnault, Anne Méaux insiste :

« J'en suis absolument certaine. À cent pour cent ! »

Elle est d'autant plus sûre de son fait que, deux heures plus tôt, au siège de Pinault-Printemps-Redoute, elle a assisté au conseil de PPR, réuni en urgence par Pinault. On a même été réveiller le vieil Ambroise Roux qui est arrivé, frais comme un gardon, tout heureux d'en être et de présider ce conseil matinal.

Arnault, lui, est blême. Pourtant, il est bien obligé de retourner dans la salle où le personnel de LVMH se rend compte que son absence se prolonge. Comme il a de la classe, il trouve tout de même la force de lancer une boutade à ses collaborateurs qui l'observent :

« Messieurs, il paraît que La Redoute entre dans le luxe ! »

Pendant ce temps, pressé de choisir sur-le-champ par Bernard Arnault, Anne Méaux a pris sa décision. Impossible, désormais, de travailler pour les deux hommes qui sont devenus des ennemis. Financièrement, elle aurait intérêt à rester avec Arnault, mais son contrat avec Pinault stipule qu'en cas de conflit d'intérêt, elle doit opter pour Pinault. Ce qu'elle fait.

Arnault le prend mal et un de ses collaborateurs la rappelle quelques minutes plus tard :

« Vous n'avez pas le droit. Vous connaissez tout de notre investissement chez Gucci. Vous ne pouvez pas faire ça… »

Quand tombe finalement le communiqué officiel de PPR, le patron de LVMH a un coup au cœur. Deux mois après être monté à l'assaut, la fleur au fusil, il encaisse le plus grand revers de sa carrière. François Pinault, il est vrai, n'a pas fait dans la dentelle. À l'heure précise où devaient reprendre les pourparlers entre LVMH et Gucci, il vient d'annoncer simultanément l'augmentation de capital de Gucci en faveur de PPR et l'acquisition de Saint-Laurent par Artémis, son holding familial. François Pinault prend le contrôle de Gucci avec 42 % des actions, tandis que la part de LVMH est diluée, ramenée à un peu plus de 20 %. Avenue Hoche, ce coup double fait très mal.

Arnault, l'austère Nordiste, n'apprécie pas l'humour du Calabrais De Sole. La Chambre des Entreprises non plus. Le 27 mai suivant, quand elle valide l'alliance entre PPR et Gucci, elle sanctionne toutefois l'attitude de ce dernier pour « faute de gestion ». Une formule juridique qui fait allusion à l'indélicatesse assez stupéfiante dont Gucci a fait preuve, le 19 mars, à l'égard de LVMH ainsi qu'à d'éventuelles zones d'ombre dans le processus ayant abouti à l'augmentation de capital. Ce faisant, la Chambre commet néanmoins une faute de procédure, d'apparence anodine, mais qui revêtira une importance considérable dans l'avenir : avant de reprocher à Gucci la « faute de gestion », elle a omis de diligenter l'enquête, obligatoire, censée l'établir.

Ces arguties sont dérisoires aux yeux des nouveaux mariés. Gucci exulte. PPR triomphe. François Pinault se voit déjà en vice-tsar du luxe mondial. Artémis a racheté, en plus de Saint Laurent, l'ensemble du pôle beauté de Sanofi, la filiale d'Elf qui contrôle Saint Laurent. Outre les parfums Saint Laurent, ce pôle englobe la marque Roger & Gallet ainsi que les licences des parfums Krizia, Fendi, Oscar de la Renta et Van Cleef & Arpels. Les intentions du Breton sont désormais limpides aux yeux du monde entier : il va constituer, sous la houlette de PPR, un groupe de luxe destiné à concurrencer un jour le mastodonte qu'est LVMH.

Maintenant que le plus dur est fait, Artémis n'a plus qu'à revendre ces acquisitions à Gucci. François Pinault est convaincu que cette revente sera une pure formalité. Là, il se trompe lourdement.

Quant à Bernard Arnault, il déborde de rancœur à l'encontre du Breton et ce ressentiment s'appuie sur une conviction qui va prendre une tournure dangereusement obsessionnelle au cours des mois suivants : Pinault a triché, il a empoché Gucci sans en payer le prix…

Le show chaud de Galliano

Janvier 2000. Le Paris du bon goût est en effervescence. Faut-il applaudir ou huer ? En désespoir de cause, le microcosme, invertébré par définition, fait les deux. On ne sait jamais. La presse bien pensante, de droite comme de gauche, se déchaîne en commentaires alambiqués : comment a-t-il osé ? Au journal de vingt heures, PPDA se fend d'un soupir et d'un froncement de sourcil lourds de reproches. Dans les journaux du monde entier, les plus fameux comme les plus obscurs, des cris d'ébahissement n'en finissent pas de retentir. Que se passe-t-il donc ? Tout simplement la collection que John Galliano vient de présenter pour Dior. De l'avis général, elle est la plus extravagante depuis celle que Christian Dior avait lui-même jetée à la face du monde en 1947 et qui avait fait du couturier, en quelques semaines, une star mondiale. Galliano, styliste en chef pour Dior depuis 1997, connaît l'histoire de la maison sur le bout des doigts et il rêve de rééditer l'exploit.

Dont acte. Jusqu'à ce jour d'hiver, personne n'avait jamais imaginé de faire défiler des sans domicile fixe en hardes de luxe et des malades mentaux engoncés dans des camisoles de force en soie. Chacun d'eux est affublé de « guenilles » dont le prix se chiffre en dizaines de milliers de francs. Les vêtements sont savamment déchirés et les reprises cousues par les meilleures petites mains de Paris. Les brûlures de cigarettes ont l'air plus vraies que nature et de petits flacons d'alcool en sautoir parachèvent ces panoplies de clochards millionnaires. Avec, en prime, la touche chic planétaire apportée par les pages *fashion* du *Herald Tribune* imprimées sur une robe de soie, et des taffetas recouverts de photos de Diane Arbus dépeignant les paumés miséreux sur fond de ciel blafard.

On songe inévitablement à Benetton et à son exploitation des condamnés à mort du Texas dans la promotion de ses pull-overs. Jamais la machine «politiquement correcte» ne s'est autant enflammée. Pour faire bonne mesure, Galliano en rajoute, minaude qu'il «aime la décadence» et confie avoir puisé son inspiration sous les ponts de Paris pendant de longs joggings pensifs le long des quais de la Seine.

Comme prévu, le «défilé de la honte» a choqué le monde entier. Les SDF manifestent avenue Montaigne. Les photos les plus emblématiques ont été partout diffusées dans les journaux, les magazines et les chaînes de télévision. En quelques jours, les noms de Dior et de Galliano sont entrés dans des centaines de millions de foyers. Une cible certes un peu large, compte tenu de la taille réelle de la population susceptible d'acheter un produit Dior, mais la Maison peut se permettre un peu de perte en ligne… Après tout, sans dépenser un centime au-delà des quelques millions qu'a coûté le défilé lui-même, Dior s'est offert une campagne de publicité mondiale. Le «rédactionnel» a admirablement répondu, car dans un monde où le danger c'est un public en «overdose de stimulation», Galliano coiffe tous ses concurrents au poteau par son punch et son imagination. Pour obtenir le même effet par voie publicitaire, la maison aurait dû se délester d'au moins 100 millions de francs.

John Galliano peut être content. Les ordres de Bernard Arnault étaient clairs : faire parler de Dior par tous les moyens, réveiller la Belle au bois dormant, au clairon s'il le faut ! Bien sûr, ce n'était pas écrit noir sur blanc sur le contrat d'embauche, mais une simple conversation avec le patron de LVMH, l'homme le plus puissant du luxe mondial, avait suffi à convaincre l'Anglais.

Trois ans après l'entrée de Galliano chez Dior, Bernard Arnault est satisfait, mais il faut faire encore mieux, car il y a péril en la demeure du luxe. Ce péril vient d'Italie. Quelques mois plus tôt, les hommes de Gucci ont pris le contrôle d'Yves Saint Laurent en promettant de redonner à la marque le prestige qu'elle mérite. Gucci, on aime ou on n'aime pas, mais c'est la marque de luxe qui monte vite, trop vite au goût des responsables de LVMH. Pour Dior, le « relookage » de Saint Laurent constitue une menace directe, et c'est pour cela que Galliano a été prié d'organiser ce barrage d'artillerie. Dans les guerres du luxe, qui sont dans une très large mesure des guerres d'image, la frappe préventive est une tactique très prisée ; elle permet de profiter au maximum de la persistance rétinienne dans l'œil du public.

Les experts applaudissent. Force est de reconnaître que ce diable d'Anglais a encore réussi son coup. Mais, au fait, Galliano, qui est-ce ?

« Il était une fois un polichinelle génial venu d'ailleurs qui avait redonné de la folie à la mode parisienne après que les couturiers français eurent presque entièrement disparu... » Dans un siècle, un conte pour enfants consacré à John Galliano, le styliste de Dior depuis 1996, commencera peut-être par ces mots et racontera l'histoire d'un génie fantasque avec les pieds bien sur terre. Difficile de savoir, avant un rendez-vous, s'il sera coiffé d'une perruque rasta, d'un grand chapeau de pirate, s'il portera ou non son fameux pantalon de motard fuchsia et s'il aura ôté la laque de ses ongles de pieds. Il n'est pas non plus exclu qu'il ait choisi ses jodhpurs et ses basquettes Adidas. Chaque rencontre avec

John est un spectacle. Il a l'art de défier les pronostics. On l'a parfois surpris, se promenant en collant blanc sous un mini-short immaculé, chaussé de gros godillots, un ours en peluche accroché à la taille. Il est entouré des plus beaux mannequins du monde, mais son rêve secret, c'est d'habiller la reine mère d'Angleterre !

Né en 1960 à Gibraltar d'un père anglais et d'une mère espagnole, Galliano était prédestiné à marier dans son œuvre le rock et le flamenco que lui ont appris ses sœurs sur la table de la cuisine familiale, mais personne ne pouvait deviner à l'époque, au début des années 80, ce cocktail détonant de sexe, de romantisme et de destruction qui deviendra sa marque de fabrique vingt ans plus tard.

Faire parler de lui, John Galliano sait. Il a appris à Londres, pendant ces années de vaches maigres où chaque fin de semaine risquait de déboucher sur un dépôt de bilan.

En 1984, le fils de plombier sort major de la St Martin's School of Art, une institution qui, comme seuls savent y exceller les Britanniques, pratique à la fois une sélection rigoureuse et enseigne la subversion. L'école inculque simultanément à ses étudiants les règles de l'art et l'art de les transgresser. Elle fabrique des créateurs, pas des fonctionnaires. Au milieu de sa dernière année de scolarité, Galliano, qui s'est entiché d'histoire, réalise une collection – les Incroyables – très inspirée de la mode de la fin de la Révolution française. Le déchiqueté artistique, sa patte, est déjà là. Le coup d'essai est un vrai coup de maître et les couturiers installés de la place de Londres sentent le vent du boulet. Sa collection *Afghanistan repudiates western Ideal* achève de les inquiéter.

Joan Burstein, la propriétaire de Browns, une des boutiques de mode les plus huppées de Londres, achète les modèles et les expose dans sa vitrine. Les clients poussent des cris d'émerveillement, mais se gardent bien d'acheter. En 1987, le ciel du couturier s'éclaircit un peu quand Peder Bertelsen, un prospère homme d'affaires danois, le prend financièrement sous son aile. Cette même année, il est le lauréat du prix du meilleur créateur britannique de l'année. Un ténor de la grande distribution américaine, Saks Fifth Avenue, commence sérieusement à s'intéresser à lui.

L'étape suivante est cruciale : en 1990, il ouvre une boutique à son nom à Paris. Son influence artistique, sa méthodologie d'inspiration historique, font des émules dans toute la profession. Malheureusement, les bénéfices ne suivent pas. Il est malaisé d'écouler en grand nombre des vêtements, excentriques jusqu'au délire, qui coûtent plusieurs milliers de dollars pièce. Madonna et Sharon Stone sont folles de lui, mais elles constituent une base de clientèle un peu étroite. Son mentor danois finit par tirer l'échelle : il n'était pas assez patient, pas assez visionnaire, pour déceler, sous la folle originalité des modèles, l'absolue rigueur de la coupe, l'inventivité technique des passementeries. John Galliano n'est pas un professeur Nimbus de la mode, c'est un orfèvre, capable d'imiter le « tombé Balenciaga » avec ce même humour d'érudit que mettent les sinologues avertis à fabriquer de faux proverbes mandchous du XVe siècle. Il persévère.

Le déclic se produit en octobre 1993. Ce mois-là, au milieu d'une saison plutôt médiocre, le gentleman-hidalgo ébranle les dernières réticences du milieu. Ellin Saltzman est vice-présidente et directrice mode de la plus grande chaîne américaine de distribution de luxe, Bergdorf. Pour elle, Galliano incarne la mode européenne de demain, et elle veut être la première à le révéler aux Américains. Le coup de cœur de Saltzman est une opportunité fabuleuse pour John. D'un claquement de doigts, Bergdorf est capable d'installer ses créations partout où vivent et achètent les Américaines les plus riches. Encore faut-il que Galliano soit industriellement crédible, qu'il puisse, en d'autres termes, produire assez vite pour alimenter Bergdorf. Bref, il lui faut de l'argent. L'autre miracle se produit quand John A. Bult, président de la banque d'investissement new yorkaise Paine Webber Inc., décide de le financer.

Et puis, comme dans toute histoire de miracle, il y a un ange gardien. Celui de Galliano a les ailes très longues et s'appelle Anna Wintour. Elle est rédactrice en chef de *Vogue USA*. À ce titre, elle est la femme la plus puissante de la mode mondiale, celle devant laquelle les industriels se prosternent «pour avoir du rédactionnel» dans son magazine. Wintour croit en Galliano. Voilà un atout en or massif.

Grâce aux millions de dollars de Paine Webber et au coup de pouce d'Anna, l'entreprise Galliano est née. Nous sommes au printemps 1994. Il emménage dans un nouvel atelier près de l'Opéra Bastille et sort rapidement une collection de dix-sept modèles qui sonnent le glas du look grunge et ample, en vogue depuis le début des années 90. Ses vêtements près du corps, très stylisés, voire chargés, rappellent plutôt les années 50 : jupes étroites, vestes cintrées. Avec lui, les femmes retrouvent un corps, des formes et des rêves.

Ça y est ! Il est une star. La presse le tanne. Il exulte. John Galliano n'est pas exactement timide. On le croise à cette époque en pyjama de tartan orange, assez mal assorti à son tee-shirt rose pâle orné d'un nounours. Il lui arrive toutefois de se lasser de cet uniforme. Il enfile alors un gilet rayé du XVIIIe siècle, porté à même la peau sur un pantalon de pyjama en soie qui tombe sur des pantoufles en léopard, et il protège ses yeux de fêtard derrière d'immenses lunettes à monture dorée signées Gianfranco Ferré. Il devient un pilier des drag clubs, snifferait de la cocaïne et organise jusqu'au petit matin des soirées si bruyantes qu'au moins un de ses propriétaires le mettra à la porte. Il est plus sûr de lui et se prend à l'occasion, quand il est en verve, pour Chanel. Il rêve d'une vraie « Maison Galliano » et réfléchit aux moyens de la financer.

L'histoire s'accélère en 1996. Pour l'univers de la mode, c'est une année lourde de signification puisqu'elle va voir le départ d'Hubert de Givenchy. Le contrat qui liait « Monsieur » à LVMH depuis l'absorption de Givenchy en 1988 ne sera pas renouvelé. Les relations entre Bernard Arnault et Hubert de Givenchy n'ont jamais été bonnes, et il ne fait de doute pour personne que la chasse au successeur est ouverte. Il se trouve que le styliste le plus « hot » du moment n'est autre que John Galliano. Arnault ne veut que les meilleurs, au moins pour empêcher ses concurrents de les avoir. Il offre donc l'héritage prestigieux au polichinelle.

Paris tousse, s'étrangle. Comment un couturier déjanté, extraverti, issu de la classe ouvrière britannique, pourrait-il succéder à l'aristocrate français effacé et ultraraffiné ? Monsieur de Givenchy défendait un classicisme strict, dessinait des vêtements admirablement coupés mais fonctionnels. John pousse l'extravagance et la théâtralité si loin que ses modèles sont des costumes de scène littéralement importables. Il aime à travailler toute la nuit, quand ça lui chante, ou pas du tout, alors que le personnel de Givenchy est syndiqué jusqu'à la garde. Bref, c'est la révolution.

La suivante ne tardera pas. Un an plus tard, Galliano franchit une marche de plus vers la gloire en passant chez Dior. Bernard Arnault est content. Au fond, il prend un certain plaisir, mi-industriel, mi-sadique, à traumatiser la vieille noblesse de mode. C'est sa métamorphose à lui. Maintenant qu'il est devenu un milliardaire mondialisé, le bourgeois de province se sent une âme de Robespierre.

Haute facture

Sur le trottoir de la rue du Pont-Neuf, un homme pas très grand fait nerveusement les cent pas. De toute évidence, il n'aime pas attendre. Sinon, il serait resté au frais dans la 605 climatisée avec son chauffeur, à lorgner les vitrines de la Samaritaine. Son rendez-vous n'est pas encore vraiment en retard, mais c'est plus fort que lui : Pierre Bergé n'est pas un homme patient. Alors, quand la Mercedes d'Yves Saint Laurent se montre enfin, il se dirige à grands pas vers elle, monte derrière son ami et la voiture redémarre aussitôt, suivie par la Peugeot.

Nous sommes à l'automne 2000 et les deux inséparables, amis et associés, se rendent aux obsèques d'un vieux copain, le photographe Jean-Loup Sieff. Un deuil de famille. YSL et Bergé ont formé pendant quarante ans le couple le plus opérationnel de la Haute Couture française. D'un côté, le créateur du smoking le plus célèbre de l'histoire, de l'autre, l'homme d'affaires, politicien sinueux, tantôt barriste, tantôt mitterrandien, tantôt chiraquien, qui fut pendant près de trente ans président-directeur général d'YSL Couture avant d'être relégué, en novembre 1999, à soixante-neuf ans, dans le rôle un peu factice de président d'YSL Haute Couture à la suite du rachat de son entreprise par Artémis, puis par Gucci. François Pinault, le président d'Artémis, et Domenico De Sole, le président de Gucci s'attendaient sûrement à un accès de mauvaise humeur de la part de Pierre Bergé. Ils ont été servis !

En 1999, quand ils reprennent Saint Laurent, les ténors de Gucci ne cachent pas leurs sentiments. Si, à leurs yeux, YSL est un authentique génie, Pierre Bergé est un patron obsolète qui pratique un management antédiluvien en régnant sur une cour de mignons pour qui la stratégie industrielle est un concept extraterrestre. L'intéressé, qui a créé à la force du poignet une des plus belles maisons de couture du monde, n'ignore pas ces réserves et n'attend, pour tendre une embuscade, qu'une occasion.

Elle se présente le 15 septembre 1999, quand Serge Weinberg, le président de PPR – le groupe qui possède 42 % de Gucci –, annonce imprudemment que le maroquinier italien prendra le contrôle de Saint Laurent au cours de son conseil d'administration du 8 octobre. Quelle n'est pas la surprise des analystes quand, le 11 octobre, la griffe italienne doit avouer piteusement que quelques «aspects restent en suspens»! C'est une litote diplomatique. En réalité, un grave différend oppose Gucci à Saint Laurent, «deux entreprise très différentes et à très forte personnalité». Six mois se sont écoulés depuis le jour triomphal de l'humiliation de Bernard Arnault, mais ni François Pinault ni Domenico De Sole ne sont parvenus à faire plier Pierre Bergé. Le cofondateur de Saint Laurent refuse tout simplement de s'effacer devant le maroquinier :

«Je n'ai aucune négociation avec eux. Gucci, c'est Gucci; moi, c'est moi. Et je ne parle qu'à Pinault!»

Pour un chef d'entreprise qui vient de perdre à jamais le contrôle de son capital, Pierre Bergé semble diablement sûr de lui. Il faut dire qu'avant de se vendre à Artémis, il avait arraché à François Pinault plusieurs concessions de taille. Il a notamment obtenu de rester à la tête de Saint Laurent. Du point de vue de Gucci, évidemment, c'est inacceptable. Le groupe ne s'intéresse à Saint Laurent qu'à la condition de pouvoir lui appliquer le traitement de choc qui a ressuscité la griffe florentine et de ne pas payer Sanofi Beauté un prix excessif. Pinault a acheté Sanofi Beauté pour une somme équivalant à quatorze fois sa marge opérationnelle et 1,6 fois son chiffre d'affaires de 1998 : un peu trop cher, murmurent certains. Au rachat, Gucci obtiendra d'ailleurs – comme on le verra plus loin – une légère ristourne.

François Pinault ayant couché sur le papier les promesses faites à Pierre Bergé à hauteur de plusieurs centaines de millions de francs, la tension monte entre Serge Weinberg, François Pinault et Domenico De Sole. Les deux premiers savent que Bernard Arnault, englué dans Gucci avec 20 % du capital, s'engouffrera dans la moindre faille du dispositif ennemi. Le troisième jubile : dans sa situation, l'électricité entre Pinault et Arnault est la meilleure des vitamines pour le cours de l'action Gucci.

Tous auraient dû prévoir que Pierre Bergé vendrait très cher sa coopération. Après tout, il y avait un précédent. En 1993, quand Saint Laurent avait été racheté par Sanofi, le duo Bergé-Saint Laurent avait été contraint de renoncer à la commandite par actions, statut juridique très particulier, fréquent dans le secteur de la création de mode. Elle permet, schématiquement, de dissocier la transmission du capital et celle du pouvoir. Pour prix de leur obligeance, les deux associés avaient, à titre personnel, touché 340 millions de francs. Six ans plus tard, avec des arguments voisins, Pierre Bergé invoque à nouveau les droits imprescriptibles sur l'« idée » Saint Laurent. Si cette fois est la dernière, ce baroud d'honneur crépusculaire force le respect des spécialistes les plus endurcis du « golden parachute ». Un véritable feu d'artifice juridique et financier !

Dans le secteur du luxe, il est très fréquent que la marque

soit localisée dans une société indépendante et que sa cession fasse l'objet d'un traitement spécifique. C'est la botte secrète de Bergé et Saint Laurent. En échange de leur désintéressement de la marque Saint Laurent et de leur renoncement à toute fonction opérationnelle dans les sociétés YSL parfums et YSL Couture – le prêt-à-porter et les accessoires –, François Pinault et Domenico De Sole leur abandonnent la coquette somme de 70 millions de dollars, soit environ 445 millions de francs.

Il faut dire qu'à l'époque où François Pinault avait racheté Saint Laurent à Sanofi, il n'était pas encore question de séparer prêt-à-porter et Haute Couture. C'est Gucci qui l'a exigé par la suite, en y mettant le prix. Et ce n'est là qu'un début. La société YSL Haute Couture est créée. Elle restera sous le contrôle des deux fondateurs historiques et sera directement rattachée à Artemis, le holding familial de François Pinault. Une acquisition aussi somptueuse que coûteuse : avec un effectif d'un peu moins de cent cinquante personnes, la Haute Couture réalise un chiffre d'affaires d'environ 37 millions de francs et accumule au moins le double de pertes. Pour faire simple, Artémis et Gucci devront couvrir des pertes, limitées à 80 millions de francs par an, aussi longtemps qu'il plaira à Monsieur Saint Laurent de créer. La nouvelle société sera en outre dotée par Gucci, en contrepartie des « droits intellectuels et autres » cédés par les fondateurs, d'une somme de 240 millions de francs. Cette petite fortune sera toutefois placée sous la triple surveillance de Domenico De Sole, Tom Ford et François Pinault, qui siègent tous trois au conseil d'administration d'YSL Haute Couture. Bergé, pour sa part, siégera au conseil de surveillance d'YSL couture et parfums.

Ce n'est pas encore tout. Il est entendu que la société Berlys Conseil – lys est une anagramme d'YSL –, propriété des deux amis, pourra apporter une « assistance technique » à Gucci pour aider le maroquinier à « promouvoir l'image et les marques d'Yves Saint Laurent ». Ils devront être consultés avant le lancement de tout nouveau produit et disposent par contrat d'un droit de veto sur les objets qui porteront le nom sacré. Une précaution judicieuse quand on sait que Gucci distribue dans ses magasins brosses à dents, porte-préservatifs et étuis à tampons ornés du logo à double G. Dans leur rôle de conseillers, Bergé et Saint Laurent seront rémunérés à hauteur de 0,4 % du chiffre d'affaires tiré de ces marques. Domenico De Sole, qui s'est étranglé de rage en prenant connaissance de cette nouvelle exigence, a tout de même réussi à imposer un plafond à ces émoluments supplémentaires : 64 millions de dollars.

Le plus époustouflant, dans ce contrat, c'est qu'YSL et Pierre Bergé pourront prodiguer leurs conseils jusqu'en 2006, avec ensuite une période de cinq ans renouvelable. Ils sont donc potentiellement en piste jusqu'en 2016, date à laquelle les deux associés auront respectivement quatre-vingts et quatre-vingt-six ans ! Il y a même une cerise sur le gâteau, une fondation qui prendra la relève de l'ancienne « Association pour le rayonnement de l'œuvre de M. Yves Saint Laurent ». Objectif de cette fondation : préserver les créations, modèles et carnets de croquis du plus grand couturier du XXe siècle.

Pour François Pinault, qui va devoir porter la Haute Couture à bouts de bras, l'addition est lourde. Gucci écope aussi d'une note très salée. En plus des 6,1 milliards de francs qu'ils ont versés à Artémis pour acheter Sanofi Beauté, ils devront, dans le pire des cas, débourser 1,1 milliard de francs pour honorer leur part du contrat. Au moins se réjouissent-ils : Pierre Bergé est enfin neutralisé…

Neutralisé ? C'est mal le connaître !

Les grandes purges fordiennes

« Enfin seul ! » ronronne Tom Ford, une fois refermé le dossier des ruineuses indemnités versées à Yves Saint Laurent et Pierre Bergé. Avec son impeccable silhouette, ses cheveux ras, sa barbe de deux jours, son costume et son polo noirs. le styliste le mieux payé du monde peut enfin prendre le pouvoir avenue George-V. Chez Saint Laurent, la grande purge commence. Il est impératif d'aller vite. Gucci est un groupe coté en bourse et les actionnaires, qui s'inquiètent un peu des conséquences du rachat de Saint Laurent sur leurs dividendes, surveillent de près la prise de pouvoir.

Pour se mettre en jambes, le gourou de Gucci commence par décapiter toute l'équipe de création de prêt-à-porter. Alber Elbaz, un Israélien rond et affable, plie bagages. À dire vrai, il n'avait pas fait un passage enthousiasmant dans la maison. Faute d'une personnalité artistique assez forte pour exister à l'ombre de l'immense Saint Laurent qui voyait en lui un plouc parvenu, il avait erré plus que travaillé. En février 2000, Elbaz préside à son dernier défilé de prêt-à-porter féminin, puis s'en va, la tête pas très haute, mais les poches pleines : il emporte une indemnité d'environ 10 millions de francs. Un peu plus tard, Hedi Slimane, ancien styliste de Newman, qui est chargé de la mode homme, tire sa révérence et Ford ne le retient pas. C'est une grave erreur :

même si Slimane est très jeune, même si ses ventes ne sont pas extraordinaires, il est déjà considéré comme une star et son départ constitue une grosse perte pour la Maison. En plus, le laisser partir, c'est le jeter dans les bras de LVMH. L'avenir le prouvera.

Ford broie tout sur son passage. De Sole, qui le vénère, lui a donné beaucoup de pouvoir, trop sans doute, et le Texan l'utilise. Il veut être seul à la création, et ce dogme lui fait négliger une différence essentielle entre ses deux marques. Son manque de culture européenne, mélange de raffinement et d'irrationnel, se manifeste à cette occasion. Il ne comprend pas la nuance : Gucci a un look, Saint Laurent a une âme. On ne gère pas les deux de la même façon. Vouloir à tout prix que les marques du groupe soient « cohérentes » entre elles, c'est prendre le double risque de la cannibalisation et de la confusion. Ce genre de fixation centralisatrice finira par faire douter François Pinault de la capacité de Tom Ford à monter un véritable groupe multimarque. À quoi sert-il d'acheter des griffes à prix d'or si c'est pour ensuite les uniformiser sous l'autorité du *commandante* Ford ?

En attendant, les Gucci *men* sont entrés dans Paris ! Mark Lee, l'ancien patron du merchandising de Gucci aux États-Unis, prend la direction générale de Saint Laurent. C'est un proche de Tom Ford, il lui ressemble physiquement. Les deux hommes partagent d'ailleurs une idée très précise du physique des hommes qu'ils veulent voir travailler avec eux. Un chasseur de têtes se souvient :

« J'ai vite compris que ce n'était pas la peine de leur proposer un candidat dont la plastique n'était pas parfaite. Ils veulent des types efficaces et… beaux. »

Depuis, il a fallu tout de même engager quelques laiderons ! Tom Ford a des idées sur le look Gucci jusque dans le moindre détail. Ainsi, il n'aime pas les femmes en chaussures plates, et ses collaboratrices prennent soin de garder dans leurs tiroirs des chaussures à talons pour le cas où le grand homme viendrait à passer.

Parmi les premières embauches : Milan Vukmirovic, l'ancien patron de la création et responsable des achats chez Colette, et Mathias Vriens, l'expert en art graphique du magazine *Dutch.* Avec eux, Tom Ford possède les plus belles banques de données du secteur. Mais ils ne resteront pas longtemps...

Ford lance alors la « guccisation » de Saint Laurent. Sur les recettes à appliquer, il n'a pas la moindre hésitation. Il est ce que les Américains appellent un *control freak.* Il veut tout voir, tout savoir, tout décider. Le processus de fabrication doit être « intégré » ; la distribution, « gérée en propre », les licences non stratégiques, éliminées. Voilà pour la procédure.

Pour commencer, il rachète l'intégralité du capital de Mendès, l'un des plus anciens licenciés de la maison. Quant aux onze boutiques Saint Laurent que tenait Mendès en Europe, elles seront désormais gérées en propre. La maison reprend ainsi le contrôle de sa distribution.

Tom Ford veut développer la force commerciale. De vingt-cinq, le nombre de boutiques Saint Laurent devra passer à cinquante avant 2003. Dans la mise aux normes du *business model* de Gucci, l'étape suivante est un plan social. Gucci veut se débarrasser de deux des trois usines françaises de Saint Laurent, ce qui va coûter environ trois cents emplois. Mark Lee ne boude pas le terrain : il s'implique beaucoup et multiplie les discours dans les usines. Pour motiver les bonnes volontés, on offre des promotions à tous ceux qui ont œuvré – ou à tout le moins ne se sont pas opposés – à la vague de licenciements.

L'ordre nouveau s'installe. Après la joyeuse foire qui

avait régné pendant des années, la chape de plomb de la comptabilité à l'américaine s'abat sur la maison. Tout le monde fait du *budgeting* et du *forecasting*, catégorie de produits par catégorie de produits.

Une fois la création décimée, Tom Ford s'attaque à la communication, son autre dada. Ariel de Ravenel, directrice de la communication de Saint Laurent Parfums International, est remerciée. Côté presse, l'aimable et passionnant badinage d'antan est remplacé par une machine à fabriquer de l'image : celle du produit, celle du chef. Il y a du Mussolini dans ce cher Tom ! On ne parle plus, on communique. Le service de presse vit dans la peur. Deux voix seulement s'expriment : celle de Tom Ford, celle de Domenico De Sole pour les questions de grande stratégie. C'est tout.

La marque Saint Laurent n'a plus de voix propre.

Le patron qui venait du Nord

On ne présente plus Bernard Arnault. Son aura d'empereur du luxe ambitieux, insatiable, est désormais si bien établie qu'on ne serait pas étonné de retrouver un jour sa notice biographique dans un manuel d'Histoire contemporaine. Après tout, les magnats des affaires ne sont-ils pas les nouveaux « princes qui nous gouvernent » ?

Les enfants des écoles apprendraient alors en ânonnant, qu'en 1971 le fils d'un petit patron enrichi du nord de la France, tout juste sorti de Polytechnique, avait intégré sans joie Ferret-Savinel, l'entreprise paternelle de travaux publics. Il commence par reconvertir la PME dans la promotion immobilière, la rebaptise Férinel et réalise quelques jolis coups dans les résidences de vacances. Alors qu'il atteint sa trente et unième année, un drame se produit dans la vie de Bernard Arnault : un socialiste accède au pouvoir en France. François Mitterrand a fait campagne contre l'« Argent » et le jeune homme, qui l'a pris au mot, décide d'aller mettre le sien à l'abri en Amérique. Il y fonde Férinel Inc., avec pour intention de bâtir des résidences en Floride. Sans grand succès, malgré une tentative sur Hutchinson Island. La première des choses qu'il a comprises à New York, c'est que la taille de son entreprise familiale est ridiculement faible pour un marché aussi vaste. Il a besoin d'un vrai tremplin.

Mais où le trouver ? Ici, dans l'Amérique ultralibérale de Ronald Reagan, c'est trop dur. En revanche, ses amis demeurés en France lui jurent que les socialistes sont devenus tout à fait fréquentables.

Et puis il y a ce dossier Boussac, dont les Français de New York ne cessent de lui rebattre les oreilles. Il fait sur lui l'effet d'un aimant. L'empire textile Boussac, qui se nomme Agache-Willot depuis qu'il a été racheté par les frères Willot, cherche désespérément un repreneur après deux dépôts de bilan. Les pouvoirs publics, sous la houlette d'un Premier ministre nommé Laurent Fabius, voudraient bien se débarrasser du problème.

Qu'est-ce que c'est, Boussac ? Une jungle touffue. On y trouve pêle-mêle les couches Peaudouce, les grands magasins Au Bon Marché et Conforama. Et puis, tout au fond du sac, il y a Dior. Avec le démultiplicateur émotionnel de l'expatriation, Bernard Arnault vient de rencontrer le luxe. C'est le coup de foudre. Il lui faut Dior, absolument !

En 1984, l'exilé volontaire est de retour au pays. Il se plonge dans le dossier, le dévore, pénètre le moindre de ses recoins, jusqu'à le connaître mieux que ses propres auteurs. Le polytechnicien sent confusément que sa vie est en train de basculer. Il le tient, son tremplin.

Naturellement, il n'est pas le seul sur les rangs. Il fait face à des barons comme Pierre Bergé, à des affairistes comme Bernard Tapie, et même à d'authentiques ténors du textile, comme Prouvost et Biderman. L'un des candidats les plus redoutables s'appelle Alain Chevalier, un magnat du luxe qui, à travers son groupe, Moët-Hennessy, possède déjà les parfums Christian Dior. Pourtant, ces hommes très influents dans les hautes sphères parisiennes vont se faire damer le pion par le provincial sans relations, mal fagoté, un peu gauche. Eux approchent le problème en dilettantes gâtés par les succès. Lui, a appris tout le dossier par cœur. L'État, trop content d'en finir, lui confie l'affaire. La totale incompétence d'Arnault en matière textile aurait logiquement dû susciter des réticences, mais d'autres considérations sont entrées en ligne de compte.

L'administration met au «deal» deux conditions :

Arnault doit d'abord trouver 400 millions de francs. Il ne les a pas. Entre alors en lice un homme qui va jouer un rôle considérable dans sa carrière et dans celle de bon nombre d'autres futurs hommes d'affaires de premier plan : Antoine Bernheim, le légendaire associé gérant de la banque Lazard, est séduit par le projet. Grâce à lui, le ciel financier d'Arnault s'éclaircit. Bernheim convainc plusieurs poids lourds de la place de Paris de verser au pot. C'est ce qu'on appelle réunir un tour de table. Lazard, la banque Worms, Elf Aquitaine, Total participent. Le jeune homme n'a plus qu'à fournir 90 millions. À ce niveau, il peut suivre, même si toute la fortune familiale y passe. Il «achète» Boussac. L'effet taille joue immédiatement. Il y a encore quelque jours, il pesait ni plus ni moins que le chiffre d'affaires de Ferinel : tout juste un milliard de francs. Désormais, il vaut huit fois plus. Avec l'aide du gouvernement socialiste et de la banque Lazard, il est devenu un poids lourd de l'industrie française. Jusque-là, ses convictions étaient vigoureusement libérales, mais il vient de découvrir deux vérités : si on sait s'en servir, l'étatisme à la française est une merveilleuse invention, et seul un pouvoir de gauche peut se moquer ouvertement des syndicats. Il ne les oubliera plus.

Seconde condition posée par le gouvernement Fabius : la promesse que l'empire ne sera pas démantelé, qu'Arnault préservera l'outil de production et les effectifs. Le repreneur a promis, mais, selon l'adage bien connu, les promesses n'engagent que ceux qui y ajoutent foi. Il fera méthodiquement le contraire de ce qu'impliquait son engagement, afin d'extraire au plus vite Dior de la gangue d'entreprises médiocres qui l'entourent. Le pouvoir laissera faire.

Entre-temps, l'homme du Nord assoit son contrôle sur ce qui reste du groupe Boussac. Il en a bientôt assez d'être à égalité avec ses partenaires du début. Discrètement, il rachète les parts des frères Willot et devient donc le premier actionnaire : trois fois plus gros que chacun des autres. Ce petit tour de passe-passe, il le réussit au nez et à la barbe des banques Worms et Lazard grâce à un prêt de 400 millions consenti par le Crédit Lyonnais, une banque publique. Décidément, Arnault aime de plus en plus l'État !

Avec ses coups d'éclat à répétition, il devrait devenir une sorte de héros de western à la parisienne, mais, à l'époque, le capitalisme est encore un péché. Les élites de la capitale trouvent le nouveau patron de Boussac insortable, asocial. L'homme n'a, c'est vrai, rien d'un boute-en-train. Ce mélange d'ambition forcenée et de timidité hautaine est d'un commun ! Aucun humour, aucun sens de la répartie, aucun don pour la formule assassine. Ce Rastignac est un Grand Meaulnes. Quel ennui ! Les clubs de jeunes hauts fonctionnaires se moquent du bosseur isolé, qui en profite pour se constituer un puissant réseau de « vieux ».

Il considère maintenant l'étape suivante : construire autour de Dior, une des deux ou trois marques les plus connues du monde, un groupe de luxe. Il commence petit. En 1987, il rachète Céline, une affaire de chaussures et de maroquinerie qui tourne au ralenti. Il décide de financer une maison de Haute Couture et l'offre à Christian Lacroix, un styliste talentueux qui se languit chez Patou. Le débauchage assez cavalier de Lacroix coûtera d'ailleurs fort cher à Arnault, de l'ordre de 15 millions de francs, octroyés à Patou par les tribunaux.

En juin 1987, le luxe français est secoué par un événement majeur. Henri Racamier, le président de Louis Vuitton, s'associe à Alain Chevalier, le patron de Moët-Hennessy, et c'est la naissance de ce que la plupart des analystes considèrent comme un monstre industriel promis à une mort rapide : LVMH-Moët-Hennessy-Louis Vuitton. Bernard Arnault suit la fusion en haletant. Avec son sens aigu des hommes et des situations, il ne lui faut pas longtemps pour comprendre tout le profit qu'il pourrait tirer des tensions croissantes entre Chevalier et Racamier. Les deux hommes, que leur alliance n'a nullement rapprochés, se déchirent sur tout et Bernard Arnault est tout prêt à les encourager, si l'occasion s'en présente, dans ces enfantillages suicidaires. Le «monstre» abrite en effet les parfums Dior, qu'il rêve de ramener à la Couture Dior, une réunion «familiale» que Pierre Bergé a brillamment réussie une année plus tôt chez Saint Laurent.

Le débutant respire un grand coup et se lance. Il fait une offre. Alain Chevalier, président du tout nouveau LVMH et coqueluche du Tout-Paris capitaliste, envoie paître d'une pichenette à la fois dédaigneuse et vengeresse cet insolent gamin qui lui a raflé Boussac et vient maintenant lui parler d'alliance. Chevalier est rapide, brillant, cultivé, mais il lui manque, face au jeune arriviste, une qualité décisive en affaires : la détermination. Il ne veut pas assez. Arnault, au contraire, veut sans relâche, même la nuit. Abandonner les parfums Dior lui est tout simplement impossible.

Attaquer de front? Ce ne serait pas raisonnable. Il emprunte donc un chemin de traverse, passant un accord avec Guinness, un brasseur britannique qui possède des accords de distribution avec Moët-Hennessy. Cette alliance donne naissance à une société ad hoc, une merveille d'ingénierie financière que l'on doit à Lazard : 60 % pour Arnault,

40 % pour les Britanniques. En fait, cette société n'a aucune destinée industrielle, elle est une simple coquille boursière.

Le moment est venu : le krach boursier d'octobre 1987 a fait opportunément plonger les actions de LVMH. En six mois, la nouvelle société récupère à bon prix 43 % du capital de LVMH. Elle s'assure ainsi un contrôle presque absolu, au mépris des actionnaires minoritaires qu'aucune règle, à l'époque, ne protège contre les *raiders* indélicats. Dans la monarchie républicaine de la fin des années 80, le petit peuple capitaliste ne pèse pas lourd et Bernard Arnault n'est pas encore le défenseur passionné des petits actionnaires qu'il deviendra douze ans plus tard, quand il sera devenu à son tour un « minoritaire » dans l'affaire Gucci…

Une fois sa prise de contrôle assurée, il suffit ensuite à Arnault de se débarrasser de Racamier et de Chevalier. La tâche n'est pas bien compliquée, tant les deux hommes, aveuglés par leur animosité réciproque, négligent de s'entendre face au nouveau venu.

À moins de quarante ans, Bernard Arnault devient donc président de LVMH. Sa fortune est multipliée par vingt. Il se fait instantanément de nombreux ennemis : les jaloux, les battus, tous ceux qui trouvent qu'il accumule beaucoup de pouvoir en dépensant peu d'argent. L'Assemblée nationale va même adopter une loi qui aurait mérité de s'appeler la « loi Arnault » : désormais, quand un *raider* franchira la barre de 33 % du capital d'une société au cours d'une OPA, il sera obligé de pousser jusqu'à 66 %, et ce seuil sera porté à 100 % quelques années plus tard.

La bataille juridique autour de la prise de contrôle de LVMH va durer longtemps, mais, en avril 1990, la victoire d'Arnault est officielle. Il est le roi du luxe. Il va passer la décennie suivante à étendre les frontières de son groupe pour devenir l'homme aux quarante marques.

Poupées russes

2001. Onze ans ont passé. Pour l'instant, Bernard Arnault a gagné un pari démentiel consistant à aligner apparemment sans fin les marques de luxe au sein du même groupe. À un rythme frénétique, la panoplie n'a jamais cessé de s'étoffer : dix, vingt, trente, quarante marques. Au début de 2000, la capitalisation boursière du groupe atteignait 33 milliards de dollars, alors qu'elle ne dépassait pas douze milliards quatre ans plus tôt. Depuis le milieu des années 90, les concurrents montent en puissance, mais la prééminence de LVMH est encore solide. En 1999, son chiffre d'affaires se montait à 8,5 milliards de dollars, soit presque le triple de celui de Richemont, le numéro deux mondial, et pas loin de six fois celui de Gucci, son grand rival dans l'aventure multimarque. Curieusement, l'épopée de LVMH est un hymne à la décentralisation, ce qui ne relève pas de l'évidence s'agissant d'un homme aussi assoiffé de pouvoir que l'est Bernard Arnault. Chez lui, chaque créateur crée à sa guise et chaque marque constitue une unité autonome. C'était sans doute la seule façon de conserver dans la même escarcelle autant de marques de prestige différentes sans qu'elles se diluent dans une doctrine commune imposée du sommet. Il n'y a donc, en théorie, aucune limite au nombre de marques que LVMH peut engranger. En pratique, toutefois, l'éventail était devenu si vaste qu'il était menacé de chaos avec trente-cinq des quarante marques rapportant directement à Arnault lui-même !

En 1998, devant le danger, il décide de renforcer le centre fédérateur en s'adjoignant un directeur général. L'Américain Myron Ullman, un ancien président de Macy's et de Duty Free Shoppers (DFS) fait aujourd'hui office de numéro deux du groupe. Il est chargé d'organiser l'empire. Les quarante entités ont été réparties en cinq divisions : vins & spiritueux (elle fait peu parler d'elle, mais rapporte beaucoup d'argent !), mode & maroquinerie, parfums & cosmétiques, montres & joaillerie, et distribution sélective.

Malgré cette reprise en main, on est loin du centralisme encore assez peu démocratique en vigueur chez Gucci, et qui réussit d'ailleurs fort bien au maroquinier italien. Tom Ford, directeur artistique de toutes les marques du groupe Gucci, y supervise la création de la moindre paire de chaussures. La différence de philosophie du management avait éclaté au grand jour, en 1999, lors de la bataille pour Fendi, une maison de mode italienne possédée par cinq sœurs. Gucci avait abandonné non pas à cause du prix, mais parce que Tom Ford estimait que, compte tenu de la structure familiale du capital, il ne pourrait pas exercer le contrôle artistique qu'il pensait devoir lui revenir. En particulier parce que Karl Lagerfeld se serait fait rôtir vivant plutôt que de travailler sous sa férule !

Cela étant, la comparaison entre LVMH et Gucci n'est pas forcément valide. Les deux groupes abordent des phases très différentes de leur histoire. LVMH est dans la pleine force de la maturité, alors que Gucci, cinq ans après avoir frôlé le dépôt de bilan, se reconstruit et connaît une croissance très rapide. La démocratie viendra sans doute plus tard, comme le prouve la large autonomie de création déjà offerte à Alexander McQueen et Stella McCartney dont les maisons de couture viennent de rejoindre le groupe de Domenico De Sole.

L'autre originalité de LVMH, c'est sa structure financière. Si Bernard Arnault a rapidement gravi les échelons de la fortune pour devenir l'un des cinq plus riches Français, c'est grâce à un système qui lui confère tout le pouvoir alors que lui-même ne contrôle directement que 43 % du groupe. Des alliés sûrs, dont la banque Lazard, lui permettent de verrouiller 13 % supplémentaires. Comme Vincent Bolloré, un autre *raider* qui a bénéficié des conseils avisés d'Antoine Bernheim en matière d'ingénierie financière, Bernard Arnault a usé – et abusé – du mécanisme dit des « poupées russes ».

Celui-ci repose sur un principe tout simple : pour prendre le contrôle d'une société A, il suffit de posséder 51 % d'une société B qui possède elle-même 51 % du capital de la société A. Et ainsi de suite. C'est sur ce modèle que, tout au long des années 80, le Crédit Lyonnais et la banque Lazard ont restructuré les holdings français. Dans le cas de l'empire de Bernard Arnault, pour prendre quelques exemples, Groupe Arnault contrôle 85,6 % de Financière Agache, qui possède 98,6 % de Bon Marché holding, qui contrôle 58,9 % de Christian Dior, qui contrôle 100 % de Financière Jean Goujon, qui possède 42,5 % de LVMH.

Il y a, dans cette architecture en cascade, des avantages considérables pour un homme plus décidé que fortuné. Pour la moitié, ou le quart, voire, dans les cas extrêmes, une petite fraction de la mise, vous disposez du pouvoir exécutif. Tentant, n'est-ce pas ? Évidemment, ce n'est pas aussi facile que ça en a l'air. Sinon, tout le monde ferait de même dans tous les groupes. La contrepartie de la mise de fond relativement basse du chef, c'est la nécessité dans laquelle il se trouve en permanence de convaincre les investisseurs, à tous les étages de la « fusée », de financer la croissance du groupe. Sinon, l'usine à gaz s'écroule sur elle-même comme un soufflé trop cuit.

En 1991, la « fusée » Arnault comptait onze étages ! Mais ne nous y trompons pas : en dépit des apparences, c'était déjà un des groupes les mieux contrôlés de la place. Car il y a des « trucs » !

Tout l'art du patron consiste à faire remonter le « cash » de LVMH vers ses holdings personnelles. Cela permet de les désendetter voire de leur faire engranger des bénéfices. En 1993, Arnault avait décliné avec maestria ce principe au profit de son holding familial, la SEBP, futur Groupe Arnault. La SEBP racheta à Worms & Cie la Financière Truffaut, qui possédait 25 % de Kenzo. La Financière possédait elle-même des participations dans Financière Agache et le Bon Marché, ce qui permit à Arnault de devenir majoritaire dans ces deux étages majeurs de la fusée. Dans une deuxième phase, après avoir acquis les 75 % restants de Kenzo, il a revendu le tout à LVMH pour un peu moins de 500 millions de francs, avec une belle plus-value. Un peu « limite », certes, en termes de déontologie de groupe, mais excellent pour Groupe Arnault !

Deuxième « truc » : faire voyager les actifs au sein de l'usine à gaz pour favoriser ses intérêts personnels. Quand John Galliano est retiré de Givenchy, qui fait partie de LVMH, pour être installé chez Dior où les intérêts d'Arnault sont plus denses, les actionnaires de LVMH ont quelques raisons de se sentir lésés. Le plus bel exemple reste l'escamotage de la maison Christian Lacroix : elle était un temps contrôlée par le Bon Marché. Quand Bernard Arnault a décidé de prendre le contrôle total du grand magasin, il s'est empressé d'en extraire la maison de couture et ses quarante millions de francs de pertes annuelles, et de la faire racheter par LVMH en arguant, non sans raison, des synergies possibles entre les différentes marques de mode du groupe.

De temps en temps, on peut faire fusionner deux étages de la fusée. La rumeur revient ainsi régulièrement d'une possible fusion entre Dior et son étage inférieur LVMH. Les amateurs de sensations fortes avaient même laissé entendre que François Pinault achetait de temps en temps une partie du capital de Dior de manière à pouvoir jouer les trouble-fête après une éventuelle fusion.

Au jeu des « poupées russes », on s'en doute, il n'y a pas que des gagnants. Les minoritaires en ont parfois gros sur le portefeuille. Au début des années 90, tout le monde voulait être de la fête LVMH. Bernard Arnault n'avait aucune difficulté à convaincre les investisseurs d'entrer à tous les étages de l'édifice. Mais, au fur et à mesure, à ces petits jeux, certains étages ont perdu leurs actifs les plus liquides, et les titres de ces sociétés ont accusé une décote. Il suffisait ensuite à Arnault de les racheter au meilleur prix pour consolider son emprise sur la fusée. Maintenant que son trône est affermi, ces méthodes de cow-boy n'ont plus de raison d'être.

Dans le système des « poupées russes », on joue avec l'argent des autres. Lorsque Bernard Arnault fait une acquisition, on lui reproche souvent de ne pas regarder à la dépense, de surpayer. Comme il contrôle un groupe coté dans lequel il détient 43 % du capital et 57 % des droits de vote, à chaque fois qu'il achète trop cher, c'est avec l'argent des minoritaires. Pour chaque dollar dépensé, ces derniers fournissent, bon gré mal gré, 57 cents. Pourquoi se priver ?

La méthode des poupées russes implique tout de même certaines limitations. En cas de fusion-acquisition, il faut payer en liquide, car régler en titres risquerait de diluer les holdings personnelles de Bernard Arnault dans LVMH. Or payer en cash présente des inconvénients, surtout quand on paie cher. On crée beaucoup de ce que les Anglais appellent le *goodwill*, c'est-à-dire cette valeur immatérielle qui s'ajoute à la valeur réelle des actifs que l'on acquiert. Dans le luxe, le *goodwill* pèse lourd. Pour satisfaire aux règles de la Securities & Exchange Commission (SEC) – une obligation pour LVMH, qui est coté à Wall Street –, il convient de prévoir un amortissement de ce *goodwill* au fil du temps. Après des années d'un shopping frénétique, le bilan de LVMH présente un *goodwill* d'environ 3 milliards de dollars, soit 18 % du total de ses actifs. En 1999, les charges d'amortissement se montaient à 102 millions de dollars, soit presque 15 % des bénéfices après impôt ! C'est lourd. Le *goodwill* pèsera encore longtemps sur les revenus du groupe.

L'autre problème, quand vous payez tout en liquide, c'est qu'il faut lever des fonds en empruntant. Au début de 2000, la dette totale de LVMH frisait les 7 milliards de dollars. Par comparaison, à la même époque, la trésorerie de Gucci présentait un excédent de 2,7 milliards de dollars. Tous ces petits désagréments font que la marge bénéficiaire du groupe, à 8,6 %, était, en 2000, environ le tiers de celles de Gucci ou de Richemont, les grands groupes rivaux.

Le nouveau luxe ratisse large

Dans cet environnement enivrant mais changeant, les groupes qui s'affrontent à coups de dizaines de milliards de dollars pour agrandir leurs parts de marché sont naturellement tentés de repousser les limites du luxe. Ils préfèrent donc ne pas trop approfondir une question pourtant fondamentale : *qu'est-ce que le luxe ?*

Ces géants ont une bonne raison pour éluder la question. Ils ont peur de la réponse. On les comprend ! Imaginez un instant ce qui se passerait si on décrétait tout à coup que les produits de tel ou tel groupe ne méritent plus de figurer dans la catégorie « luxe ». Quelle serait la réaction de ses actionnaires ? Qu'adviendrait-il de son cours de bourse ? Ce scénario a de quoi faire frémir, et tout sera fait pour qu'il reste de pure fiction.

À dire vrai, rien n'est plus utile aux industriels du luxe que le flou qui entoure le concept de luxe. Cette confusion, canalisée avec maestria par la communication, la publicité et le merchandising, permet au chiffre d'affaires de cette industrie de bondir chaque année vers de nouveaux records, pour peu que les grands pays industrialisées ne soient pas aux prises avec une crise économique. Ce flou permet aussi des aberrations – ou des miracles, selon le point de vue auquel on se place : comment un même mot peut-il décrire deux maisons aussi radicalement différentes que Hermès, le *nec plus ultra* du raffinement impérial, et Prada, l'archétype du chic minimaliste ? Ce n'est évidemment pas un hasard. Il existe aujourd'hui des techniques qui permettent d'organiser autour de n'importe quel objet doué d'un minimum d'esthétique une fête sensorielle donnant l'illusion du luxe. D'aucuns expliquent d'ailleurs que l'illusion du luxe, aussi satisfaisante que le luxe lui-même, est une belle percée de la démocratie ! S'ils ne le disaient pas uniquement pour gonfler leur *cash-flow*, l'argument serait intéressant.

Nous sommes là au cœur d'une grande manipulation où les purs artistes côtoient les vrais faiseurs. Les spécialistes du marketing, comme ceux de la publicité et de la communication, sont passés maîtres dans l'art de créer une atmosphère de luxe autour d'objets somme toute ordinaires. C'est le marketing du rêve, un sport que les Américains ont baptisé *dreamketing*. Il consiste, grâce à la publicité, à créer autour d'un produit un désir obsessionnel d'achat, renforcé par la peur du client d'arriver trop tard. Il est optimisé, commercialement parlant, quand le produit est « ringardisé » le plus vite possible.

Les sommes englouties dans le lancement publicitaire de certains parfums plutôt quelconques sont tout simplement phénoménales, d'autant plus colossales, paradoxalement, que le produit est quelconque et, partant, incapable de connaître un succès de long terme. Ces campagnes se chiffrent parfois en dizaines de millions de dollars. Voilà le prix à payer pour hypnotiser un vaste public et le convaincre que l'objet en question est bien « de luxe ».

Appréhender l'idée de luxe est doublement difficile, car elle est créée à la fois par la démarche du fabricant et par celle du client. Elle repose, à l'état latent, dans l'œil, le cœur, le cerveau, voire le subconscient de l'acheteur. Tout le travail de la marque consiste à activer les ressorts intimes qui vont déclencher l'acte d'achat. À l'époque lointaine où chaque marque de luxe jouissait d'un quasi-monopole dans sa « niche » et pouvait donc compter sur une clientèle captive, point n'était besoin de déployer tout cet arsenal psychologique. Aujourd'hui, les maisons se diversifient, font de tout, et la démocratisation du luxe leur envoie un consommateur « excursionniste », en contact seulement épisodique avec l'univers du luxe. Capter son attention devient un art subtil.

Pour cet acheteur occasionnel, le luxe n'est pas un dû, mais un dilemme. Le désir d'acheter est vécu comme une transgression et le client, culpabilisé, éprouvera ensuite le besoin de justifier son achat à ses propres yeux. Il convient donc de lui offrir un environnement convivial, loin du cadre austère, majestueux et pesant du luxe à l'ancienne.

Car les temps ont bien changé, pour le luxe aussi. Le luxe impudique de jadis, celui des rois, des aristocrates, de la magnificence insolente, scandaleuse et sans limite, est mort. Le luxe nouveau se doit d'être « politiquement correct », plus égalitariste ; il joue sur le « savoir posséder » plus que sur le « pouvoir acheter[1] ». Le follement futile des cours d'autrefois n'est plus de mise.

De nos jours, pour « compenser », ce qu'on appelle toujours le luxe doit donc ratisser large. Il ne se borne plus aux marques de suprême qualité comme Hermès, la branche Haute Couture d'Yves Saint Laurent ou l'atelier d'Azzedine Alaïa. Il comprend au contraire tout ce qui, d'une manière ou d'une autre, est susceptible d'être perçu par le public *comme* un objet de luxe : un collier à trois millions de francs mais aussi bien un flacon de parfum à trois cents francs peuvent incarner le luxe. Tout est affaire de présentation.

Définir le luxe revient dès lors à tracer les contours du

1. Stéphane Wargnier, « Misère et splendeur du luxe », *Vogue*, novembre 1995.

public visé. En théorie, quel que soit le niveau de revenu d'un individu, il existe un objet, même très bon marché, dans lequel il verra du luxe, mais, dans la pratique, il est impossible à une marque donnée de servir tous ces individus-là. Pareil grand écart serait suicidaire et, à vouloir s'y livrer, certaines marques, comme Pierre Cardin, se sont bel et bien suicidées.

La tentation de la croissance interne à tout va est un jeu mortel. Le défi, pour une marque qui se veut de luxe, consiste à évaluer avec soin jusqu'où la tranche supérieure de sa clientèle acceptera qu'elle s'abaisse. Toutes les marques qui sont trop « descendues en gamme » l'ont payé fort cher, simplement parce qu'en descendant elles entrent en compétition avec les entreprises qui servent le marché de masse. Ces énormes machines industrielles, qu'elles s'appellent Gap ou Zara, risquent fort de les broyer.

Il serait stupide et malhonnête, à ce stade, de ne pas parler argent. Le luxe est cher et le prix élevé est l'un des ingrédients majeurs du « trip ». Il est aussi la conséquence des investissements énormes qu'une marque doit consentir pour pouvoir prétendre au luxe. Le prix de l'objet n'a parfois plus grand-chose à voir avec l'objet, et l'inflation rejaillit sur tous les produits. Au XIXe siècle, Nietzsche s'étonnait déjà de cet « impôt du luxe » :

« On achète dans les magasins les choses nécessaires et les plus indispensables et on les paye fort cher, car on vous fait payer en même temps pour ce qu'il y a d'autre à vendre et qui ne trouve que rarement acquéreur : les objets de luxe et de fantaisie. C'est ainsi que le luxe met un impôt continuel sur les choses simples qui peuvent se passer de lui[1]. »

Le prix élevé, parfois jusqu'à l'absurde, enrichit l'industrie mais libère aussi l'acheteur de la plate fonctionnalité

1. *Humain, trop humain* (1878-1879), *Œuvres, 1*, Robert Laffont-Bouquins, 1990.

biologique qui est son lot quotidien. Certains économistes croient même avoir découvert que le luxe se vend d'autant mieux qu'il est plus cher. Le succès, en 1999, d'un jean Gucci orné de quelques plumes et vendu 25 000 francs semble leur donner raison.

À cet égard, le « positionnement prix » est une décision cruciale qui engage l'avenir d'une marque. Si celle-ci entreprend par exemple de lancer une ligne de montres, proposer un premier prix à 5 000 ou à 15 000 francs est un choix qui aura des répercussions importantes sur toute l'entreprise. Si ce positionnement est perçu comme cohérent avec l'image générale de la marque, le public suivra. Sinon, c'est toute la maison qui pourra trembler sur ses bases.

Pour un artisan, définir le luxe, c'est souvent se définir soi-même. Jean-Louis Dumas, le président de Hermès, a longtemps cherché ce qui, à ses yeux, définissait le mieux le luxe. Il n'a pas trouvé la formule magique, mais il sait qu'elle est liée au temps qui passe. Il évoque un somptueux sari brodé d'or qui flatte le corps d'une jeune Indienne après s'être enroulé autour de dix générations de ses aïeules :

« Le luxe, c'est ce qui dure plus longtemps que vous ! »

L'horloger Patek Philippe exploite ce fantasme du voleur d'éternité dans un de ses derniers messages publicitaires :

« Vous ne posséderez jamais une Patek Philippe ! Vous en serez le dépositaire pour la prochaine génération. »

Chez Swatch, où l'on s'agace un peu du snobisme ambiant, Nicolas Hayek, le très volubile président, préfère laisser la parole à l'acheteur :

« Le luxe est identifié par celui qui le porte. »

Le luxe, c'est aussi ce qui est rare. Au Japon, il faut compter cinq ans d'attente pour un sac Kelly de Hermès. Quand Hermès annonce à une cliente que son sac ne pourra pas lui être livré avant ce délai, cette dernière éprouve un sentiment de frustration et de satisfaction mêlées. C'est un moment de luxe. Au fond, elle est fière d'attendre.

Il y a aussi un côté futile et enfantin dans le luxe. Dans l'*Encyclopédie*, Diderot le rappelle :

« Sans un immense superflu, chaque condition se croit misérable. »

Pour atteindre au luxe, un objet doit susciter un désir irrésistible. Il peut servir à quelque chose, mais dans l'acception un peu sacrée du terme. Stéphane Wargnier, un expert du luxe qui œuvre chez Hermès, va plus loin :

« Le luxe est une drogue dure, comme la vie même, tant rien n'est moins superflu pour l'homme que de se libérer de la nécessité [1]. »

Ainsi la dépense de luxe, si importante soit-elle, serait, à sa façon, « gratuite », reflet du refus fondamental de l'être humain de limiter sa vie à une survie.

Voilà sans doute pourquoi les appareils de haute technologie les plus remarquables ne sont pas perçus comme d'authentiques objets de luxe. Le projet d'ordinateur de luxe concocté par Hermès et Data General n'a jamais rien donné. Les matériels informatiques, y compris les plus outrageusement chers, sont trop fonctionnels, trop utiles, au sens immédiat du mot, pour mobiliser le potentiel d'irrationnel où le désir de luxe prend sa source. Alors qu'un parfum, même ordinaire, grâce à sa puissance d'évocation, peut se « brancher » sur ce potentiel.

1. Stéphane Warnier, *Vogue*, *op. cit.*

Le suicide raté de Burberry

Toutes les guerres du luxe ne mettent pas aux prises deux ennemis. La guerre la plus dangereuse est parfois celle qu'une marque se livre à elle-même. Car si le luxe est un piédestal, malheur à celle qui en tombe ! Est-ce pour toujours ? Peut-on y remonter ?

Ces questions, il faut les poser à Rosemarie Bravo, l'Américaine qui eut la lourde tâche de ramasser Burberry's quand la marque était dans le ruisseau. En 1997, la griffe créée en 1856 par Thomas Burberry, un habitant de Basingstoke (Hampshire) qui avait inventé le pardessus de toile vraiment imperméable, est à l'agonie. Après un siècle qui l'a vue devenir une des plus belles griffes du Royaume-Uni, voire du monde, elle n'est plus symbole ni de luxe ni de chic. Elle n'est même plus un symbole anglais. Tout son « patrimoine génétique », pour employer le vocabulaire des stratèges de marque, s'est évaporé.

Le désastre commence il y a trente ans, quand les consommateurs japonais, enfin remis de la catastrophe atomique, font irruption sur la scène mondiale avec un insatiable désir de luxe et des ressources financières considérables. Pour le peuple nippon, la rencontre avec le fameux plaid aux trois couleurs – chameau, rouge et noir – est un choc. Ce pays de cent millions de nouveaux riches aspire à s'habiller en Burberry's. Chaque famille veut toute la collection. La marque commet alors une première erreur. Elle octroie une licence commerciale à la compagnie japonaise Mitsui sans trop se préoccuper de la manière dont les produits seront présentés, dans quelles vitrines ils apparaîtront, au milieu de quels autres objets ils seront disposés. À cette époque, il n'existe pas encore de grands groupes de luxe multimarque capables de financer des investissements lourds dans des magasins à travers le monde. Comme de très nombreuses maisons de luxe qui estiment ne pas avoir les moyens de se développer autrement – Dior, Saint Laurent, Cardin et bien d'autres mettent aussi le doigt dans cet engrenage parfois fatal –, Burberry's octroie des licences comme on jette des Kleenex. Pour augmenter son chiffre d'affaires, elle renonce au contrôle de la qualité et de la distribution.

Cela se passe au milieu des années 70. Les licences, c'est facile, ça semble inoffensif et ça rapporte gros. Alors on fonce. Et pourquoi se limiter aux vêtements ? Le nom fleurit sur des boîtes de biscuits ou sur des serviettes de service à thé. C'est la fuite en avant pour gonfler la trésorerie. Comme le groupe Great Universal Stores, propriétaire de la marque, de plus en plus gourmand, les licences ne suffisent plus. On se lance alors dans le marché « gris ». Burberry's cède des stocks à des acheteurs clandestins qui écoulent la marchandise sur le marché parallèle en Asie, dans des boutiques médiocres et à prix cassés. Quand les quantités sont trop importantes, la méthode fait boomerang et les produits sont réexportés vers l'Europe, puis vendus en solde, ce qui achève de dégrader l'image.

Vingt ans plus tard, au milieu des années 90, les ventes ont tellement progressé dans l'archipel que le chiffre d'affaires nippon compte pour 75 % des ventes mondiales de la marque. Mais Burberry's est en danger de mort.

Dans son bureau au dernier étage de l'immeuble

Burberry's de Haymarket, à deux pas de Picadilly, Rosemarie Bravo se rappelle son arrivée :

« C'était presque devenu une marque asiatique, surtout aux yeux des clients britanniques et américains ! »

À travers la fenêtre protégée par des rideaux de dentelle, elle observe le manège sur le perron de l'immeuble, et c'est un peu son propre triomphe qu'elle contemple : des hôtesses très mode, à des années-lumière du look vieillot d'antan – un antan pas si lointain ! –, dirigent les clients vers la nouvelle boutique, celle qui vient d'ouvrir sur Old Bond Street, La Mecque londonienne du luxe. Ces touristes japonais ou coréens qui repartent vers le magasin flambant neuf, c'est la preuve de la résurrection de la marque.

Pour fêter cette résurrection, Rosemarie Bravo a balayé la dernière lettre du nom. Désormais, pour faire plus jeune, on dira Burberry.

Dans la City, on a vite fait de comparer cette renaissance à celle de Gucci. D'ailleurs, depuis le sauvetage réussi par Domenico De Sole et Tom Ford, c'est devenu une expression courante dans les milieux financiers : reprendre une marque déchue et la hisser de nouveau jusqu'au succès, c'est « faire un Gucci ». Les financiers londoniens évoquent même une possible introduction en bourse de Burberry, avec une capitalisation qui pourrait grimper jusqu'à 3 milliards de dollars[1]. À condition, bien sûr, que l'enseigne honore ses ambitions mondiales. Pour le moment, elle en est encore loin. Elle a beau ouvrir à prix d'or des magasins aux quatre coins de la planète, les statistiques sont formelles : la moitié du chiffre d'affaires continue de provenir de deux pays seulement, l'Espagne et le Japon. La marque n'existe pas aux États-Unis, pas plus que dans les deux pays européens

1. *The Economist*, 3 février 2001.

phares que sont la France et l'Italie. En outre, sa taille en fait une proie toute désignée pour les grands groupes où l'on juge parfois, non sans condescendance, que Burberry n'a toujours pas retrouvé sa place dans la famille du luxe.

Rosemarie Bravo sait réveiller les entreprises assoupies. C'est sa spécialité. Avant son aventure londonienne, elle avait passé cinq ans à redresser Saks Fifth Avenue, une chaîne américaine de grands magasins de luxe. Chez Burberry, elle a employé la manière forte, en inversant les dérives du passé : au lieu de gonfler sa trésorerie en faisant du chiffre d'affaires à tout prix, elle a fait chuter le chiffre d'affaires. Comment ? En cessant tout simplement d'alimenter le marché parallèle. Ce remède de cheval a failli tuer le malade :

« En refusant de vendre au marché gris, nous avons dévasté nos bénéfices. Ils ont eu beau doubler depuis l'année dernière, à 22 millions de livres, nous sommes loin du sommet de 1996[1], avec 63 millions de livres. »

Pour le reste, les recettes sont bien connues : des magasins en propre, un styliste de la jeune école, en l'occurrence Roberto Menichetti, et de la communication en avalanche pour « du passé faire table rase » et briser l'image vieillie et trop masculine de la marque. Il faut gagner de jeunes clientes sans affoler les vieux habitués. À cet égard, rien n'aura mieux servi la révolution Bravo que le succès planétaire du bikini porté par Kate Moss. Rosemarie Bravo n'en est toujours pas revenue :

« En enfilant ce maillot de bain, elle a enlevé trente ans à l'âge moyen de nos clients ! »

1. *Financial Times*, 8 juillet 2000.

Hermès à cache-cash

Quand vous lui parlez de marketing, Jean-Louis Dumas vous emmène dans un de ces ateliers où les artisans voient parfois revenir, trente ans plus tard, un sac qu'ils avaient monté eux-mêmes, et se mettent à lire dans le cuir la vie de sa propriétaire. Quand vous lui parlez de *turn over,* il vous montre le curieux prototype d'un sac en écailles qu'un employé a monté il y a cinq, peut être dix ans, et dont il n'a toujours pas décidé s'il allait le commercialiser. Et quand vous lui parlez de mode, le président de Hermès, arrière-arrière-arrière-petit-fils du fondateur, prend sous son bureau un sac à dépêches, un des plus vieux modèles de la maison, et vous rappelle qu'il est toujours numéro un des ventes au Japon.

Ici, on a beau jouir d'une trésorerie magnifique, on ne veut pas parler d'argent. Hermès joue à cache-cash.

Alors les guerres du luxe… Vues d'ici, elles n'existent pas, ou bien comme un distant bruit de fond en provenance du monde d'en bas. Hermès n'a pas d'ennemi. Et, de toute façon, il n'est pas dans le luxe. C'est, dans la maison, un mot honni qu'on laisse volontiers aux camarades un peu moins doués de Vuitton et de Gucci. Chez Hermès, on ne fait pas du luxe, on pratique l'excellence. La différence, c'est le rapport au temps. Les entreprises du luxe, comme toutes les entreprises, se battent contre le temps. Alors que le temps se bat pour Hermès.

Il suffit, pour le comprendre, d'observer un coupeur dans son atelier à Pantin. Il a beau savoir que la sélection du cuir a été draconienne, que seulement le *nec plus ultra* du lot proposé par le tanneur a été retenu, il ne fait confiance qu'à son propre œil et à sa propre main. Il passe et repasse les doigts sur la peau posée devant lui sur la table de coupe. Il pince, caresse, mesure la force, le moelleux et la tenue de la peau, en circonscrit les parties faibles, teste l'adhérence de la finition. Il applique le seul jugement sûr, celui que la peau se fait de la peau.

La lumière est forte et crue. Elle ne cache rien. À ce stade, il n'y a plus de cicatrices, de rides ou de coutelures, mais sait-on jamais ? L'artisan incline la tête à gauche, puis à droite, cligne de l'œil, à la recherche d'une ombre suspecte, indicatrice d'une veine trop prononcée ou d'un parasite passé inaperçu. Il répète l'opération plusieurs fois, sous différents angles. Il n'est pas pressé. La métaphysique du cuir a son rythme.

Si l'examen est concluant, c'est que le cuir est parfait. Un sac va naître. L'artisan presse le modèle sur la peau, et tranche. Un, deux, trois morceaux. La peau se perce de formes étranges. Les morceaux s'empilent. Les bords de chacun sont amincis à l'aide du couteau à parer. La cérémonie se poursuit. À chaque type de peau correspond un rituel particulier. Pour l'alligator, une forme de buis appliquée avec force va relisser les écailles. Les peaux de crocodiles, elles, sont étarquées. Depuis qu'il est interdit de capturer des crocodiles sauvages, il faut se contenter des animaux en captivité dans certains pays d'Asie. Les deux sauriens, qui se différencient principalement par le dégradé des écailles, ont chacun leurs fanatiques. Sur la peau d'autruche, les follicules sont aplaties au marteau afin d'offrir le grain le plus lisse au toucher. Les jeunes autruches, les seules dans le cuir desquelles on pourrait faire des bracelets-montres, deviennent de plus en plus difficiles à trouver. Chez Hermès, est-il besoin de préciser qu'on ne trouve jamais de cuir de cheval ? C'est le moins qu'on puisse attendre du plus célèbre sellier du monde.

Ensuite, pour la rendre plus brillante, la peau est enduite d'une solution aux protéines, composée de caséine et d'albumine, avant d'être passée à la lisse d'agathe. Pas de ponçage au papier de verre ou de grattage pour assouplir le cuir, comme chez certains confrères qu'on se refuse à nommer. Mais des confrères maroquiniers, il n'y en a pas tant que ça...

L'assemblage peut commencer maintenant : la couture au fil de lin « piqué sellier » qui permet d'atteindre à cette sensualité rigoureuse dont Hermès a fait sa marque de fabrique. Les artisans qui travaillent ici sont les meilleurs spécialistes du cuir qu'on puisse trouver au monde. Hermès embauche systématiquement les étudiants les mieux classés de l'école de l'Abbé-Grégoire. Ils fabriquent les sacs de A à Z, avec la conscience aiguë de cette limite qu'on leur a inculquée comme une sorte d'expiation religieuse : le produit livré au client est inachevé. C'est le client qui, en le faisant vivre, le « finit ».

Il faudra un minimum de quinze heures de travail pour fabriquer un sac Kelly. Quinze heures d'une mystérieuse musique dont Jean-Louis Dumas, héritier de la dynastie fondée par Thierry Hermès en 1837 et président en titre, ne se lasse pas. Il emmène toujours ses visiteurs dans la partie de son bureau-capharnaüm donnant sur l'intérieur de l'immense pyramide de bois et de verre qui abrite Hermès à Pantin, juste de l'autre côté du périphérique quand on vient de Paris. Il ouvre une fenêtre et écoute avec eux le chant du cuir. Longtemps.

L'obsession de la durée, on la croise partout chez Hermès. Bien entretenus, les objets en cuir de qualité peuvent vivre des siècles durant et ce fumet d'éternité est étroitement associé à la représentation que le public se fait de la marque. Le dialogue qui s'était déroulé en 2000 entre une vendeuse et une jeune cliente japonaise est raconté, depuis, comme une sorte de parabole sur l'âme de la maison :

« Bonjour, je souhaite acheter un sac Birkin.

– Très bien, madame. Le délai de livraison est d'environ deux ans.

– Deux ans !

– Oui, madame.

– Oh, au fond, ce n'est pas grave. Ce sac, c'est aussi pour mes enfants que je l'achète.

– Combien d'enfants avez-vous ?

– Je n'en ai pas encore. »

À l'heure de la communication toute puissante, la force de Hermès, c'est d'être une identité avant d'être une image. En bon protestant, Jean-Louis Dumas, qui dirige la maison depuis 1978, se méfie des images. Il y a quinze ans, le musée de la publicité avait organisé une exposition sur les campagnes de publicité du maroquinier. Prié de fournir les affiches de lancement des produits de la maison, le président avait exigé de faire aussi figurer, sous chaque affiche, le produit lui-même, comme s'il était impossible de photographier l'art du cuir.

Ainsi va Hermès, sans service du marketing ni études de marché. La concurrence ? Quelle concurrence ? Jean-Louis Dumas ne perd pas une minute à se comparer à Vuitton, Gucci ou Prada, mais il veille – noblesse oblige – à ne pas paraître condescendant.

« Je ne regarde pas ce que font les autres. Chacun doit tracer son propre chemin. »

Comprenez : à quoi bon regarder les chemins en contrebas du sien, alors qu'il peut continuer, la tête levée vers le ciel ?

Cela dit, il faut bien vivre. Les guerres du luxe entre « accumulateurs de marques » l'amusent plutôt, mais lui aussi en thésaurise. Il cherche à rassembler sous sa coupe l'exceptionnel de l'exceptionnel : ainsi une participation de 35 % dans Jean-Paul Gaultier, ou l'acquisition de Leica, le « nectar » de la photographie. Auparavant, il avait racheté le chausseur John Lobb, l'orfèvre Puiforcat. Au-delà de son envoûtante mythologie, Hermès représente donc une diversification industrielle rondement menée. Aujourd'hui, le chiffre d'affaires oscille autour d'1 milliard d'euros, soit environ 6 milliards de francs. La maison est sortie depuis longtemps du pré carré « sac de cuir-carré de soie ». Parfums, chaussures, arts de la table, bijoux, tissu : la liste des diversifications est longue. Quand les ventes de carrés de soie fléchissent, ce qui est le cas depuis plusieurs années, la forte hausse des ventes de montres et de bijoux vient combler le manque à gagner.

On s'efforce tout de même de garder la tête froide. L'image de marque est si cruciale – elle représente sans doute plus des trois quarts de la capitalisation de la maison – que chaque initiative est pesée. Le parfum, dans toutes les autres grandes maisons, sert de pompe à finances, mais Hermès ne peut se le permettre sous peine de ternir son blason. Aux États-Unis, par exemple, ses parfums ne sont diffusés que sur cent « portes », alors que la plupart des grands noms sont présents sur des milliers de portes. Le parfum ne représente d'ailleurs que 8 % du chiffre d'affaires de Hermès, une misère, mais ce sacrifice est vécu comme une médaille d'exclusivité.

Hermès est également devenu une machine à innover. On a beau tenir aux traditions, le renouvellement est un impératif si l'on veut intéresser les rédactrices de mode. L'emballement de la création est imposé par l'époque et par cette fameuse concurrence dont on préfère ne pas parler au « 24 ». En 1837, le seul produit était un harnais. Cent cinquante ans plus tard, en 1988, toujours un seul lancement : les cravates à motifs animaliers. Au milieu des années 90, la machine s'affole. En 1998, quatorze produits sont lancés, dont les baskets Quick à plus de 2000 francs. En 1999, surchauffe : ce sont plus de vingt-cinq nouveaux produits qui voient le jour, dont les bottes Toundra en peau lainée et veau velours, sans oublier la cravate en cachemire roulotté main.

Dès son arrivée aux commandes, il y a vingt-trois ans, après quatorze ans de patiente progression au sein de la maison, Jean-Louis Dumas avait aussitôt manifesté un pragmatisme de bon aloi.

« Une affaire de famille, c'est un esprit et des dividendes. Si vous ne donnez pas les dividendes, l'esprit fout le camp[1] ! »

La famille est présente, pesante parfois, dans le capital et les instances dirigeantes. Michèle Dumas est directeur général adjoint, Thierry Dumas siège au conseil de surveillance. Olivier Dumas, Aline Hermès et ses deux fils, Hubert et Patrick Guerrand, siègent au conseil de gérance d'Émile Hermès SARL. Stabiliser le capital et ne pas s'aliéner la famille a toujours été une préoccupation majeure de Jean-Louis Dumas. Si une sœur ou une cousine veut acheter un appartement, il est important de savoir à tout instant ce que possède chacun. Au service de cet objectif, la dernière trouvaille de Jean-Louis Dumas a consisté à introduire en Bourse une portion du capital. Une trouvaille judicieuse. De temps en temps, la maison rachète ses propres actions sur le marché.

Depuis janvier 1999, l'action a plus que doublé, ce qui n'a pas manqué de stimuler l'esprit de famille.

1. *L'Expansion*, mai 1978.

Le syndrome Prada

Dans le monde de la maroquinerie, les grandes réussites se suivent et ne se ressemblent pas. Rien, sans doute, n'est plus éloigné du style Hermès, roi du luxe classique, somptueux et irréprochable, que le look Prada, fait d'esthétique minimaliste et de marketing de combat.

Vingt-deux ans après avoir pris le contrôle de sa maison familiale, une petite fabrique de cuir fondée en 1913 à Levanelle, près d'Arrezzo, Miuccia Prada peut s'enorgueillir d'un triomphe mondial qui a peu à envier à celui de son rival Gucci.

Tout a commencé dans les années 80 par une dispute. Un jour, dans une foire commerciale, Miuccia passe devant le stand d'un certain Patrizio Bertelli ; sans que celui-ci le sollicite le moins du monde, Miuccia lui dresse la liste de tout ce qui ne va pas. C'est le coup de foudre. En 1987, ils se marient ! Entre Bertelli, le manager vorace, et Miuccia Prada, l'héritière au coup d'œil magique, le courant passe. Issue d'une famille du monde de la couture, Prada portait du Saint Laurent quand elle était adolescente avant de devenir, pendant les années 70, une aristo-communiste virulente, grande distributrice de tracts et infatigable pilier des cafés politiques branchés. Son hobby : le mime.

Les deux époux s'associent et les affaires décollent. Madame crée, Monsieur produit et distribue par l'intermédiaire de sa compagnie, I Pelletrieri d'Italia. Avec une bonne longueur d'avance sur la concurrence non italienne, ils se lancent dans une diversification énergique. D'abord les chaussures, le prêt-à-porter féminin, puis la mode homme, les sous-vêtements et les vêtements de sport, le « sportswear ». Entre-temps, ils lancent une collection plus jeune, environ deux fois moins chère, baptisée Miu Miu.

Malgré la diversification et l'expansion, la centralisation artistique reste de fer. Pas un produit n'est lancé sans le blanc-seing de Miuccia. Elle instille dans chaque article son style minimal, neutre mais toujours luxueux. Ce n'est plus le luxe frimeur, tapageur des années 80, mais un luxe plus intime, confortable, qui repose sur d'originaux mélanges d'étoffes. Il ne s'agit plus d'épater la galerie mais plutôt de constituer une tribu d'initiés. La femme Prada se maquille peu. Bien sûr, à force de se vouloir minimale, la mode Prada semble parfois indigente, misérabiliste… ce qui se remarque d'autant plus qu'elle est très, très chère. Mais de cette marginalité discrète va naître un véritable courant d'inspiration pour les stylistes de tous bords. Certaines saisons, pendant les années 90, on aurait juré que l'esprit Prada flottait sur les collections de Calvin Klein. Les clients de haut vol sont de plus en plus nombreux. Helen Hunt et Tom Hanks ne sont que les plus assidus.

Un des premiers coups d'essai de la Milanaise est un coup de maître : le sac à dos en nylon noir renforcé, façon militaire, tout simple, sans même un logo, qui va se vendre à des centaines de milliers d'unités. Il va sans dire que, sur ce genre d'article, les marges sont prodigieuses et la maison

Prada se garde bien de les révéler. La méthode est rodée : une base de produits qui ne change pratiquement jamais et, régulièrement, le lancement en fanfare d'un nouveau produit pour relancer l'usine à rêves. Le chiffre d'affaires caracole : parti de 167 millions de dollars en 1994, il atteint 674 millions de dollars en 1997 et franchit la barre du milliard de dollars en 1999. Les investissements bondissent à l'unisson.

La distribution est bouleversée. L'ancienne boutique dans les arcades commerçantes de Milan s'est muée en un empire planétaire de près de cent cinquante magasins. De sa volonté de fonder un groupe multimarque à l'image du français LVMH, Bertelli ne fait pas mystère. Helmut Lang, Jil Sander, Church's, Fendi : ses participations, majoritaires ou non, se multiplient. En 1998, il se paie même le luxe de grignoter 9,5 % du capital de Gucci, au grand dam de la griffe florentine, avant de les revendre au prix fort à LVMH.

Tout cela coûte cher. La croissance ultrarapide de Prada a vidé les caisses. La dette a explosé. Aucun chiffre officiel n'a été divulgué, mais elle se monterait, selon plusieurs spécialistes, à au moins 540 millions de dollars, ce qui n'a d'ailleurs rien de très inquiétant, compte tenu de la progression du chiffre d'affaires.

Il faut trouver de l'argent. Pour cela, il existe divers moyens. On peut bien sûr emprunter aux banques, mais ça fait un peu ringard, « vieille économie ». Le plus chic, c'est l'entrée en Bourse – l'Initial Public Offering en new-yorkais. Après l'avoir envisagée pour 2002 ou 2003, Bertelli n'exclut plus d'aller beaucoup plus vite. Peut-être même dès 2001. La plupart des analystes jurent qu'une IPO valoriserait Prada à un montant compris entre 6 et 7 milliards de dollars, soit juste un peu moins que le grand rival Gucci. Elle apporterait un grand bol d'oxygène sous forme de cash.

Pendant ce temps, la personnalité assez particulière de

Patrizio Bertelli se révèle. En lui se mêlent le gestionnaire de choc, à la fois visionnaire et tatillon, et l'individu caractériel. On murmure chez Prada que Bertelli décide d'absolument tout, jusqu'au nombre de crayons octroyé à ses collaborateurs. Il choisirait même le papier hygiénique... Exprimer violemment sa colère en public pour traumatiser ses interlocuteurs est l'un de ses traits de caractère distinctifs. L'équipage de *Luna Rossa*, le bateau que sponsorise Prada, en a souvent fait la pénible expérience. Bertelli veut gagner toutes les courses sur mer ; surtout, bien sûr, quand il s'agit de la Coupe Louis-Vuitton...

Aucun adversaire ne semble lui faire peur et il laisse derrière lui des souvenirs terrifiés. Après l'échec d'une négociation entre Prada et Estée Lauder pour la création d'un éventuel parfum, George Lauder avait confié n'avoir jamais été en contact d'affaires avec une personnalité « aussi difficile[1] ». Même Bergdorf, le plus exclusif des grands magasins de luxe aux États-Unis, ne vaut pas une révérence : Bertelli n'a pas hésité à ouvrir une boutique, à New York, à quelques pâtés de maisons de Bergdorf. La riposte a été immédiate : le distributeur a fermé son stand Prada et l'a remplacé par une boutique Lambertson Truex.

Son tempérament colérique dresse souvent Bertelli, à haute voix, contre la concurrence. Tom Ford, l'homme orchestre de Gucci, est l'une de ses cibles favorites. En juin 2000, juste avant le défilé Jil Sander, Bertelli s'emporte une fois de plus :

« Tom Ford n'est pas un styliste. Il est tout juste bon à faire du marketing. Ce n'est pas comme Karl Lagerfeld qui, chaque matin, dès qu'il se réveille, dessine des modèles. »

Le Texan laisse passer quelques jours, le temps que sa propre collection ait défilé, et puis il réplique[2] :

1. Suzy Menkes, *International Herald Tribune*, 7 septembre 1999.
2. *Women's Wear Daily*, 29 juin 2000.

« Heureusement, je n'ai jamais eu le malheur de me réveiller à côté de Patrizio Bertelli, j'ignore donc absolument comment il sait ce que je fais en me levant le matin. »

Cette échauffourée s'inscrit dans une longue liste d'incidents. Prada et Gucci sont engagés dans une compétition féroce. En 1997, Bertelli avait poussé le bouchon très loin en accusant tout simplement Gucci de plagiat :

« Ils ont pris notre sac noir et ils ont mis leur poignée bambou dessus. Ils ont imité notre veau lustré. Ils se sont mis à utiliser tous nos ingrédients. »

L'ire perpétuelle de Bertelli n'est pas exempte d'une bonne dose de jalousie. Si fructueuse que puisse être sa collaboration avec son épouse, il sait que leur couple n'arrive pas à la cheville de la « paire » de Gucci : le président Domenico De Sole et le superstyliste Tom Ford. Dans les années 70, le couple phare était celui formé par Yves Saint Laurent et Pierre Bergé ; les années 80 avaient été dominées par le solo de Karl Lagerfeld chez Chanel ; les années 90 ont vu l'essor du groupe de Bernard Arnault. Au moment où le nouveau siècle démarre, le modèle à suivre, c'est Gucci. Et Bertelli enrage. Cette colère quasi permanente semble faire partie intégrante des relations publiques de la maison. Selon le principe que tout ce qui fait parler de Prada est bon pour Prada...

Dans cette optique, la trouvaille d'octobre 2000 n'est pas ordinaire. Sans doute en hommage à son adolescence militante, Miuccia Prada parvient à louer le siège du Parti communiste français, place du Colonel-Fabien, pour y organiser la grande soirée qui clôture le mois des collections de prêt-à-porter. Un peu plus de trois cent mille francs dans les caisses du Parti, un prix dérisoire, à peine le prix d'une page de publicité dans *Vogue*, pour cette nuit « faucille et manteau » qui rassemble mille deux cents invités. Robert

Hue, le secrétaire national du PCF, tient à s'expliquer, auprès de sa base, sur cette innovation assez peu marxiste :

« Le communisme, c'est la modernité, et la création n'est pas quelque chose de décadent. »

L'aventure Prada étonne le milieu du luxe depuis bientôt quinze ans, et pas seulement à cause du succès commercial de l'entreprise. Les deux époux n'ont emprunté aucun des chemins battus. Pour commencer, contrairement à une recette d'or de la diversification scrupuleusement appliquée par tous les acteurs du luxe depuis cinquante ans, Prada n'a jamais lancé de parfum. Les deux associés trouvent ça « démodé ». Et puis, la marque réalise une proportion considérable de son chiffre d'affaires au Japon. Or les Japonaises se méfient autant des fragrances audacieuses qu'elles détestent les odeurs corporelles. En revanche, les femmes de l'archipel dépensent des fortunes en produits de soin. Les gurus du marketing le savent bien : recélant moins de potentiel onirique, le produit de soin n'est pas un tremplin aussi efficace pour l'image qu'un parfum. En revanche, plus proche du corps, il fidélise mieux la clientèle. Prada signera donc des produits de soin, quitte à enfreindre une règle cardinale de la maison en passant des accords de licence. Ce choix du cosmétique est une option entièrement dictée par le marketing, d'une certaine manière au détriment de la communication.

L'autre percée stratégique de Prada, ce sont les magasins. Dans la relation moderne, rentable et tribale qu'une marque entend créer avec ses clients, la boutique joue, on l'a vu, un rôle pivot. Les dizaines, voire les centaines de millions de dollars dépensés en publicité visent à attirer le client, à créer un « trafic » dans le magasin. Une fois la porte franchie par le consommateur, il faut faire de celui-ci un membre dévoué du culte. Dans un environnement de concurrence effrénée, ce n'est pas chose facile et l'art de la boutique peut faire ou défaire une marque. Toutes les grandes maisons de luxe ou de mode investissent massivement dans leur réseau de boutiques « en propre », mais Prada a su donner à l'aventure une dimension particulière. Les boutiques Prada sont déjà parmi les plus reconnaissables du monde grâce à la couleur pistache claire de la peinture qui en recouvre les murs. Miuccia a décidé d'aller plus loin en révolutionnant l'espace dans ses boutiques, mais aussi dans ses bureaux et ses entrepôts à travers le monde entier. Pour élaborer la « Pradarchitecture », elle a donc loué simultanément les services de trois des studios d'architectes les plus branchés du monde. L'investissement total, qui se double de la création d'un site web, promet de flirter avec le milliard de dollars.

OMA, le studio de Rem Koolhaas, basé à Rotterdam, sera chargé de recréer les boutiques Prada à New York, Los Angeles et San Francisco. Il s'agit, à l'entendre, de « redéfinir l'expérience d'acheter ». À en juger par une maquette[1], le nouveau magasin tiendra à la fois du théâtre et du temple voué au fétichisme consumériste. La tendance n'est pas nouvelle. Depuis que Claudio Silvestrin et John Pawson ont mis à la mode l'architecture de magasin minimaliste, les boutiques de mode les plus *in* ressemblent toutes à des monastères avec leurs hauts murs blancs, leur éclairage tamisé et le nombre étrangement faible d'articles que l'on aperçoit, vide qui accroît l'effet surnaturel, quasi religieux qui s'en dégage. Dans ces endroits conçus comme des lieux de culte, le shopping cesse d'être un simple acte d'achat pour devenir un rite initiatique attestant l'appartenance à la tribu.

Au sein des boutiques, une attention toute particulière sera apportée au coin beauté, qui devra naturellement irradier la sérénité. Miuccia Prada n'a pas hésité à contacter

1. *The Guardian*, 18 décembre 2000.

SANAA, le studio japonais de Kazuyo Sejima et Ryue Nishizawa, qui travaillent actuellement sur le musée d'art contemporain de la ville de Kanazawa. Le duo s'est bâti une réputation mondiale en dessinant en 1999 le pavillon japonais à la biennale d'architecture de Venise.

Le studio Herzog & de Meuron, de Zurich, sera chargé, lui, de construire d'ici 2002 le nouveau quartier général de Prada à Manhattan. Le dernier coup de maître de cette équipe suisse : la résurrection, à Londres de la centrale électrique de Bankside pour en faire la Tate Modern, un musée dédié à l'art moderne. La « salle des Turbines » de la Tate est devenue un des must architecturaux de la fin du XXe siècle.

Voilà pour montrer que Prada ne fait pas les choses à moitié. On peut contester les produits, mais on doit s'incliner devant la mise en scène.

L'autre trait distinctif de la maison Prada, c'est le soin qu'elle met à placer le produit avant l'ego des stylistes, de manière à assurer la longévité de la marque, indépendamment des artistes qui pourraient s'y succéder. Ce n'est pas la méthode de tout le monde. Au milieu des années 90, Bernard Arnault continuait de se constituer une écurie de stylistes avec John Galliano, Alexander McQueen, Marc Jacobs et Michael Kors : autant de stars ombrageuses, assoiffées de médias et financièrement très gourmandes. Non seulement leurs salaires atteignent, voire dépassent 1 million de dollars par an, mais Arnault finance également en partie les maisons de mode personnelles de trois de ces divas, Galliano, Jacobs et Kors. Miuccia Prada a choisi une voie radicalement différente. Elle nomme de simples assistants chargés de la création. Pour ceux qui n'auraient pas compris, Prada, c'est elle. Elle reste maîtresse du style et ne laissera personne lui voler la vedette.

Ce souci était apparu en pleine lumière dans une enquête

publiée en septembre 2000 par le magazine *Vogue* sous le titre interrogatif : « Combien de personnes faut-il pour faire une robe ? » On y découvre douze stylistes entourés de tous ceux – assistants, techniciens, couturiers, accessoiristes… – qui les aident à concevoir leurs modèles. Sur une grande photo, Alexander McQueen disparaît au milieu de vingt-sept inspirateurs. Quelques pages plus loin, Donatella Versace trône au milieu des sept assistants qu'elle emploie dans son atelier de Haute Couture. Mais Miuccia Prada, qui possède pourtant plusieurs équipes – une pour chaque ligne de vêtements –, apparaît seule, se regardant avec passion dans un miroir. Elle explique sans s'émouvoir ce narcissisme :

« Moi, je n'ai jamais eu de muse ! »

Si les stylistes sont tenus d'adopter un profil bas pendant leur passage chez Prada, cet apostolat se révèle aussi précieux, dans un curriculum vitae, que le meilleur des diplômes. L'École Prada, qui enseigne toutes les étapes de la vie d'un produit, de la conception artistique jusqu'au merchandising en boutique, a formé plusieurs des « créatifs » les plus en vue de la scène mondiale du luxe. Stefano Pilati, après deux années passées chez Prada à dessiner les collections Miu Miu à Paris, a été débauché par Tom Ford pour chapeauter le prêt-à-porter féminin Yves Saint Laurent. Marc Audibet, autre ex-obscur assistant de Prada, règne maintenant sur le prêt-à-porter féminin de Ferragamo. Les marques se bousculent pour acheter un morceau du succès. Christina Ortiz, qui dessinait la mode féminine pour Prada, est passée chez Lanvin. Narciso Rodriguez a fait ensuite une belle carrière chez Calvin Klein, puis chez Cerruti, avant d'être recruté par Loewe qu'il doit bientôt quitter. N'oublions pas Nathalie Gervais, aujourd'hui chez Nina Ricci, et Roberto Menichetti, qui déploie beaucoup de talent pour tenter de refaire de Burberry une marque de luxe.

Et Patrizio broya Jil

Depuis que Hubert de Givenchy a été écarté sans beaucoup d'égards, en 1996, de la maison qu'il avait lui-même fondée quarante ans plus tôt, le monde de la mode sait que les règles du jeu ont changé. Plus personne n'est à l'abri. Il n'y a plus de dynasties, plus de bonnes manières, plus de confiance. Les pionniers les plus célèbres, les couturiers les plus fins ne pèsent plus grand-chose face à l'énorme machine de l'ingénierie financière. Fusionner, concentrer, rationaliser : les nouvelles lois du métier sont impitoyables. Les derniers poètes, ceux qui voudraient toujours croire que « small is beautiful », comme à l'époque de Cristobal Balenciaga, sont balayés par les batteries de ratios des banques d'affaires américaines. Ceux qui ont continué, envers et contre tout, à coudre pour l'amour du vêtement, se retrouvent, proies fragiles, face à des groupes qui ont démesurément grossi en « faisant » du sac à main et de l'accessoire. Et, comme souvent, les artistes courbent l'échine.

Voilà pourquoi la nouvelle qui tombe le 24 janvier 2000 ne surprend pas vraiment le monde de la mode. Jil Sander s'en va. À cinquante-six ans, entourée d'une réputation sans tache, elle quitte la maison qu'elle avait fondée en 1968 à Hambourg. Elle abandonne son double poste de présidente et de chef styliste. Dans un geste aussi altier qu'inutile, au lieu de tenter de tergiverser, de négocier, elle claque la porte avec fracas cinq mois seulement après avoir cédé les trois-quarts de son capital au groupe italien de maroquinerie Prada. Une victime de plus des guerres du luxe. Parfois, bien sûr, les victimes portent une part de responsabilité. En apposant ses initiales au bas du contrat, ne signait-elle pas aussi son arrêt de mort professionnel ?

Le départ de Jil Sander est un choc parce qu'elle incarne, plus que tout autre, et surtout plus que Miuccia Prada elle-même, le modernisme minimaliste qui gagne sans cesse en influence. Et le sien n'est pas un minimalisme de circonstance ! Même au plus fort des années 80, alors que triomphait partout la vulgarité clinquante et le chic poudre aux yeux, elle n'avait pas infléchi le cap. Son entreprise est de petite taille, avec un chiffre d'affaires qui ne dépasse pas cent millions de dollars, mais son aura s'étend bien au-delà de ce modeste chiffre. La plus grande styliste allemande a joué un rôle majeur dans la libération de la femme, dans son accession à des vêtements qui la servent au lieu de l'asservir. En alliant drapés sensuels et coupes sculpturales, elle a créé un chic discret, mais nullement austère, grâce à la richesse des matières utilisées, notamment le cachemire et la soie. Ses vêtements coûtent cher, comme cet ensemble pantalon-veste noir à 8000 francs, coupé dans une laine d'une finesse aérienne, pas plus lourde qu'une gaze, qu'on pouvait admirer début 2000 dans la boutique de la via Pietro Verri, à Milan. Mais ce sont des prix mérités. Jil Sander ne veut pas « conquérir les masses » et elle n'a pas de mots assez durs pour dénoncer le « minimalisme appauvri » d'une certaine mode fin de siècle qui s'inspire de son idéologie tout en voulant rogner maladivement sur les coûts, comme dans les fabriques de savonnettes !

Jil Sander ne s'est pas assez méfiée. Avec Prada, elle avait cru passer un marché équilibré. Elle cédait un peu de son pouvoir en échange d'une injection de capitaux pour développer sa marque, créer des lignes d'accessoires et ouvrir une dizaine de nouveaux magasins à travers le monde. Pour une marque ambitieuse, ce sont là des passages obligés, faute de quoi on est condamné à la stagnation. Elle n'aurait jamais pu les financer seule, même avec l'appui des banques. Ce qu'elle n'a pas bien mesuré, peut-être, c'est qu'en passant sous les fourches caudines de Prada, elle abandonnait un droit capital : celui d'utiliser et de vendre son propre nom. Que le styliste qui n'a jamais rêvé de faire fortune lui jette la première pierre ! Quand des dizaines de millions de dollars pleuvent sur vous, comment résister ?

Dès que la nouvelle de la démission est connue, chacun, à Milan comme à Hambourg, hoche la tête d'un air entendu : pas étonnant que ça n'ait pas collé avec Patrizio Bertelli.

L'ogre n'avait pas mis longtemps à bousculer sa partenaire. Sitôt la prise de participation gravée dans le marbre, il a tombé son masque de macho latin charmeur pour reprendre ses vieilles habitudes à la limite du terrorisme managérial. Il intervient à tout propos dans les affaires de Sander, annulant les propres ordres de la présidente, imposant des choix de tissus. Jil Sander, par fidélité au dogme, ne sélectionne que les étoffes les plus belles, les plus chères, mais lui, pour améliorer la profitabilité, veut des tissus plus ordinaires. Un certain haut en tricot à plus de 5 000 francs l'aurait rendu fou furieux. Elle, de son côté, serait devenue folle de rage quand il a décidé unilatéralement de transférer d'Allemagne en Suisse une partie des unités de travail du cuir.

Cela ne pouvait pas durer longtemps, d'autant moins que Jil Sander est elle aussi une patronne très exigeante. Dans ses magasins, elle décide de tout, y compris de la position que chaque vendeuse doit occuper dans la boutique !

La situation a tout de la tragédie grecque. Jill Sander est comme emmurée vivante. Maintenant qu'elle a vendu son nom et perdu son titre, quel avenir peut-elle avoir ? Y a-t-il une place pour une marque minimaliste de plus ? Quant à la marque « Jil Sander », dont l'ADN est un subtil cocktail de discrétion visuelle et de luxe tactile effréné, peut-elle survivre sans la fondatrice à sa tête ? On sait que la succession d'un maître disparu est semée d'embûches. Celle d'un maître évincé mais bien vivant promet d'être encore plus ardue.

Pour 100 milliards de dollars

La femme qui foule d'un pas alerte les dalles splendides de la via della Spiga détrempées par une giboulée de mars, s'est arrêtée brusquement. Une vitrine ultrachic, dans les tons blanc et vert, qui ne contient qu'un seul mannequin de bois clair, vient de happer son regard. La forme de bois représente une femme longiligne qui porte un pantalon de toile rouge à deux millions de lires et une sorte de boléro taillé dans un cuir très fin, qui coûte un million et demi de lires.

À l'intérieur du magasin, les vendeuses remarquent deux choses. D'abord, la jeune femme n'est pas une habituée de la rue, l'une des plus huppées du quartier chic de Milan ; sinon, elle n'aurait pas marqué un arrêt aussi brutal. Ici, on affecte en général une indifférence raffinée, un peu blasée, à l'égard de toutes ces belles choses. Les vendeuses, qui n'ont pas grand-chose d'autre à faire puisque le magasin, comme souvent, est absolument vide, remarquent d'autres détails : la jeune femme n'est certainement pas italienne, à en juger par la pâleur de sa peau ; elle porte une Rolex dont elles évaluent le prix à environ 20 millions de lires. Or le reste de sa tenue est plutôt sobre, sans recherche particulière.

Tout cet examen n'a pris que quelques secondes, mais maintenant les vendeuses en sont sûres : la jeune femme qui pousse la porte de leur boutique possède beaucoup d'argent.

Et depuis peu. Il pourrait s'agir d'une jeune patronne d'entreprise ou de l'amie d'un mafieux russe. Qu'importe au fond ! Pour les analystes financiers anglo-saxons qui sont un peu les sociologues du marché du luxe, elle appartient sans aucun doute à la catégorie des « HNWI », les High Net Worth Individuals, ces consommateurs dont les actifs financiers nets dépassent le million de dollars. Parmi eux, les jeunes professionnelles font une irruption remarquée sur le marché. Entre 1998 et 1999, cette population de « HNWI » a augmenté de 18 % pour atteindre les sept millions. Leur fortune cumulée représente 25 500 milliards de dollars[1], et c'est d'eux avant tout que vit le marché de 100 milliards de dollars que représente le luxe à travers le monde.

Entre 1995 et 2000, les nouvelles technologies et Internet ont fait éclore de telles fortunes qu'il a fallu, pour analyser les comportements d'achat, inventer une nouvelle catégorie, les « Ultra-HNWI » : ceux dont les actifs sont supérieurs à 30 millions de dollars. Ils sont 55 000 dans le monde. De plus en plus, ces fortunes ne sont pas le résultat d'héritages, mais proviennent de réussites personnelles. Cela veut dire également que ces richesses parfois colossales dépendent de la Bourse, et sont donc plus volatiles. Pour les marchands de luxe, voilà une manne merveilleuse mais infidèle.

Il y a belle lurette que le luxe est un phénomène mondial. À l'échelle de la planète, ce marché produit, on vient de le voir, un chiffre d'affaires d'environ 100 milliards de dollars, soit deux fois plus que le commerce des armes. Les grands joueurs sont connus. Dans le cuir, les ténors sont Gucci, Louis Vuitton, Prada et Hermès. Dans la joaillerie, ils s'appellent Cartier, Tiffany et Bulgari. Le marché de la montre de luxe est dominé par Rolex, suivi par Richemont

1. Morgan Stanley Dean Witter, *Luxury Goods*, 6 mars 2001.

qui aligne plusieurs des marques les plus prestigieuses comme Piaget, Vacheron Constantin, Baume Mercier et, bien sûr, Cartier qui tire de ses montres 48 % de son chiffre d'affaires. LVMH est devenu un acteur, quoique de second rang, dans l'horlogerie de qualité, avec l'acquisition de TAG Heuer, Ebel, Chaumet et Zenith. Dans le prêt-à-porter, les Italiens Armani et Versace se maintiennent en tête de peloton, mais les aspirants prometteurs sont nombreux, y compris les lignes de prêt-à-porter des fabricants d'accessoires tels que Gucci et Prada, deux acteurs relativement nouveaux dont l'influence croît rapidement. Enfin, pour la parfumerie de haute volée, Estée Lauder, Chanel et Dior restent leaders.

Compte tenu du nombre des marques en présence, l'univers du luxe peut donner une impression de fragmentation en une multitude de micro-acteurs, mais celle-ci se résorbe au rythme effréné des concentrations. En 1999, puis en 2000, plus de cinquante fusions-acquisitions ont eu lieu. Traditionnellement, les grands groupes consolidateurs sont le français LVMH et le suisso-sud africain Richemont, mais Gucci et Prada, encore eux, se sont imposés depuis 1999 comme des acteurs gourmands et inventifs.

Pour bien cerner notre propos, nous ne pouvons éluder deux autres questions : en premier lieu, les vins et spiritueux de haut de gamme méritent-ils d'être inclus dans le luxe ? Bien des analystes répondent par la négative, arguant que leur consommation obéit à des règles beaucoup plus rationnelles que le luxe. Il est néanmoins difficile de passer ce secteur sous silence dans la mesure où le premier groupe de luxe du monde, LVMH, est très impliqué dans le champagne. Mais nous nous concentrons dans cet ouvrage sur les guerres du luxe ; or, le champagne n'est l'enjeu d'aucune bataille.

En second lieu, doit-on ne parler que des objets de luxe ? Ne faudrait-il pas évoquer aussi les services de luxe : loisirs, voitures, hôtels, avions de luxe ? Nous avons choisi ici de nous borner aux objets pour les raisons suivantes. D'abord, c'est dans ce secteur du luxe que se livrent aujourd'hui les plus grands affrontements industriels et financiers, et les concentrations qui forment l'argument principal de cet ouvrage. Ensuite, ces « pulsions » de superluxe, pour spectaculaires qu'elles soient, concernent une clientèle très restreinte et mettent en jeu des sommes relativement marginales par rapport à 100 milliards de dollars.

Ce chiffre lui-même est d'ailleurs controversé. Les puristes du Comité Colbert, cénacle qui rassemble tout ce qui compte dans le luxe français, estiment pour leur part que le chiffre d'affaires du « vrai » luxe ne dépassait pas 50 milliards de dollars en 1996. La banque d'affaires J.P. Morgan y rajoute, elle, 10 milliards de dollars. Mais, selon Altagamma, une association d'entreprises italiennes de haut de gamme, le chiffre d'affaires mondial du luxe atteignait 90 milliards de dollars en 1999 et il progresse, à l'entendre, de 30 % par an depuis 1995. Tout est ici affaire de définition.

Comme toutes les industries en phase de constitution, le luxe se heurte à un paradoxe douloureux : en croissant, il engendre sa propre déstabilisation. Quand il était réservé aux très riches, il était, comme ces derniers, à l'abri des fluctuations de l'économie. En se démocratisant, en élargissant sa base de clientèle, il augmente son chiffre d'affaires, mais devient aussi beaucoup plus dépendant du moral du consommateur ordinaire. Cette nouvelle donne est reflétée par une corrélation grandissante entre l'évolution de la bourse et les ventes de luxe. Au moins aux États-Unis et en Asie, de plus en plus de gens investissent en bourse et adaptent leur consommation aux performances de leur portefeuille. Le luxe n'est plus isolé dans sa tour d'ivoire. Il est dans l'arène, soumis aux aléas de l'environnement. Ce qui exige une révolution dans la gestion des groupes.

Les grands groupes du luxe possèdent des profils très différents, mais sont tous confrontés par la mondialisation du marché à une même réalité financière : ces dernières années, les lignes qui progressent le mieux, celles qui « font du chiffre », ce sont les accessoires et les montres. Dans toutes les maisons, le mot d'ordre est simple : faire des sacs, des chapeaux, des lunettes et des montres. Les extravagants défilés de Haute Couture que signe John Galliano tous les six mois ont pour objectif prioritaire de faire vendre des sacs et des lunettes Dior. Et vite, s'il vous plaît ! Les actionnaires des groupes cotés, en particulier les fonds de pension américains, n'ont pas la réputation d'être très patients.

La diversification ou la mort

Si on engrange beaucoup plus de dollars en vendant des sacs, des montres et des lunettes, pourquoi diable les grands groupes se ruinent-ils en organisant à haute fréquence de coûteux défilés de prêt-à-porter ou de Haute Couture ? Tout simplement parce que ces catégories de produits sont les deux faces d'une même médaille. La croissance interne passe par la diversification. Les maisons de couture ou de prêt-à-porter, qui doivent supporter des coûts importants pour se maintenir à flot et financer des défilés voyants, se lancent dans les accessoires pour accéder à des profitabilités supérieures.

Pour illustrer le dilemme de la profitabilité, prenons à nouveau l'exemple de Gucci, une marque dont une décennie de diversification réussie a fait un modèle envié dans le métier. Les marges brutes du groupe varient beaucoup selon les produits : de seulement 53 % pour le prêt-à-porter[1], on passe à 71 % pour les sacs à main et à 80 % pour les montres. Pour les maisons traditionnellement axées sur la mode, on peut comprendre que la tentation soit irrésistible.

Le cas de Dior est édifiant. Pour enrayer le déclin provoqué par les ventes décevantes de son prêt-à-porter, la marque s'est lancée avec un succès remarqué dans les colifi-

1. Chiffres de Gucci, 1998.

chets pour lesquels le ratio entre prix de vente et coût de fabrication peut atteindre de fabuleux sommets.

Les marques de maroquinerie souffrent du problème exactement inverse. À l'abri de leurs confortables marges, elles risquent de s'étioler. Elles ont besoin de ce qui leur manque le plus : la visibilité. Une marque de sacs aura beau conduire autant de campagnes de publicité qu'elle voudra, ses sacs resteront des sacs, des objets inanimés, sans âme. Dans un marché aussi concurrentiel que le luxe, l'obscurité, c'est la mort. Faire du prêt-à-porter, c'est s'offrir une image au travers d'une couverture de presse gratuite qui permettra au passage de mettre la pédale douce sur les dépenses publicitaires. La mode imprime un rythme capable de recréer périodiquement l'intérêt pour la marque, y compris pour les objets les moins cycliques, tels que les valises ou les selles de chevaux. Le prêt-à-porter est capable de donner le cap à l'atmosphère, d'unifier le look, le « style de vie », comme on dit désormais, qui identifieront la marque. Sans compter qu'il crée une relation nouvelle, plus personnelle, avec le client local, par opposition au touriste qui achète plus volontiers des accessoires.

Dès le début des années 90, Gucci a organisé sa résurrection autour de cette idée que l'on peut résumer ainsi : pour vendre un sac Gucci, faisons-le porter par une femme nue enveloppée dans un manteau de fourrure Gucci. Le vêtement et celle qui le porte donnent à l'accessoire l'étincelle de vie qui lui manque. Au cours de la décennie qui vient de s'achever, le prêt-à-porter a pris chez Gucci une importance qui ne s'est jamais démentie. Vuitton, Celine, Loewe et Bottega, entre autres, lui ont emboîté le pas. En quelques années, en partant de rien, le prêt-à-porter a littéralement envahi certaines maisons de cuir, au point de représenter une proportion significative de leur chiffre d'affaires : 25 % chez Prada, 15 % chez Hermès et 12 % chez Gucci.

Dans certains cas, la diversification dans la mode a rencontré un succès fulgurant. Bien qu'ayant fait leurs premiers pas tout récemment dans ce secteur, Gucci et Prada sont aujourd'hui des acteurs de plein droit du prêt-à-porter. Il n'est d'ailleurs pas exagéré d'affirmer que Tom Ford et Muccia Prada, deux créatifs venus du sac à main, font aujourd'hui partie des stylistes les plus influents.

Mais attention : il ne faudrait pas croire que la diversification est un art facile. Mieux vaut la doser soigneusement. Si un fabriquant de sacs et de chaussures se lance sans prudence dans la mode, les avantages de la visibilité risquent d'être vite neutralisés par les «*fashion* risques» liés à la versatilité du public et à la difficulté de dégoter des stylistes assez doués pour se renouveler sans cesse. Les coûts de cette diversification ne sont pas négligeables. Pour vendre du prêt-à-porter, il faut des magasins plus grands, car les vêtements prennent plus de place, et des vendeurs mieux formés, puisque vendre une robe est autrement plus difficile que de vendre un sac.

Pour l'instant, aucune marque de mode, à l'exception de Chanel, n'est encore parvenue à bâtir une ligne autonome d'accessoires qui soit plus qu'un complément de son prêt-à-porter. Symétriquement, Gucci et Prada n'ont pas encore apporté la preuve qu'ils étaient capables de développer une ligne d'accessoires pour les marques de mode qu'ils viennent d'acquérir : Yves Saint Laurent et Alexander McQueen pour le premier, Jil Sander et Helmut Lang pour le second.

Vuitton dans l'engrenage de l'hypercroissance

Dans quatre minutes, il sera dix heures du matin et les serveurs du Fouquet's commencent à débarrasser les tables du petit déjeuner. À travers les vitres embuées du restaurant, impossible, pour les clients, de ne pas remarquer l'attroupement qui grossit sur le trottoir d'en face, de l'autre côté de l'avenue George-V. Une cinquantaine de personnes attendent stoïquement, sous la pluie, que la boutique Louis Vuitton des Champs-Élysées ouvre ses portes. Avertis par des amis, ils sont venus tôt. C'est plus prudent. Les paresseux qui franchissent le grand double battant vitré après la mi-journée risquent fort de devoir attendre plusieurs heures avant qu'un vendeur les prenne en charge.

Et c'est tous les jours pareil ! La boutique, d'autant plus attirante pour les touristes étrangers qu'elle est située à deux pas de l'Arc de Triomphe, un des monuments les plus visités au monde, est en état de siège permanent. On pourrait en inférer que les Champs-Élysées sont depuis toujours une grande avenue du luxe. Il n'en est rien, bien au contraire, et le pari de Vuitton était risqué. Au milieu des années 90, ils étaient rares ceux qui tablaient sur le succès d'un magasin de luxe sur cette avenue tapageuse, royaume des cinémas, des McDo et des drugstores. Depuis lors, les Champs se sont offert un lifting complet pour redevenir chic, et Vuitton a tant prospéré qu'il a fallu ouvrir une autre boutique, à Saint-Germain, pour désengorger celle-ci.

Avec sa vitrine décorée en fonction des dernières techniques du merchandising et sa décoration assez sobre pour ne pas faire d'ombre aux produits, celle des Champs-Élysées constitue un parfait modèle du luxe façon XXIe siècle. La « global store », ainsi nommée car elle propose l'ensemble des produits de la marque, est une véritable PME, avec un effectif de plus de quatre-vingts personnes et un chiffre d'affaires de 600 millions de francs. Comble du chic, à l'époque, c'est un jeune polytechnicien qui la dirige.

Le défilé est incessant. Le soir, les portes sont fermées bien avant l'heure affichée pour « écluser » la clientèle sans bousculade. Ici, on passe avec le client tout le temps nécessaire. Il faut dire qu'aucun membre de la force de vente ne touche la moindre commission sur le chiffre d'affaires. La règle est valable tout au long de la chaîne de fabrication. Productivité, oui, mais sans productivisme. Le secret de Vuitton, c'est d'avoir industrialisé le luxe sans le trivialiser, d'avoir réussi ce petit miracle de prestidigitation commerciale : une ambiance feutrée de boutique d'artisan au sein de la multinationale du luxe la plus rentable au monde, gérée au millimètre près et ultra-informatisée. Vuitton, poule aux œufs d'or du groupe LVMH, est devenue la référence absolue dans le luxe. Même Gucci, dont les performances stupéfient les banquiers, n'arrive pourtant qu'à la moitié des 46 % de marge opérationnelle de Louis Vuitton malletier.

Ici, l'autre tâche des vendeurs est de démasquer, le cas échéant, ces faux clients qui viennent acheter pour le compte de revendeurs clandestins. Le marché parallèle est une préoccupation constante. Dans un univers où la valeur de l'objet est très étroitement liée à sa présentation et au cadre qui l'entoure, le fait qu'un objet soit vendu hors de son contexte constitue un danger pour la réputation de luxe de l'entreprise ; pour la marque, c'est, au vrai sens du mot, une menace stratégique.

Faut-il rappeler son histoire ? En 1854, Louis Vuitton, jeune Jurassien monté à la capitale, se met à créer pour la haute société des malles adaptées au nouveau mode de voyage individuel. Comme ces valises vont être soumises à des efforts plus violents qu'à l'époque des calèches, il veut les renforcer et décourager les imitateurs. Le fils de Louis a donc l'idée de les recouvrir d'une toile enduite frappée aux initiales « LV ». La toile *monogram* est née. Elle est promise à un destin foudroyant.

Les hommes et les femmes qui font la queue devant la boutique à l'angle des deux avenues ne le savent pas encore, mais tous ne seront pas servis. En ce début d'automne 2000, la demande pour les produits Vuitton est si forte que la production ne parvient pas à suivre, et les articles les plus en vogue manquent sur les rayons. Certains jours, le sac Bucketts est introuvable. C'est la rançon de l'hypercroissance ! La bonne santé de l'économie mondiale et l'euro bon marché dopent les ventes du luxe. Celles de Vuitton semblent prises de folie. De 100 millions de francs en 1977, le chiffre d'affaires est passé à 7,4 milliards en 1995, puis à 16,3 milliards en 2000, c'est-à-dire nettement plus que les quatre marques suivantes réunies ! Et Vuitton croît plus vite que chacune d'entre elles. Aujourd'hui, le maroquinier rapporte à LVMH environ la moitié de ses bénéfices. Les lancements de nouvelles boutiques sont menés sur un tempo sauvage. Avancer un chiffre est donc hasardeux, mais on peut dire que le parc immobilier de Vuitton contient en 2001 entre 280 et 290 boutiques réparties dans quarante-trois pays, avec des implantations aussi improbables que le Vietnam !

Le *business model* de Vuitton encourage cette course en avant. Il repose en effet sur le contrôle à 100 % de la chaîne de fabrication. Tous les produits Vuitton, sans aucune exception, sont vendus dans des boutiques Vuitton. C'est donc la totalité de la marge qui rentre dans les poches de la société. Chaque nouvelle boutique se transforme en machine à sous, à condition naturellement de pouvoir l'alimenter en produits Vuitton irréprochables. Il faut donc former des ouvriers maroquiniers au pas de gymnastique, ouvrir de nouvelles usines. Au début de l'année 2001, la production était inférieure d'environ 30 % au niveau nécessaire pour reconstituer les stocks envolés. Outre-Atlantique, la pénurie est également manifeste. La maison a beau fabriquer certains sacs aux États-Unis – une petite entorse au culte du *made in France* –, le « Graffiti » dessiné par Stephen Sprouse était introuvable dans la boutique de Soho, à New York, en mars 2001, et il n'était même plus possible de s'inscrire sur la liste d'attente.

L'homme qui a façonné ce petit prodige s'appelle Henry Racamier. Président de Louis Vuitton et marié à une demoiselle du même nom, il avait décidé un jour qu'il en avait assez d'offrir ses marges à ses distributeurs. Au milieu des années 70, il décide donc d'arrêter de vendre en gros les sacs et les malles sortis de ses ateliers, pour se lancer dans le détail grâce à un réseau de boutiques en propre, tout en durcissant les exigences de qualité. Il a compris qu'un réseau en propre est le seul moyen, pour le fabricant, d'obtenir de la part de la clientèle une information authentique, non filtrée.

Il a fallu environ vingt ans pour que ce modèle d'intégration verticale complète devienne la règle, le *benchmark* incontournable pour tous les groupes de luxe. Inutile de dire que, quand il a évincé Racamier de Vuitton en 1990 après une des plus brutales et vicieuses batailles de l'histoire du capitalisme français, Bernard Arnault s'est bien gardé de changer un iota à cette stratégie.

Les yoyos du yen

Dans quatre minutes, donc, il sera dix heures au Fouquet's. En regardant bien, on distingue mieux les clients qui font le pied de grue devant la boutique Vuitton. Ceux-ci ne sont pas seulement nombreux : ils sont tous asiatiques, avec une proportion considérable de Japonais. Certains n'ont fait le voyage que pour ça : acheter un sac en toile griffé LV à deux pas de l'Étoile, dans la plus prestigieuse *global store* que la marque possède de par le monde. Et bien moins cher qu'à Tokyo. Vuitton n'est pas un phénomène mondial ou français : c'est un phénomène japonais.

En 2000, pour la première fois depuis son implantation dans l'archipel, la griffe a crevé le plafond des 100 milliards de yens de chiffre d'affaires au Japon en dépit de deux baisses successives de prix pour compenser les variations de change avec l'Europe. C'est dire si le marché nippon est précieux pour la marque. D'ailleurs, pour Yves Carcelle, patron de la division mode & maroquinerie de LVMH, Louis Vuitton n'est plus seulement une marque :

« Nous sommes devenus une institution au Japon. »

Au point que, dans les phases de crise économique, la part de marché de Vuitton augmente, comme si la griffe était vécue là-bas comme une valeur refuge. Ou bien est-ce parce que le sigle « LV », créé en un temps où la société française était férue d'orientalisme, trouve aujourd'hui, en retour, un écho dans la psychologie collective japonaise ?

À Paris, les touristes nippons n'hésitent pas à enfreindre la loi française, à recruter des passants sur le trottoir en leur fourrant dans la main des liasses de billets de banque pour acheter un sac de plus, celui que les vendeurs de la boutique ont poliment refusé de leur vendre en invoquant une rupture de stock plus ou moins réelle.

Au début du printemps 2001, un important dirigeant de Richemont, le second groupe mondial de luxe derrière LVMH, avait eu la surprise, devant la boutique des Champs-Élysées, d'être accosté par un Japonais qui lui avait glissé plusieurs milliers de francs dans la main en le suppliant d'entrer et d'acheter un sac, contre un pourboire de 200 francs ! Le cadre supérieur avait poliment refusé.

Le phénomène est hallucinant. Les Japonaises sont folles de Vuitton. À Tokyo, certaines adolescentes vont jusqu'à se prostituer pour un sac. Il n'est d'ailleurs pas une marque au monde qui ait su mieux profiter d'une singularité de la société japonaise : les jeunes femmes, même quand elles possèdent un métier, demeurent chez leurs parents jusqu'au mariage et disposent donc, pendant des années, de fortes sommes d'argent à consacrer au superflu. Ce revenu disponible pour le luxe peut aller jusqu'à l'équivalent de 10 000 ou 20 000 francs par mois. Un argent convoité par toutes les marques.

Dans le monde entier, par conséquent, les boutiques de luxe forment leurs vendeuses à l'art délicat d'accueillir les clients nippons. Première leçon : ne pas s'offusquer de leur grossièreté quand ils entrent sans même répondre au sourire d'accueil. Au Japon, les magasins sont truffés d'hôtesses qui multiplient les courbettes et les sourires de bienvenue à tel point qu'ils n'y prêtent plus la moindre attention. Deuxième leçon : ne jamais les suivre quand ils se déplacent dans le magasin, tout en restant dans leur champ de vision au cas où ils se retourneraient. Au Japon, les vendeurs sont beaucoup plus nombreux, et le client serait outré s'il se retrouvait soudain seul dans une partie de la boutique.

À Tokyo, le client n'est pas roi, c'est un dieu. Il est aussi le consommateur de luxe le mieux renseigné du monde, et on trouve partout au Japon des guides comparant les prix des marques de luxe à travers la planète. Le client nippon est également kinesthésique, apprend-on aux stagiaires, c'est-à-dire qu'il est très sensible aux atmosphères, notamment aux tensions éventuelles entre les vendeuses. Paradoxe : il semble traiter sa femme comme une esclave soumise, mais c'est tout de même elle qui tient les cordons de la bourse.

Une petite phobie en plus : il déteste le chiffre 4, qui est celui de la mort. Ne jamais présenter les affaires rangées ou empaquetées par quatre. Une petite phobie en moins : contrairement à ce qui se prétend dans nos vieilles terres catholiques, l'argent n'est nullement tabou dans l'archipel et, à Paris, les touristes nipponnes portent toutes sur elles une machine à calculer. La vendeuse ne doit surtout pas hésiter à parler prix.

Le voyageur japonais dispose de beaucoup d'argent à dépenser, mais il est stressé, car ses heures dans Paris sont comptées. Il est donc crucial de le mettre à l'aise par un *Dozo* (je vous en prie) ou même un *Ikaga Desca* (qu'en pensez-vous ?). Attention aux bourdes culturelles. L'acheteuse japonaise, tout en étant fière de sa culture, tend à être complexée à l'égard de l'« élégance naturelle » de l'Européenne, et il convient de ne rien faire qui puisse, par exemple, mettre en lumière sa petite taille ou la forme de son pied, souvent plus court et plus large que celui de l'Européenne. Pour détendre l'atmosphère, certaines maisons du faubourg Saint-Honoré et de l'avenue Montaigne offrent du thé aux clientes, parfois même du champagne au cours de ventes où la marchandise est présentée en vrac, comme au Japon !

Enfin, la vendeuse ne doit pas oublier que le mâle nippon est très attiré par les femmes occidentales. Quand il cherche à faire un cadeau à sa femme ou à sa sœur restée au Japon, il est recommandé à la vendeuse d'essayer elle-même le vêtement. Achat garanti !

En somme, de tous les facteurs macroéconomiques qui influencent l'industrie mondiale du luxe, le plus important est sans nul doute le pouvoir d'achat du touriste japonais. Celui-ci est, à son tour, étroitement corrélé au cours du yen. Les entreprises du luxe ont grandement intérêt à la bonne santé de la devise japonaise. Quand le yen est fort, les Japonais peuvent voyager à meilleur prix et profiter, à l'étranger, de produits de luxe à des prix bien plus bas qu'au Japon. Parallèlement, un franc, une lire, ou maintenant un euro faible, voire un franc suisse faible sont à l'avantage de ces entreprises puisque leurs coûts de production sont libellés dans ces devises.

Les études très savantes se multiplient pour déterminer l'avenir du tourisme asiatique. Les experts affirment que le nombre de touristes doublera entre 2000 et 2010, avant d'atteindre 405 millions en 2020. Ils croient même savoir qu'un touriste japonais dépense en moyenne 1 823 dollars par voyage[1] !

Pour les groupes du luxe, il est naturellement crucial de s'aligner, pour leurs implantations, sur les destinations de prédilection des touristes japonais. À Hawaï, 95 % des produits de luxe sont achetés par des Japonais en goguette. Hongkong, autre marché majeur, a commencé par pâtir

1. Morgan Stanley Dean Witter, *Luxury Goods*, 6 mars 2001.

sérieusement de la rétrocession du territoire à la Chine populaire, le 1er juillet 1998, mais l'application par le gouvernement de Pékin du principe « un pays, deux systèmes » a convaincu les adeptes du shopping de revenir. Les autres implantations obligatoires sont la Corée du Sud et Singapour, mais aussi la côte ouest des États-Unis, Las Vegas, sans oublier les grandes métropoles que sont Londres, Milan et Paris.

En 1998, au plus fort de la crise asiatique, le nombre de touristes nippons à travers le monde avait chuté de près de 6 %, semant la consternation dans les états majors des groupes et chez leurs actionnaires. Les entreprises les plus profitables sont en effet également celles qui dépendent le plus des voyageurs du Soleil Levant. Vuitton réalise 40 % de son chiffre d'affaires avec les touristes asiatiques[1]. Pour Gucci, c'est 25 %, pour Bulgari, 17 %.

Les dernières années 90 leur ont donné des sueurs froides. Entre le début de 1996 et l'été 1998, le yen s'est déprécié de 50 % face au dollar et le cours des actions de ces entreprises ont plongé. Dès que le yen est remonté sous la barre de 120 pour un dollar, les cours ont rebondi.

Certaines maisons, comme Gucci, se protègent contre les mouvements de yoyo du yen en « hedgant » leurs recettes. En clair, ils se couvrent en achetant des options de change, c'est-à-dire, pour prendre un exemple chiffré, le droit de vendre à une date donnée des yens au cours de 110 pour un dollar, même si le yen est tombé à cette date au niveau de 120 pour un dollar. Quand le yen baisse, le luxe fond. Seules les marques qui se sont – à prix d'or – très bien implantées au Japon tirent leur épingle du jeu. En effet, quand le yen est faible, la différence entre le prix domestique d'un objet de luxe

1. Estimations de J.-P. Morgan, *The Luxury Goods Handbook*, 2000.

et son prix, par exemple à Hongkong, se réduit et le consommateur nippon hésite moins à faire l'achat au Japon même.

Logiquement, les produits le plus durement affectés par un fléchissement du yen sont ceux que les touristes japonais achètent le plus volontiers en voyage : les foulards de soie et les sacs, alors que, inversement, le prêt-à-porter, que l'on n'achète pas dans les aéroports, traverse bien mieux les crises de change.

À sa façon, le yen façonne le luxe.

La concentration permanente

Dans la grande guerre du luxe, le jeu, pour les groupes, consiste à concentrer au maximum, c'est-à-dire à rassembler sous leur coupe le plus grand nombre possible de marques. C'est Bernard Arnault qui avait lancé la tendance durant les années 90 en alignant les marques dans une quête apparemment sans fin. En 1999, son offensive ratée sur Gucci fut son premier échec du genre, ce qui explique qu'il l'ait si mal pris. Depuis, la sarabande des fusions-acquisitions a battu son plein, au moins jusqu'aux premiers signes de ralentissement de l'économie mondiale au printemps 2001.

Le consultant milanais Carlo Pambianco a fait ses comptes : 122 marques ont changé de main en 1999, contre 59 l'année précédente. Le rythme est resté soutenu, mais s'est quelque peu ralenti en 2000. Les proies sont connues et les prédateurs sont presque toujours les mêmes : deux grands, LVMH et Richemont, deux moyens : Gucci et Prada. Le scénario varie peu. Seule la violence et les prix augmentent. Plus le nombre de proies tentantes diminue, plus celles-ci font, avant de céder, monter les enchères parfois jusqu'à atteindre des sommes astronomiques. C'est souvent au moment de la succession du fondateur que la question se pose. De nombreuses marques ont vu le jour dans les années 60 ou 70, et le pionnier cherche aujourd'hui à passer la main aux meilleures conditions possibles…

Maison familiale après maison familiale, les groupes dominants font donc leur shopping. Le présupposé, à la fois exact et un peu simpliste, est qu'à la fin des fins le groupe le plus gros aura gagné. Le raisonnement semble a priori imparable. À chaque fois qu'un groupe ajoute une nouvelle marque à son tableau de chasse, ce sont autant d'économie d'échelle qu'il réalise dans la fabrication, la logistique, la distribution. Pour les groupes de luxe, la nécessité d'ouvrir des boutiques dans les quartiers les plus huppés des plus grandes villes du monde oblige à des investissements considérables dans l'immobilier. Quand un groupe est capable d'ouvrir au même endroit des boutiques pour cinq ou six de ses marques, son rapport de force avec les propriétaires, donc son pouvoir de négociation, est considérablement renforcé. Cet aspect est loin d'être un détail, quand on connaît le niveau des loyers dans les rues du luxe. Sur Madison Avenue à New York, le mètre carré se loue 5400 dollars par an ; sur les Champs-Élysées ou sur Causeway Bay, à Hongkong, il faut compter plus de 4000 dollars. Comment s'étonner que les grands groupes s'activent beaucoup pour lancer de nouveaux quartiers de luxe : Saint-Germain à Paris et Soho à New York ? Le désir de partir à la rencontre d'une nouvelle clientèle ? Sans doute, mais l'attrait de loyers plus abordables joue ici un rôle décisif. À Soho, le loyer est trois fois moindre que sur Madison.

Le raisonnement est également valable pour les rapports avec les distributeurs, tout particulièrement aux États-Unis face aux grandes chaînes de distribution de prestige comme Saks, Bergdorf ou Neiman Marcus. Non seulement le groupe multimarque est en position de négocier des marges plus confortables, mais il peut exiger, pour ses produits, des emplacements et des promotions plus valorisantes.

Et maintenant le plus important : le groupe qui accumule

les marques en son sein économisera sur les campagnes publicitaires. Chaque griffe supplémentaire entrant dans son giron accroît la pression que ce groupe peut exercer sur les régies publicitaires des médias. Compte tenu du coût des campagnes publicitaires, il s'agit là d'un gain crucial.

En 2000, par exemple, LVMH, grâce à ses dernières acquisitions, payait 20 % moins cher qu'en 1999 ses pages de publicité dans les magazines et les journaux. Naturellement, cette marge de manœuvre dans la négociation publicitaire se double d'une capacité de pression sur les journalistes, pression à laquelle toutes les rédactions ne résistent pas avec la même vigueur.

Les concentrations s'expliquent aussi d'une autre manière. Au fond, les entreprises du luxe se rachètent les unes les autres pour tenter d'échapper à la contradiction fondamentale entre leurs ambitions d'entreprises et l'incontournable spécificité du luxe. Une entreprise moderne a besoin de croître, de se développer, mais, dans le luxe, qui est par essence exclusif, il est impossible de grandir indéfiniment, sauf à prendre le risque de tuer son image. La croissance interne a des limites. Tout se passe comme si les maisons de luxe commençaient à éprouver des scrupules quand leur chiffre d'affaires approche le milliard de dollars. Une fois franchi ce cap financier et psychologique, la marque ressent le besoin d'un nouveau départ, mais sait qu'elle ne peut pas vendre davantage. La solution, si on en a les moyens, consiste à réduire la vitesse de croissance de la marque phare de la maison, puis de prendre le contrôle de marques plus jeunes et, si possible, mal gérées, c'est-à-dire recélant un fort potentiel de croissance.

Par bonheur, cet appétit est une solution toute trouvée au « problème » majeur des grandes marques de prestige : l'excès de trésorerie ! Des maisons comme Swatch, Hermès ou Gucci sont si rentables que leur trésorerie nette, faute d'être employée, devient un poids. Pour Gucci, cette trésorerie nette représentait, à la fin 2000, nettement plus de 2 milliards de dollars, soit le cinquième de la capitalisation boursière du groupe.

Il y a encore mieux. Quand il s'est défait de ses actions Vivendi et de sa branche tabac, en 1999, Richemont a récupéré plus de 9 milliards de dollars. Que faire de ces fortunes en liquide ? Trouver un placement sûr et récolter du 6 % par an ? Les actionnaires institutionnels comme les fonds de pensions anglo-saxons, qui demandent des rendements supérieurs à 10 %, riraient au nez de Domenico De Sole ou de Johann Ruppert. Ces actionnaires veulent – en fait, ils exigent – des acquisitions garantes, à terme, de profits accrus. Voilà pourquoi Hermès a racheté, entre autres, 35 % de Jean-Paul Gaultier, ce qui va permettre à ce dernier d'ouvrir une quinzaine de nouvelles boutiques d'ici 2005.

Gestionnaires et actionnaires ne sont pas toujours d'accord. Il est ainsi notoire que PPR a dû un peu insister auprès de Gucci pour convaincre Domenico De Sole de prendre le contrôle d'Yves Saint Laurent. L'*avvocato* voyait au début d'un mauvais œil ce rachat qui allait « plomber » pour plusieurs années les résultats de son groupe.

Il est vrai qu'un rapprochement intelligent peut offrir aux marques qui y participent des synergies considérables. Maintenant que Saint Laurent est passé sous la coupe de Gucci, le maroquinier italien pourra apprendre à la marque française l'art et la manière de développer des lignes d'accessoires en cuir et de montres. Ayant également racheté Sergio Rossi, Gucci pourra parfaitement demander à ce chausseur de dessiner des chaussures pour Saint Laurent.

Mais, au fait, jusqu'où une marque peut-elle grandir ? Un débat sans fin oppose les experts sur la question de savoir quelle est la « taille maximale » d'une marque de luxe, ou encore son «potentiel de marque», c'est-à-dire le niveau de chiffre d'affaires qu'elle peut atteindre sans se diluer. Tout est sans doute affaire de management et de gestion de la diversification. Le cas d'école proposé aux analystes est toujours celui de Louis Vuitton. Avec 16,3 milliards de francs de chiffre d'affaires en 2000, il s'agit de l'une des plus grandes et des plus rentables marques de luxe du monde. Et pourtant, sa diversification vient juste de commencer dans le prêt-à-porter et la chaussure. Vuitton n'a encore ni parfum, ni montre, ni bijoux. En somme, son «potentiel de marque» est loin d'être accompli.

La tectonique des marques

La concentration à tout-va est une arme à double tranchant. Quels que soient les efforts déployés par les groupes pour préserver la personnalité de chacune de leurs marques, l'uniformisation et la cannibalisation représentent des risques majeurs contre lesquels il est difficile de se prémunir. Quand la presse du monde entier juge que le premier défilé de prêt-à-porter Saint Laurent sous la responsabilité de Tom Ford est bon mais «un peu trop Gucci», c'est exactement de cela qu'il s'agit. Quand Gucci a acheté Saint Laurent et décidé que le même créateur coifferait les deux griffes, il a pris une décision stratégique majeure et contestée. Un groupe qui achète une marque en mauvais état est naturellement tenté d'appliquer ses procédures de marketing et de gestion à sa nouvelle acquisition. Il lui est impossible de le faire sans que sa «patte» stylistique soit perceptible. Or rien de plus dangereux. Si deux marques se confondent trop dans l'esprit du public, l'une d'elles devra disparaître. C'est l'implacable tectonique des marques.

Cet inconvénient fait partie d'un problème plus vaste : comment éviter qu'une marque vive comme en marge d'elle-même, en deçà de sa force créative ? Lourde tâche ! Remettre en selle une marque déprimée ou galvaudée requiert une grande intelligence et des moyens considérables. À cet égard, la grande résurrection de ces dix dernières années est sans conteste celle de Gucci sous la férule de Tom Ford.

Pour sauver une marque, on fait souvent, de nos jours, appel à des «spécialistes de l'identité» capables de la repositionner dans le paysage concurrentiel. Dans le jargon pompeux de l'univers publicitaire, ces experts se font appeler «stratèges de marque».

Dans les années 80, on évoluait encore dans une ère industrielle. Le produit et le lieu de production étaient au cœur de l'entreprise. Depuis, le luxe et la mode, comme tout le reste, sont entrés dans l'ère de l'information-communication. Le nerf de la guerre, ce n'est plus le produit, c'est le «sens». Place donc à la marque, seule capable d'injecter du sens dans l'objet. C'est elle qui construit autour du produit tout un réseau sensoriel destiné à capter et à retenir l'attention du client. L'effort d'explication est devenu essentiel. Le consommateur exige qu'on le convainque en profondeur de la nécessité de choisir une marque plutôt qu'une autre. Pour conquérir le marché, la qualité intrinsèque, «physique», d'un produit, n'est plus qu'un maillon de la chaîne de sens. Ce qui compte, c'est le «projet relationnel» que la marque est capable de construire avec sa clientèle. L'objectif n'est plus seulement de vendre un objet à un instant donné, mais de constituer une communauté, une «tribu» autour de lui. Plus que jamais, la publicité devient alors une arme de conviction de masse. Dompter le sens, c'est posséder le pouvoir. C'est là qu'interviennent nos stratèges de marque. Ils doivent formuler une réponse efficace à la question toute simple que la plupart des marques finissent tôt ou tard par se poser : qui suis-je ? Le stratège fouille comme un archéologue dans les archives de la maison, pour découvrir ce qu'on pourrait appeler son «code génétique». Alors seulement il sera possible de moderniser la marque, de la décliner en accessoires sans la trahir ni la tuer. Attention, il ne faut pas se tromper : car le public, lui, ressent instinctivement ce je ne sais quoi, ce presque rien qui font qu'une marque est unique.

Trouver le code génétique ? Plus facile à écrire qu'à faire. Il faut exhumer les composants fondamentaux, ceux que le fondateur-créateur, souvent disparu, était le seul à connaître et n'avait peut-être jamais exprimés par des mots. Tout dépend finalement du travail de balisage qu'a effectué le fondateur. Plonger dans l'âme de la marque est relativement aisé, par exemple, dans une maison comme Chanel, car Coco était restée aux commandes plusieurs décennies durant, assez longtemps pour graver dans le marbre des codes simples et puissants qu'un styliste comme Karl Lagerfeld n'a plus eu qu'à décliner en les modernisant de temps en temps. La très méthodique et très méticuleuse Chanel a décodé sa marque une fois pour toutes, et transmis ces codes noir sur blanc. Pour d'autres marques, en revanche, il faut deviner à tâtons. L'exercice est ainsi beaucoup plus ardu dans une maison comme Dior où le créateur a passé relativement peu de temps – trop peu, en tout cas, pour laisser autre chose qu'une empreinte diffuse, floue, insaisissable. Voilà pourquoi les cabinets de stratégie sont priés de se faire successivement psychanalystes, sociologues, historiens et, parfois, si leur talent le leur permet, visionnaires.

Une marque en perdition peut multiplier les corrections d'image à la petite semaine, mais elle ne réussira au mieux qu'à se prolonger, si l'on peut dire, par acharnement thérapeutique ! Pour immortaliser une marque – et le chiffre d'affaires qui va avec –, il convient de mener une réflexion plus subtile, au-delà de la réalité des produits, de pénétrer dans le monde des codes, ces messages subliminaux, invisibles et pourtant fort bien perçus par les gens. Une fois qu'une marque a trouvé ses codes – ce que les philosophes *new age* du luxe baptisent son « principe vivant d'unité » –, sa vie change radicalement. À partir de ce moment-là, elle ne peut plus rien faire comme les autres.

Voilà pour la théorie. Dans la réalité, les choses sont naturellement bien différentes. Souvent, après avoir posé la fameuse question du « qui suis-je ? », les maisons de luxe ou de mode n'acceptent pas la réponse. Elles redoutent, par conformisme, de se retrouver hors marché si elles deviennent elles-mêmes. Elles craignent enfin que cette réponse n'aille bousculer leurs systèmes de management quelque peu archaïques. Car une fois que la « logique de marque » a été découverte, à qui faut-il en confier le pilotage ? Les structures verticales de management héritées de l'ère industrielle n'aident pas à résoudre le problème. La responsabilité, transversale par nature, de la logique de marque pourrait revenir à une sorte de « chargé de sens », mais ce poste n'existe dans aucune maison de luxe. Et il n'est pas près d'être inventé. Qui donc doit être en charge du sens ? Cette question n'a pas fini d'angoisser les dirigeants de maisons de luxe. Faute de mieux, c'est le président qui s'y attelle, pas toujours avec discernement ou talent. Même le styliste, si doué soit-il, ne devrait être qu'un rouage de la logique de marque. C'est pourtant souvent à lui que la maison laisse carte blanche pour définir, puis incarner le sens. Voilà comment John Galliano est devenu le tout-puissant roi de Dior.

Vous n'avez pas vu le code génétique de Dior ?

1996 : Gianfranco Ferré s'en va, il quitte Dior, la Haute Couture et ce qu'il appelle, non sans une certaine amertume, le « petit théâtre » de la mode parisienne. Retour un peu triste en Italie pour l'ogre milanais. Il sait bien qu'il n'a pas entièrement gagné son pari. Sept ans après avoir remplacé au pas de charge un Marc Bohan installé pendant trois décennies avenue Montaigne, il n'a pas été capable de produire de véritable électrochoc. L'entreprise Dior a considérablement assaini son fonctionnement, les licences non stratégiques ont été liquidées une à une, la gestion a été modernisée, mais la marque est en danger. Elle s'endort sur des lauriers qui prennent doucement la poussière. Elle est trop lisse, trop classique, comme engoncée dans une torpeur qui glace l'image majestueuse que les clientes du monde entier continuent à s'en faire. Au point qu'une question désagréable flotte sur toutes les lèvres du microcosme : s'est-il passé quelque chose de significatif chez Dior depuis la formidable collection « New Look » de Monsieur Dior lui-même, en 1947, peut-être la plus extraordinaire de tous les temps ?

Le moins qu'on puisse dire, c'est que la réponse ne va pas de soi. Bernard Arnault, qui s'est pris depuis huit ans déjà d'une véritable passion pour Dior, sent confusément que la marque a besoin d'une rupture assez radicale. Il lui faut échapper à une contradiction qui pourrait se révéler mortelle. Métaphore du désir et du sublime, Dior est, par essence, destinée à régner et ne peut se permettre de vivoter. Mais qui peut la remettre sur son trône ? Il regarde autour de lui et conclut qu'il n'a pas vraiment le choix. Le styliste de Givenchy, John Galliano, est l'homme qu'il lui faut. On l'enlève donc à Givenchy, quitte à agacer les actionnaires de LVMH qui assistent sans plaisir au transfert de cet «actif» vers le compte d'exploitation de Dior. Mais Arnault fait ce qu'il veut.

Le «polichinelle» change donc d'adresse et commence à préparer la révolution. En avril 1998, Bernard Arnault verrouille son dispositif en installant aux commandes de la maison l'ancien patron de Lancel, Sidney Toledano. Le grand toilettage peut commencer. Mais, pour changer, comme le rappelait volontiers Socrate, il faut se connaître soi-même. Arnault, Galliano et Toledano, conseillés par Contrepoint, un cabinet parisien spécialisé en stratégie de marque, partent donc à la recherche des racines du «diorisme». Pas facile, tant Christian Dior avait joué un vilain tour à ses successeurs en emportant dans la tombe, en 1957, le secret de ses codes, c'est-à-dire le mode d'emploi de la femme Dior. Tous ses successeurs se sont battus avec cette énigme et l'un d'eux, Marc Bohan, excédé, avait fini par lâcher un jour :

«Dior est tombé dans un piège avec la modification permanente de la ligne.»

Au milieu des années 90, quand arrive Galliano, l'image de la marque ressemble à un miroir brisé. Chaque segment de marché renvoie une définition particulière de Dior dont la somme finit par semer la confusion parmi le public. Les pannels de clientèle émettent des signaux contradictoires. Ils trouvent Dior «mythique», «magique», «absolu», sans doute parce qu'ils sont marqués par l'association Dior/Dieu/or, mais la remarque d'une riche Américaine sonne l'alarme avenue Montaigne.

« Dior ? Ce n'est plus sur mon chemin ! »

À l'intérieur de la maison, l'orgueil est toujours là, mais la peur de vieillir est palpable, tout comme la crainte d'être progressivement supplanté par les marques américaines et italiennes, moins créatives mais qui communiquent sans arrêt avec leur clientes et savent déclencher chez la femme ce fameux « désir d'appropriation » qui obsède les directeurs du marketing.

En France, les marques de couture sont poétiques, hyper-créatives, mais elles ont souvent négligé ce devoir de pédagogie, le créateur se retirant volontiers, tel Yves Saint Laurent, au sommet de son inaccessible Olympe, entraînant la marque dans une spirale quasi religieuse, de plus en plus coupée des réalités d'ici-bas.

Pour Sidney Toledano, il est urgent de remettre Dior sur le chemin de ses clientes. Mais comment faire ? On pourrait se contenter de changer les vitrines de l'avenue Montaigne, mais on l'a déjà fait si souvent... Cette fois, il faut creuser plus profond, s'immerger dans l'univers culturel et intellectuel du fondateur, Christian Dior, qui avait lui-même été profondément influencé par les surréalistes pendant les années 20 et 30. Ce courant extraordinairement riche, né en réaction contre le fonctionnalisme et le militarisme, exprimait une révolte contre l'uniformité. Les gènes de la marque sont imprégnés de cette insurrection qui porte en elle une vision novatrice, libérée, de la femme.

En observant les tableaux, en lisant les livres et les poèmes de l'époque, on identifie plus précisément ce que les surréalistes avaient voulu libérer : le paradoxe sur lequel veut jouer la femme judéo-chrétienne, vierge et sorcière, docile et provocante, élégante et sensuelle. Le mode d'emploi pourrait alors être celui-là : s'habiller Dior, ce serait se métamorphoser en une élégante insolente pour vivre pleinement la douce fantaisie qui est l'essence de la féminité.

Cette théorie, il faut la confronter aux consommatrices de mode. En 1999, Contrepoint rassemble donc des groupes « sémio-projectifs », c'est-à-dire chargés d'évaluer les valeurs que véhicule la marque. La cérémonie est méticuleusement organisée puisque, de ses conclusions, peuvent découler des investissements de plusieurs dizaines de millions de dollars. Chaque groupe est composé de dix femmes proches de l'univers Dior par leur goût et leurs revenus. Sélectionnées par un cabinet de recrutement indépendant, elles ont toutes le même âge, de manière à éviter que des hiérarchies parasites ne viennent perturber l'étude. Elles sont rassemblées dans une salle et les dirigeants de Dior les observent à l'abri de miroirs sans tain. On les sépare alors en deux sous-groupes de cinq, chacun disposant d'une table et d'une pile de magazines, féminins ou non À partir de cet instant, chaque sous-groupe dispose de trente minutes pour réaliser un montage de photos exprimant le mieux possible l'image qu'elles se font de la femme Dior.

Pendant une demi-heure, elles doivent devenir cette femme, rêver ses rêves. Les consignes sont strictes : ne lisez pas ! ne réfléchissez pas ! Le délai écoulé, le collage – un peu le blason de Dior, en somme – est retiré et confié à un sémiologue pour interprétation. À lui d'en déduire les valeurs et la représentation de la femme qui émanent de la marque, et donc les marchés sur lesquels elle peut s'engager. À ce stade, la métaphysique débouche sur un projet de marketing et de communication.

Les montages obtenus sont formels : Dior doit convaincre sa cliente qu'elle peut déchaîner, par le vêtement, ce paradoxe sagesse/folie qui bouillonne en elle, mais sans jamais tomber dans la vulgarité, car le prestige de la marque doit la protéger. Si Dior parvient à lui garantir l'équilibre entre ligne classique et « détail qui tue », fantasmes de femelle et rêves de grande dame, alors elle achètera du Dior. Si les femmes savent qu'avec un short, une robe, un sac Dior, elles pourront se permettre toutes les transgressions, alors la marque aura renoué avec la dynamique inscrite dans ses racines surréalistes et elle pourra, sans risque, « étendre son domaine de compétence », c'est-à-dire, en clair, lancer de nouveaux accessoires et augmenter son chiffre d'affaires.

Après dix-huit mois d'études étalés sur 1998 et 1999, la stratégie est donc arrêtée : ce sera la transgression. Attention, tout de même, avertit Fanny Villagus, présidente de Contrepoint : il est essentiel que cette rencontre entre élégance et rébellion soit placée sous le signe de l'humour, distance impalpable séparant l'insolence de la vulgarité. L'archétype de cette femme-paradoxe, c'est Nicole Kidman dans *Eyes Wide Shut*, le dernier film de Stanley Kubrick : une femme mariée de la haute société new-yorkaise qui navigue sans fin entre convention, perversité, profondeur et enfantillage. Elle est terriblement « Dior ».

Fort bien, mais qu'en pense John Galliano ?

Feu vert pour la « campagne lesbienne »

Planche 1. Les corps bronzés des deux filles sont luisants. D'un mélange d'eau et de sueur qui évoque la chaleur et le sexe, tout autant que leurs lèvres ouvertes sur un orgasme silencieux et leurs regards chavirés. Le mannequin Gisèle Bündchen, qui porte un minishort en jean, est assise, ses cuisses nues largement écartées. Restée debout, l'autre enroule ses longues jambes autour du cou de la première et l'arête du talon de sa sandale Christian Dior s'enfonce profondément dans la cuisse de la fille assise. Celle-ci se venge en griffant la cheville offerte.

Planche 2. Coït. La fille en jupe et boléro jean possède, comme un homme, l'autre qui s'accroche à son cou comme une noyée en écartant ses jambes terminées par des bottes en jean Christian Dior.

Planche 3. Les corps des deux filles sont enchevêtrés. Une main se glisse entre deux seins humides, révélant un sac Christian Dior. Tous les muscles sont tendus comme des cordes de violon, il y a des traces de morsures sur les poignets, les lèvres se cherchent, la jouissance ruisselle.

Les photos de la campagne «Jean» sont magnifiques. Après le porno chic, Dior vient d'inventer le « lesbien distingué ».

En ce mois de février 2000, John Galliano a-t-il eu la main

trop lourde ? Depuis que son contrat avec Dior a été révisé à la hausse, il n'est plus simplement le créatif fétiche de la Maison, il a le dernier mot sur la publicité, les accessoires, les bijoux, les boutiques et le merchandising. Cette montée en puissance au sein de Dior, c'est le P-DG de la maison, Sidney Toledano, qui l'a voulue. Au début, l'artiste s'occupait exclusivement de la Haute Couture et du prêt-à-porter féminin, mais, en 1998, un voyage à Tokyo au cours duquel Galliano a conçu et dirigé une soirée Dior consacrée à la presse, a convaincu Toledano de lui confier de nouvelles responsabilités. Désormais, c'est lui qui façonnera, dans tous ses aspects, la nouvelle image de Dior.

Il faut dire qu'au retour de Tokyo, la rumeur de son départ a été opportunément distillée dans Paris, faisant monter les enchères à des niveaux astronomiques. Et comme Galliano a besoin des émoluments que lui verse Dior pour financer sa propre maison, il se montre très, très gourmand. Il ne voudrait surtout pas qu'on puisse raconter qu'il a accepté une rémunération moindre qu'Alexander McQueen, le compatriote qui lui a succédé chez Givenchy. En juillet 1999, après de minutieuses vérifications par les avocats des deux parties, Dior et Galliano signent donc un nouveau contrat. Sidney Toledano sait qu'il fait là un formidable pari. Si l'effet Galliano « fonctionne », tous les espoirs sont permis. Sinon... Aucune marque n'est immortelle ! Politiquement, un succès n'est pas non plus sans receler certains dangers. Si le Galliano nouvelle formule triomphe, qui pourra désormais le contrôler ? Le contrat de juillet 1999 est-il un tremplin pour Dior, ou bien un engrenage ? Galliano, lui, se défend de vouloir prendre le pouvoir

« On me décrie souvent comme une sorte de *punk* venu pour casser la maison Dior, alors que je suis là pour la faire refleurir. »

La campagne « Jean » a été son premier galop d'essai

grandeur nature. Nick Knight a pris les photos, mais les décors sont de John, secondé par un directeur artistique. Il s'est contenté, en guise de script, de dire à Toledano :

« On va prendre trois filles et les faire bouger ensemble… Ce sera complètement Dior ! »

Auprès de la clientèle traditionnelle que l'on sonde par acquis de conscience, la campagne fait scandale, et tout l'état-major de la rue François-Ier doit développer des trésors d'argumentation pour démontrer, contre toute vraisemblance, que les affiches ne sont nullement un hymne à l'homosexualité féminine. Fanny Villagus, du cabinet Contrepoint, qui a été chargée de la stratégie de marque pour la relance de Dior, trouve que la campagne manque singulièrement d'humour, qu'elle est trop triviale pour être tout à fait Dior, mais ses objections sont écartées. Toledano plaide vigoureusement en faveur de son couturier :

« Une sensualité très sophistiquée, sans nul doute, mais rien de lesbien. Au moins, ce n'est pas une campagne tiède ! »

Bernard Arnault applaudit lui aussi des deux mains. Il y a longtemps qu'il a compris que, dans la mode, l'électrochoc, c'est la vie. Il donne son accord pour diffusion. Les espaces publicitaires sont achetés, soit une dépense de plusieurs dizaines de millions de francs. C'est le point de non-retour.

En mars 2000, la nouvelle femme Dior apparaît sur les murs des quartiers chics de toutes les grandes villes du monde. En son for intérieur, pourtant, le patron est anxieux : ne s'est il pas fourvoyé ? Il passe trois mois difficiles, mais le chiffre des ventes consolidé de septembre lui ôte un poids énorme : elles ont progressé de 41 %. Elles bondiront encore six mois plus tard. La « provo » a remarquablement fonctionné. Dans Paris, tout le monde en convient, mais certains, et pas seulement les mauvaises langues ou les jaloux, s'interrogent : pour combien de temps ?

Quand N° 5 *court derrière* Angel

« Cette fois, je crois vraiment que nous allons repasser devant eux… »

Tenant à la main une liasse de feuillets couverts de chiffres, la responsable s'est efforcée de prendre une voix neutre, mais son excitation n'en perce pas moins sous la cuirasse de bienséance qui tient lieu d'uniforme à tous les employés de la Maison Chanel. Le bureau est situé au deuxième étage d'un immeuble plutôt quelconque de Neuilly, sans aucun signe distinctif à l'extérieur, loin du somptueux quartier général de la rue Cambon, dans le VIIIe arrondissement. Le design intérieur est correct et fonctionnel, sans plus. Il n'y a guère que le broyeur de documents installé sous la fenêtre, symbole éloquent de la phobie de l'espionnage industriel régnant entre ces murs, qui puisse surprendre le visiteur. Les poubelles de la petite rue ont, paraît-il, déjà été visitées par des concurrents indélicats. Chez Chanel, la protection du secret a été érigée en dogme il y a quatre-vingts ans, et, en ce début du XXIe siècle, les ordres restent les ordres. Ils n'ont peut être jamais été aussi justifiés. Après tout, la guerre du parfum fait rage. La responsable lève la tête de ses papiers :

« … Pour l'année 2000, je suis presque sûre que *N° 5* va repasser devant *Angel*. Nous allons retrouver la première place ! »

Elle se trompe.

Après des années d'humiliation, le retournement semblait néanmoins imminent. Pendant trois ans, les chiffres avaient donné la même indication : *Angel* en tête, mais surtout, il s'en vendait autant chaque mois, alors que *N° 5* connaissait des creux mais aussi des pointes formidables au moment des fêtes. Ce qui signifiait que si plus de femmes s'achetaient *Angel* pour elles-mêmes, en revanche, lorsqu'il s'agissait de faire un cadeau, c'est *N° 5* qui leur venait à l'esprit. Le poids de la légende ! ... Depuis mai 2000, cependant, la courbe semblait s'inverser. La part de marché d'*Angel*, le féminin star de Thierry Mugler, fléchissait régulièrement, alors que celle de *N° 5* se maintenait sur une pente légèrement ascendante. Pas étonnant que les gens de Chanel oublient leur amour-propre et se ruent sur le classement « Secodip », celui qui révèle l'évolution des parts de marché de chaque parfum en France.

Depuis 1992, année de l'apparition d'*Angel* sur le marché, sa progression a été celle d'une météorite. Non qu'il ait rogné sur les parts de *N° 5*. Ils sont par trop différents. Le débutant est un ambré fleuri boisé – certains disent « gourmand » –, alors que l'ancien est un fleuri aldéhydé. Une chose est sûre, en revanche : en tant que représentant d'une famille olfactive innovante, *Angel* s'est ménagé une belle place au soleil des fragrances. Si la part de *N° 5* n'a cessé d'augmenter, celle d'*Angel* a fini par la rattraper au milieu des années 90. En 1997, année noire rue Cambon, il la dépasse. Dans la guerre de l'image, *Angel* a gagné une bataille. Thierry Mugler est parvenu à en faire le symbole de la femme d'aujourd'hui, nomade, exigeante, pressée. Il a donné un bon coup de vieux au produit phare de la maison Chanel.

Comme tous les monuments historiques, *N° 5* a besoin d'être régulièrement dépoussiéré. Depuis 1921, il fait l'objet d'un véritable culte et les cadres, qui ont interdiction de commenter le chiffre d'affaires, racontent en revanche volontiers sa fabuleuse histoire. Ernest Beaux, artisan parfumeur, avait été recalé à quatre reprises par Coco Chanel – d'où le nom qui est resté au parfum. La marque a tout fait pour lui ; elle possède, dans la région de Grasse, ses propres champs de jasmin pour alimenter les laboratoires. Des fortunes ont été dépensées pour assurer sa promotion. Catherine Deneuve et Carole Bouquet l'ont incarné, Marilyn Monroe a juré qu'elle dormait vêtue du seul *N° 5*. On la croit. Le flacon a été érigé en icône ; la moindre modification fait l'objet de longs mois de réflexion. Il faut qu'il soit éternellement moderne, éternellement sobre. Tout a été fait, année après année, pour que *N° 5* ne subisse pas le sinistre sort du *Joy* de Patou, dégringolé de son piédestal pour n'avoir pas su entretenir la flamme. Franchement, il semble difficile de faire davantage !

Pourtant, après des années et des années d'une domination non dénuée d'arrogance, Chanel a dû réapprendre à grande vitesse la modestie et la réactivité. Une vraie révolution culturelle avec, à la clé, des chiffres d'affaires exprimés en milliards de francs.

La machine à changer se met en branle en 1994. L'effet Mugler est passé au scanner, des études de marché sont commandées en secret, et le diagnostic se précise. Il faut bouger, vite et mieux. En 1996, en guise de première mesure de rétorsion, Chanel lance *Allure*, qui s'installe vite parmi les cinq premiers du classement français. La pression sur Mugler augmente, mais n'est pas suffisante. Les cerveaux de Chanel, le directeur artistique Jacques Helleu en tête, se mettent à carburer. Ils se souviennent qu'Andy Warhol avait souvent fait figurer un flacon de *N° 5* parmi ses œuvres. Pendant un an, les emballages des flacons d'extrait – le nectar de *N° 5* – abandonnent le noir et blanc pour les couleurs des lithographies de Warhol. Une énorme campagne de communication accompagne cette folle audace. Après environ soixante-dix ans d'emprisonnement volontaire dans les codes glacés du bicolore, l'initiative est vécue à l'intérieur de la maison comme une libération, et comme un électrochoc sur le marché très fermé de la haute parfumerie parisienne : sont-ils devenus fous, chez Chanel ?

Chez Thierry Mugler Parfums, installé à portée de voix, sur l'autre trottoir de l'avenue Charles-de-Gaulle, la présidente, Vera Strubi, comprend fort bien que la contre-offensive a débuté.

Elle a vu juste. Dans la foulée, la marque aux deux « C » se lance dans l'aventure du vaporisateur. Tous les spécialistes le savent : 80 % des femmes utilisent des vaporisateurs. Les ingénieurs et les designers de Chanel s'attellent aussitôt à ce défi capital : coiffer un vaporisateur du bouchon mythique. Ils vont le relever.

En 1999, Thierry Mugler riposte de deux manières. D'abord, en lançant une ligne de produits pour le bain. Ensuite en promouvant un nouveau produit, *Angel Innocence*, plus léger, sans doute pour se consolider sur le marché américain. Le front du cosmétique s'embrase à nouveau. Mugler plie, mais ne rompt pas.

À la fin de 1999, le verdict de Secodip tombe : en part de marché, *Angel* dispose de 4,5 %, *N° 5* de 4,3 %. La différence peut sembler insignifiante, mais sur un marché extrêmement fragmenté où aucun parfum ne dépasse les 5 %, elle est prise au sérieux. *N° 5* remonte et un combat homérique se profile à nouveau. Rue Cambon, des sourires de cruelle satisfaction fleurissent. Ces chiffres signifient qu'*Angel Innocence*, sans doute parce qu'il a semé une certaine confusion dans l'esprit des consommatrices françaises, n'a pas conquis la clientèle escomptée. Tant mieux ! Et puis, la ligne de produits de soins parfumants n'a pas convaincu. Cette perplexité s'est traduite, à partir du printemps 2000, par un effritement des parts de marché d'*Angel*.

Pour Chanel, le moment est venu de frapper un grand coup. Jacques Helleu, l'homme de l'image, trouve une idée en regardant vivre les femmes. Les nouvelles consommatrices sont des nomades. Pour gagner de l'argent, Chanel doit non seulement s'installer sur les étagères de leur salle de bain, mais dans leur sac à main, à côté de leur téléphone portable. Et c'est le nouveau défi du vaporisateur transportable rechargeable. Un succès indéniable, même si les 45 ml qu'il contient coûtent aussi cher qu'un flacon « sédentaire » de 50 ml. On n'arrête pas le progrès…

Pourtant, le vaporisateur n'a pas apporté la percée stratégique escomptée contre Mugler. Ce sera pour la prochaine fois. En espérant que les caisses seront assez pleines pour financer les prochaines idées de Jacques Helleu.

Le parfum « œuvre de l'esprit »

À priori, le vendredi 24 septembre 1999 n'avait pas vocation à rester dans les manuels comme une date fameuse.

Pourtant, devant la quinzième chambre du tribunal de commerce de Paris, l'histoire du parfum est, ce jour-là, peut-être en train de changer de cours.

À première vue, l'affaire est on ne peut plus banale. Des procès en contrefaçon industrielle, il s'en instruit et s'en plaide tous les jours. Depuis la nuit des temps, les entreprises se copient les unes les autres avec zèle et la justice s'efforce sans grand succès de faire régner parmi elles un semblant de déontologie.

Le plus inhabituel, en ce vendredi, c'est la personnalité des adversaires qui s'affrontent devant la cour. Deux maisons de parfum. Thierry Mugler Parfums, filiale à 100 % du géant des cosmétiques Clarins, sise à Neuilly, accuse la société Molinard, de Grasse, d'avoir copié sa fragrance vedette. *Angel*, puisque c'est bien de lui qu'il s'agit, est l'unique parfum féminin de Mugler depuis huit ans, et la progression de ses ventes est tout simplement phénoménale. Partis de rien en 1992, les parfums Mugler affichent en 1999 un chiffre d'affaires d'environ 650 millions de francs.

Il faut dire qu'*Angel* est une authentique nouveauté, ce qui, dans le monde du parfum, est plutôt rare. Mugler a osé introduire… de la barbe à papa dans une fragrance, lançant la tendance « gourmand-gustatif » ou « oriental-gourmand » sous les quolibets des orthodoxes. Et pourtant ! Sur le marché français et sur une bonne partie du marché européen, il détrône le presque indéboulonnable *N° 5* de la hautaine maison Chanel. Bref, *Angel*, dont la mise au point a nécessité pas moins de 608 tentatives – dont 607 infructueuses –, est une des étoiles montantes sur ce marché ultra-concurrentiel. Évidemment, la course poursuite est dès lors ouverte.

Revenons six ans en arrière, en 1993. Cette année-là, quelques mois à peine après la naissance d'*Angel*, la société Molinard, honorablement connue depuis 1860, commence à installer sur les linéaires des parfumeries un flacon baptisé *Nirmala*. Vendeuses et clientes s'aperçoivent vite que *Nirmala* présente des similarités troublantes avec *Angel*. En cherchant bien, on y retrouve de la barbe à papa, un indéniable « accord chocolat » additionné de miel et de caramel, tout cela pour un prix quatre fois moindre. Au point que, dans certains points de vente de moyenne gamme, le personnel recommande *Nirmala* plutôt qu'*Angel*. Le prix de ce dernier pâtit, il est vrai, du coût de fabrication élevé de son très original flacon de verre bleu en forme d'étoile. Pour la femme qui se rêve en « déesse ensorceleuse », comme le promet le script d'*Angel*, sans pouvoir se payer le flacon à plus de quatre cents francs, *Nirmala* est une position de repli bien tentante. Mais est-ce une copie ?

L'avenir de la parfumerie française, une des plus dynamiques du monde, est en train de se jouer dans la salle du tribunal. Se dirige-t-on vers un modèle à l'américaine où les copies, loin d'être interdites, sont considérées comme des intervenants tout à fait légitimes sur le marché, ou bien le droit va-t-il, à l'inverse, évoluer en faveur des compositeurs de fragrances en leur octroyant les avantages consentis aux auteurs d'œuvres de l'esprit ?

Le dernier signe en ce sens remonte à 1976. Cette année-là, les juges qui s'étaient prononcés lors du procès opposant les Parfums de Laire à la maison Rochas n'avaient pas osé aller aussi loin, se contentant d'affirmer que rien ne s'opposait a priori à la protection d'un parfum par le biais du droit d'auteur. Mais, à l'époque, Rochas avait commis l'erreur fatale de parler de son parfum comme d'une « invention ». Ce malencontreux choix de vocabulaire laissait entendre qu'un parfum s'apparentait à une découverte scientifique. Or à défaut de représenter une « invention » à proprement parler, au sens scientifique du terme, comme l'est, par exemple, la fabrication d'une molécule inédite, aucun parfum n'avait la moindre chance d'être un jour reconnu comme tel par un brevet. Cette voie constituait un cul-de-sac juridique.

Vera Strubi, la présidente de la société Thierry Mugler, connaît cette page d'histoire. Elle ne veut pas commettre cette même erreur. Elle prend donc soin de demander qu'*Angel* soit protégé en vertu de la loi sur la propriété littéraire et artistique, comme une « œuvre de l'esprit », à l'instar d'une symphonie ou d'un roman.

Ce vendredi soir, quand le tribunal rend sa décision, celle-ci fait aussitôt le tour de Paris où elle se répand comme une traînée de poudre. Que dit-elle ? D'abord, que Molinard est coupable de concurrence « déloyale » et « parasitaire ». Mais l'essentiel, ce sont quelques lignes au bas d'un fatras juridico-commercial qui s'étale sur treize pages. La phrase magique y figure : *Angel* est bien « une fragrance originale susceptible d'appropriation au titre des droits d'auteur ». Le mot est lâché. Dans un univers où la contrefaçon remplace le plus souvent la recherche-développement, cette reconnaissance du droit d'auteur est une vraie bombe, au moins sur le long terme.

Pour obtenir gain de cause, Jean-Jacques Le Pen, l'avocat de Mugler, a dû batailler ferme contre ceux qui soutiennent qu'un parfum ne peut constituer une œuvre originale, puisqu'il est composé d'ingrédients tous connus. Pour contourner l'obstacle, l'avocat a fait, dans sa plaidoirie, un détour par la peinture. En ce domaine aussi, tous les ingrédients sont connus, et pourtant, il ne viendrait à l'idée de personne de dénier à un tableau de maître le titre d'œuvre originale ! Comme un tableau, d'ailleurs, un parfum traverse une période de maturation – de trois mois par exemple dans le cas d'*Angel* – avant d'atteindre sa plénitude. La démonstration est difficilement réfutable.

André Chastel, professeur au Collège de France, l'avait d'ailleurs dit depuis longtemps :

« Que le parfum soit aussi une œuvre d'art, ce n'est pas douteux. Comme l'œuvre d'art, le parfum est une présence perçue comme une unité : il se dégage comme une riche tonalité, certes composée avec un savoir composé de plusieurs éléments, mais fidèle à une sorte de contour... »

Mais tout cette belle jurisprudence n'a cours qu'en France. Aux États-Unis, la copie de parfum est une activité légale. Là bas, on dit *knock off* et ça n'a rien à voir avec la notion de contrefaçon. L'exercice n'est pas bien compliqué. Il suffit d'avoir recours à la chromatographie gazeuse pour identifier les composants d'un grand parfum, de les reproduire, et le tour est joué. Dans l'imaginaire démocratique américain, le *knock off* est une sorte de purgatoire. Si vous aimez un grand parfum comme *Opium*, par exemple, sans avoir encore les moyens de vous l'offrir, essayez donc *Haschisch*, un jus « similaire » que vous trouverez en supermarché, dans un emballage à trois sous. Personne ne peut confondre les deux. Ils sentent un peu pareil, mais ne se ressemblent par ailleurs en rien. Autre avantage : puisqu'un parfum, à la différence d'un vêtement, ne s'accompagne pas de son étiquette, vous avez de bonnes chances de faire croire à votre entourage que vous portez vraiment un parfum de luxe. Dans un pays où le consommateur achète son flacon de parfum au drugstore en même temps que son dentifrice et ses balles de tennis, nul n'est choqué.

Interparfums Inc., partenaire américain de la société française du même nom, est une experte en *knock off* depuis 1985. Il faut croire que ses activités Outre-Atlantique ne ruinent pas sa réputation en France, puisque LVMH, un des plus grands lanceurs de parfums de luxe à travers le monde, vient d'acquérir 20 % du capital d'Interparfums SA. L'argent n'a pas d'odeur, encore moins de parfum…

Patchouli contre praline

L'action en justice de Thierry Mugler contre Molinard n'a pas dégénéré. Tout en plaidant la bonne foi, le coupable a implicitement reconnu sa faute en acceptant de diffuser sous son label *Nirmala* une autre fragrance. Le plaignant a donc cessé toutes poursuites et renoncé en particulier à exiger de Molinard les 15 millions de francs de dommages et intérêts pourtant accordés par le tribunal. Aucun fabricant n'a intérêt à mettre un concurrent à genoux : cela ne se fait pas.

Et puis, dans le monde du parfum, tous les grands se copient les uns les autres, et rares sont les maisons qui prennent le risque de créer une fragrance vraiment nouvelle. La jurisprudence Mugler fait donc peser sur la profession une terrible menace, celle d'une multiplication sans fin de procès en contrefaçon. À l'avenir, le petit jeu de la copie pourrait coûter de plus en plus cher aux indélicats. Contre les copieurs, en effet, les copiés fourbissent des armes de plus en plus sophistiquées, et le choix des parfumeurs pourrait se résumer bientôt à cette alternative : la créativité ou le tribunal.

En prélude à la grande guerre des fragrances qui se profile, la panoplie juridico-technologique se renforce. Dans l'instruction du procès contre Molinard, pas moins de quatre technologies différentes ont été déployées par Me Jean-Jacques Le Pen en application du principe qu'aucune méthode ne saurait prétendre devenir l'outil universel de la métrologie comparative des odeurs.

D'abord, il était impératif d'anéantir la défense ennemie en lui ôtant toute possibilité de laisser entendre qu'elle avait plagié, et non pas copié ! Si la contrefaçon est un délit passible de poursuites judiciaires, le plagiat, qui consiste à reprendre la substance d'une œuvre tout en lui apportant un tour personnel, est ici juridiquement irréprochable.

Autre piège à éviter pour la partie civile : une confusion, dans l'argumentaire, entre composition et message olfactif. C'est ce dernier qui exprime la séduction particulière d'un parfum, et plusieurs compositions différentes peuvent y mener. Pour cette raison, les équipements de métrologie neurosensoriels utilisés au cours de l'instruction mettent en œuvre des capteurs sensibles au message olfactif qui émane de la source odorante, et non pas à la composition de cette source. Molinard postulait le contraire, expliquant que le message n'est pas protégeable car « volatil, éphémère et changeant » ; et il ajoutait que la formule, qui relève d'une technique industrielle au résultat certain, ne peut, quant à elle, revendiquer la protection du droit d'auteur. Habile, très habile même ! Et pourtant Mugler va trouver mieux.

Pour prouver son fait, Mugler va même prendre le risque calculé de reconnaître, dans ses attendus, qu'*Angel* s'est inspiré d'une fragrance de… Molinard ! Cette légère concession tactique servira ensuite à atteindre l'objectif stratégique, c'est-à-dire à établir la contrefaçon perpétrée par l'ennemi. Thierry Mugler Parfums explique ainsi qu'*Angel* appartient à la famille olfactive des orientaux (accord patchouli-vanille) et peut être considéré comme une filiation du patchouli de *Réminiscence* et de la fragrance-phare *Habanita*, de Molinard, en tout cas pour la partie ambrée orientale de cette fragrance. Il ne s'agit donc même pas d'un plagiat, ne serait-ce que pour partie.

Après ce prélude juridico-olfactif, les vraies hostilités commencent. Il faut démontrer l'identité olfactive entre *Angel* et *Nirmala*. Les experts mandatés par Mugler vont procéder à quatre séries de tests :

Le premier est une analyse chromatographique des deux parfums. Elle montre que 68 des 81 éléments des deux parfums sont communs, quoique dans des teneurs en général différentes. Il y a d'emblée présomption de contrefaçon, mais elle n'est pas encore concluante.

Un « nez » professionnel se penche ensuite sur les deux parfums. Son expertise est loin de départager les adversaires. Certes, M. Maillebeau reconnaît que les notes de départ, les premières odeurs des deux fragrances, peuvent porter à confusion. Mais il corrige aussitôt : celle d'*Angel* est plus patchouli, celle de *Nirmala* plus praline, vanille, barbe à papa, avec une dominante plus fraîche. Et puis, ajoute cet expert, l'écart entre les deux se creuse indéniablement au fur et à mesure de l'évaporation. Il note enfin que deux notes de tête sur quatre (dew berry et bergamote) ainsi que deux notes de fond (vanilline et veltol plus) sont très voisines. Cette expertise est plus troublante qu'éclairante, et l'entourage de Thierry Mugler se répand en propos amers sur la perfidie du « nez » Maillebeau.

Quoi qu'il en soit, pour y voir plus clair, les parties décident d'avoir recours à un nez électronique.

Et c'est le déclic ! L'appareil confond les deux parfums 95 fois sur cent, alors qu'il est calibré pour confondre 96 fois sur cent deux parfums absolument identiques. Selon le nez électronique, *Angel* et *Nirmala* sont pratiquement aussi proches que s'il s'agissait du même parfum. Pour la société

Molinard, c'est un coup dur, mais elle réplique aussitôt que le nez électronique n'est qu'un gadget dépourvu de la moindre fiabilité et dont la sensibilité, insiste-t-elle, est mille fois inférieure à celle d'un nez humain.

Le dernier mot va revenir aux consommatrices de parfums. Mugler contacte donc un cabinet d'études qui va interroger 1111 femmes. Chacune est invitée à comparer six fragrances étiquetées par des lettres différentes, par groupe de trois. Toutes ces fragrances sont soit *Angel*, soit *Nirmala*, mais ces cobayes l'ignorent. Et ce sont elles, cibles commerciales par excellence, qui vont offrir à Thierry Mugler la victoire décisive. Les résultats de cette dégustation aveugle sont limpides. Les femmes priées de comparer les deux parfums réagissent exactement comme celles auxquelles on a fait respirer deux fois le même parfum. Pour elles, pas de doute : *Angel* et *Nirmala* sont identiques, à la force près, naturellement, puisque *Angel*, le plus cher, est aussi le plus concentré. CQFD.

Maintenant, tous les copieurs de France sont en danger.

Parfums : la révolution du droit d'auteur

L'industrie du parfum représente en France un chiffre d'affaires de plusieurs dizaines de milliards de francs. Le 24 septembre 1999, quand tombe le verdict du tribunal de commerce de Paris, les grands acteurs du marché comprennent d'emblée que dans la bataille des jus, la reconnaissance du droit d'auteur peut bouleverser les rapports de forces. À condition de répondre, au préalable, à cette question fondamentale : qui est au juste l'auteur d'un parfum ?

C'est justement en formulant sa réponse que le tribunal de commerce de Paris a provoqué une double surprise. Assurément, il a mis fin à des années d'abus en convenant de la validité des arguments de Mugler Parfums, mais, pour autant, il n'a nullement reconnu cette société comme l'auteur d'*Angel* ! Comme de très nombreuses maisons de couture diversifiées dans le parfum, Mugler n'est en effet que l'« éditeur ». Aux yeux du tribunal, le véritable auteur n'est autre que la société Quest, plus précisément un compositeur dont les millions d'adoratrices d'*Angel* n'auraient jamais dû entendre parler : un certain Olivier Cresp. Cet inconnu peu illustre est l'artiste qui a mis en musique la partition olfactive suggérée par le couturier Thierry Mugler à partir des souvenirs de fêtes foraines de son enfance. Le citoyen Olivier Cresp est ainsi brutalement mis en en pleine lumière – bien malgré lui, il est vrai –, et la société Mugler s'affole : elle jure que le tribunal de commerce s'est fourvoyé, qu'un parfum est reconnu par le droit comme une œuvre collective, qu'*Angel* est autant l'œuvre de Thierry Mugler et de Vera Strubi que de la société Quest, laquelle ne revendique d'ailleurs rien du tout ! Il se trouve qu'en cas d'œuvre collective, si personne n'en revendique la propriété, est déclaré auteur celui qui place sous son nom le produit sur le marché.

L'inquiétude de la profession est à la hauteur des enjeux. Le droit d'auteur, ainsi que le rappelle l'article 1er de la loi du 11 mars 1957, fut, à la fin du XVIIIe siècle, l'une des plus fulgurantes intuitions du génial Beaumarchais, et constitue une garantie draconienne.

L'irruption du droit d'auteur dans la jungle du parfum pourrait en théorie avoir des conséquences considérables. En France, l'auteur possède en effet un droit moral au respect de l'intégrité de son œuvre. Toute personne physique ou morale reconnue comme tel serait donc susceptible de s'opposer à n'importe quelle modification de la formule de son jus que l'éditeur pourrait être tenté d'introduire afin d'en moderniser la composition. Imaginons un instant le chaos si pareille règle était appliquée aux éditeurs de parfums ! L'auteur pourrait aussi refuser qu'un composant naturel soit remplacé par un produit de synthèse meilleur marché – un escamotage qui a souvent la préférence des directeurs financiers et des responsables du marketing… Il pourrait enfin réclamer que son intéressement financier – ses droits d'auteur en somme – soit strictement proportionnel à la diffusion de l'œuvre, au lieu de se contenter le plus souvent, comme c'est aujourd'hui l'usage, d'une rémunération forfaitaire.

La généralisation du droit d'auteur aurait également des conséquences fiscales. Sur sa rémunération, devenue une valeur à long terme, le compositeur ne paierait plus que

24 % de taxes, alors qu'aujourd'hui, sur ce qui est considéré comme un salaire, il doit souvent acquitter, au-delà d'un certain montant, l'écrasant taux de 54 %, celui que le fisc réserve aux tranches de revenus les plus élevées.

Pour le parfumeur, la nouvelle donne fiscale serait en revanche également favorable : fini les charges sociales ! Qui plus est, il pourrait inscrire le parfum non plus comme une prestation, c'est-à-dire une dépense, mais comme un actif incorporel augmentant la valeur de l'entreprise. Dans le milieu feutré du parfum, tout le monde, au bout du compte, pourrait s'y retrouver : à la fois les apôtres de la logique « parfum-industrie » et les nostalgiques du « parfum-création ». Et pourtant, que de réticences !

Il faudrait que les jeunes loups du marketing concèdent un peu de leur pouvoir aux créateurs, et cette perspective les remplit d'effroi. Ils se sont habitués au système en vigueur, dans lequel les concepteurs du marketing, études de marché à l'appui, passent commande sur un ton impérieux à un compositeur d'un parfum-pour-jeune-femme-active-audacieuse-moderne-même CSP[1] + –20-25 ans-évoquant-le-Maroc, sous prétexte qu'un modèle informatique, importé le plus souvent des États-Unis, a craché cette cible ! C'est ce genre de *brief* qui rythme la vie du milieu. Le droit d'auteur attendra.

1. Catégorie socio-professionnelle.

« Alors, comment va le maître de l'univers ? »

– Alors, dites-moi, comment va le maître de l'univers ?

Cette question rituelle sur la santé de Bernard Arnault, Domenico De Sole la pose, dans son anglais égayé d'un accent à couper au couteau, à tous ses visiteurs, avant même de s'être lui-même jeté dans un des fauteuils de la salle de conférence, au quatrième étage du siège londonien de Gucci. Il la pose avec tant de gourmandise truculente que l'on comprend aussitôt que les guerres du luxe, le patron de Gucci aime ça. Il ne pourrait plus s'en passer. Pas uniquement parce qu'elles font monter le cours de l'action Gucci ; parce qu'elles l'ont fait grandir, lui aussi.

Le Calabrais formé à Harvard connaît son texte par cœur. Quand il parle de LVMH, son numéro de David angélique agressé par un Goliath pervers est parfaitement au point. Il n'a fait que se défendre, jure-t-il la main sur le cœur.

L'homme est râblé, solide, avec le visage et le sourire d'un corsaire heureux de son sort. La barbe blanche soigneusement taillée donne une trompeuse impression de bonhomie. Domenico De Sole est de la race des tueurs. On ne survit pas dix ans dans l'enfer de la famille Gucci sans quelques talents de spadassin. À chaque fois qu'il s'est trouvé acculé, il a trouvé moyen de survivre.

Bien sûr, il souffre d'un léger complexe d'infériorité à

l'égard de Bernard Arnault, et le président de LVMH lui fait sentir le plus souvent possible qu'ils ne jouent pas dans la même division. Par exemple, contrairement à De Sole, le Français ne se déplace jamais à Amsterdam, préférant dépêcher ses lieutenants aux audiences du tribunal.

Pourtant, sur l'échelle de la célébrité, l'Italien s'est hissé jusqu'à lui. Il y a encore cinq ans, De Sole était un inconnu. Aujourd'hui, il est l'un des patrons les plus fameux de la planète. Même si c'est grâce… à Bernard Arnault ! À chaque fois qu'un communiqué publie côte à côte le nom de son groupe et celui de LVMH, De Sole ressent le délicieux picotement que procure la satisfaction du devoir accompli. Depuis qu'il a ramassé Gucci, exsangue en 1995, il ne se lasse jamais de contempler le chemin parcouru, et le moins qu'on puisse dire est qu'il n'a pas le triomphe modeste :

«Je le reconnais : c'est ma faute si, aujourd'hui, Gucci pèse plus lourd que British Airways ! C'est un fantastique succès. Hé oui ! Il y a cinq ans, LVMH faisait la pluie et le beau temps dans le luxe. Et soudain nous voilà, aussi intelligents que rapides. Les gens nous aiment : ils achètent Gucci.»

Inutile de lui énumérer les succès du Français. Il les balaie d'un revers de main.

«Dior ? Vous plaisantez ! Donnez-moi Dior et vous verrez comment on relève une marque !»

Domenico De Sole n'aura jamais Dior. Pour l'instant, il tente de remettre sur pied Yves Saint Laurent, et la réussite est loin d'être assurée.

L'*avvocato* aime aussi critiquer les prix que paie Bernard Arnault pour ses acquisitions :

«Moi j'ai versé 1 milliard de dollars pour Saint Laurent et tout le pôle Sanofi-Beauté. C'est le prix qu'il a payé pour Fendi. Et encore, il n'en fait rien… Non, franchement, laissez-moi rire !»

Et il rit à gorge déployée, comme si cette bataille à 10 milliards de dollars était la meilleure blague du monde.

À l'entendre, on en oublierait presque que Gucci est quatre fois plus petit que LVMH ; qu'il ne rattrapera sans doute jamais son grand rival, à cause du trop petit nombre de grandes marques indépendantes restant sur le marché ; que la seule grande griffe qu'il ait acquise, Yves Saint Laurent, c'est François Pinault qui la lui a apportée sur un plateau ; et qu'il n'a pas fait grand-chose des 3 milliards de dollars que le Breton a injectés dans sa trésorerie. Qu'importe ! En matière de communication, la grande force de De Sole est de s'amuser et de mettre les rieurs de son côté. Rien ne l'enchante plus que de déclamer en public, en riant à gorge déployée, quelques morceaux choisis traduits en anglais des confessions de Bernard Arnault[1]. Son rire gargantuesque résonne à travers tout l'étage.

Malgré les propos fielleux, les concurrents sont aussi des alliés. Toute cette belligérance ferait presque oublier que, depuis le début des hostilités, les intérêts économiques de Gucci et de LVMH se sont considérablement rapprochés. Le groupe de l'avenue Hoche garantit maintenant une grande partie du succès commercial de Gucci en Orient. Depuis que LVMH a racheté Duty Free Shoppers (DFS), il voit transiter par ses magasins environ un tiers des ventes du maroquinier en Asie…

1. *La Passion créative*, Plon, 2000.

La guérilla du faubourg Saint-Honoré

Chez Gucci, l'appétit vient en mangeant. On dirait que le groupe est pris d'une véritable boulimie capitaliste ! L'absorption de Saint Laurent, dans les derniers mois de 1999, a déclenché une frénésie de shopping. Domenico De Sole, qui possède encore plusieurs milliards de francs sur les dix-huit apportés par François Pinault, nourrit l'intention, avouée et très médiatisée, de bâtir le grand groupe de luxe mondial et multimarque qu'il rêve de dresser face à LVMH. Le 18 novembre 1999, soit trois jours à peine après avoir rendu public le rachat d'Yves Saint Laurent, Gucci annonce l'acquisition de 70 % du capital de Sergio Rossi, pour 92 millions d'euros. Le but est de reproduire à l'échelle mondiale la performance italienne du chausseur pour femmes d'Émilie-Romagne. En mai 2000, Gucci frappe à nouveau en rachetant le joaillier Boucheron, ce qui le renforce dans la joaillerie-horlogerie-parfumerie, secteur où il a déjà enregistré de belles progressions.

Pendant ce temps-là, avenue Marceau, au siège historique d'Yves Saint Laurent, un calme de bon aloi semble enfin régner. Depuis que Gucci y a pris le contrôle du prêt-à-porter, des accessoires et des parfums, puis a acheté à prix d'or une paix froide avec Pierre Bergé et Yves Saint Laurent – qui conservent la Haute Couture –, Domenico De Sole et

Tom Ford respirent un peu mieux. Les deux insupportables Français, qui ont engrangé une belle fortune en échange de leur neutralité dans la conduite des affaires, se tiennent sages et vaquent à leurs occupations. YSL réfléchit à sa prochaine collection de Haute Couture et Bergé, en vue des élections municipales de 2001, prépare une stratégie politique sophistiquée pour faire basculer à gauche le VIe arrondissement de Paris. Les deux ténors de l'« ancien régime » enfin hors d'état de nuire, les Gucci-*men* ont le champ libre.

La mise aux normes Gucci de la maison Saint Laurent va bon train, même si on y met les formes, afin qu'elle ne prenne pas trop des allures de mise au pas. La nouvelle équipe prépare d'arrache-pied la grande cérémonie d'automne, le premier défilé de prêt-à-porter Saint-Laurent dessiné par Tom Ford. Le Texan ne sous-estime pas le défi. Il sait que ce sera encore plus dur que le sauvetage de Gucci, mais il est persuadé que les dogmes propres à la secte peuvent fonctionner à nouveau : intégration de toutes les lignes de produits pour qu'ils retrouvent entre eux la cohérence qui leur manque, multiplication des magasins en propre, liquidation des licences, et, surtout, gestion rigoureuse de la communication. Si l'image est cadrée au millimètre, les vêtements Saint Laurent seront à nouveau *cool*, *fashion*, et les clientes reviendront.

Pierre Bergé pourrait se répandre en sarcasmes amers, il n'en fait rien, bien au contraire, et clame haut et fort que cette nouvelle ligne était tout entière contenue dans l'étude stratégique qu'il avait commandée in extremis au cabinet Ylios, et remise en mains propres aux Gucci men à leur arrivée. Avis aux thuriféraires de Tom ! Dans cette ambiance rassérénée, la belle mécanique va se mettre en route. Jusqu'au... premier grain de sable. Celui-ci avait beau être prévisible, il n'en écorne pas moins la stratégie de Gucci. Il s'agit tout simplement du défilé de Haute Couture YSL de juillet 2000 : Monsieur Saint Laurent s'est surpassé. L'assistance s'époumone en éloges dithyrambiques, fascinée par un manteau de laine couleur amande porté sur une robe de velours cloqué. On s'enthousiasme pour une tunique de plumes noires surgie tout droit d'une Antiquité raffinée jusqu'à la folie. Tom Ford, qui a demandé par lettre à Pierre Bergé un siège au premier rang, celui où sont assises Catherine Deneuve, Lauren Bacall et plusieurs des plus riches femmes de la planète, en reste bouche bée, buvant des yeux chaque détail, chaque pli, chaque couture avec une intensité qui trahit son désir de « posséder un jour ne serait ce qu'un zeste du savoir-faire du maître », comme l'écrit cruellement Cathy Horyn, la diabolique *fashion correspondant* du *New York Times*.

Tom Ford, qui slalome maintenant entre les invités pour ne pas être photographié aux côtés d'Hedi Slimane, le styliste qui vient de quitter Saint-Laurent homme plutôt que de travailler sous ses ordres, n'est pas jaloux d'YSL : sa robe du soir à 50 000 dollars qui a fait frissonner l'assistance, à la fois somptueuse et timide dans sa manière subtilement hésitante de découvrir le haut des fesses, n'a pas sa place dans l'univers de merchandising sexy débridé des Gucci men. Le Texan qui se prépare à régner sur la mode mondiale du début du XXIe admire sincèrement le vieil empereur isolé sur sa planète, mais comme on vénère, dans un musée, un vestige du passé.

C'est le lendemain que Tom Ford ressent un petit pincement d'irritation. Ce jeudi d'été, la presse du monde entier n'est qu'un immense et unanime éloge adressé à Yves Saint Laurent. Monsieur Cent Mille Volts comprend alors pour la première fois qu'il va lui falloir vivre encore quelques années à côté d'un empereur déclinant mais toujours capable de remplir les magazines de mode avec ses modèles. Pendant ces années, Saint Laurent aura deux visages bien visibles : le prêt-à-porter de Tom et la Haute Couture d'Yves. Deux visages irréconciliables. Mais Ford garde ses réflexions pour lui. Les Américains ne sont pas comme les Latins qui ne voient le monde qu'à travers le prisme de leur amour-propre. Il pense «positif». Après tout, le génie de Saint Laurent n'est ni un geste d'hostilité à son encontre, ni un défi.

Le défi viendra bientôt, trois mois plus tard, une semaine exactement avant le premier défilé de prêt-à-porter Saint Laurent dessiné par Ford. C'est le jour que choisit Pierre Bergé pour inaugurer en grande pompe une nouvelle boutique au numéro 32 de la rue du Faubourg-Saint-Honoré. Le Paris de la mode découvre, stupéfait, que cette vitrine est restée dans l'escarcelle de Bergé, même après les discussions très âpres de l'hiver passé avec Gucci. Difficile de ne pas remarquer que cette devanture, appelée à prendre le nom d'Yves Saint Laurent Haute Couture, jouxte presque celle de Saint Laurent rive gauche, sise au 38, celle que Tom Ford est précisément en train de *relooker* en vue du défilé qui approche.

Celle d'YSL sera une boutique Haute Couture dédiée au talent du couturier, où l'on trouvera des modèles des défilés et quelques colifichets de grand luxe. Loulou de la Falaise, la longue blonde qui incarne depuis toujours l'élégance Saint Laurent, dessine ses bijoux, crée ses accessoires, sera aux commandes. Il sera possible d'acheter ici une blouse d'organza noir piquée d'autruche à 25 000 francs, un pantalon de daim brodé à 45 000 francs, une veste «caniche» en tricot bouclé à un peu plus de 6 000 francs, sans oublier le fameux chemisier de satin mauve, à porter absolument sous un pull orange – bref, enfin tous ces petits riens qui aideront les vraies Laurentistes à mieux supporter les vicissitudes de l'existence.

Pour ne pas donner l'impression de faire concurrence au prêt-à-porter, d'ailleurs rebaptisé «Couture» par Tom Ford, les deux compères se sont engagés à ne fabriquer que de toutes petites séries. En revanche, ils promettent à leurs clientes la lingerie la plus fine du monde – enfin... dès qu'ils auront trouvé les artisans capables de faire de l'extrême qualité en quantité extrêmement limitée.

Chez Gucci, dont le siège parisien est situé au 3 de la même rue, le ton monte. Dans l'*International Herald Tribune*, Suzy Menkes organise une conversation indirecte et piquante entre les deux camps. Mutine, Loulou de la Falaise concède :

«On est un peu la mouche sur le dos des éléphants du *big business*. Mais pourquoi pas ? Cela rend les choses plus amusantes.»

Domenico De Sole, lui, ne s'amuse pas :

«Il ne peut en être question. Monsieur Bergé et Monsieur Saint Laurent sont limités à la Haute Couture, et je suis sûr que tout le monde honorera ses engagements.»

Pierre Bergé, de son côté, assure qu'il n'a aucunement l'intention de mener contre Gucci une quelconque «guérilla du faubourg Saint-Honoré», mais il tient tout de même à préciser :

«Yves Saint Laurent a bien compris qu'on va vendre dans le monde entier, sous son nom, des produits vraiment très différents de ce qu'il crée lui-même. Il tenait donc à conserver cette boutique.»

Tant que le couturier sera vivant, il gardera pignon sur rue. Quelques aigreurs vont s'ensuivre. Dès que Tom Ford apprend ce qui se trame dans la boutique accessoires du 32, il commande une collection de chapeaux, pour Saint Laurent, à Philip Treacy, le modiste le plus *hot* de Londres...

La Belle et la Bête
Alaïa signe avec Prada

De temps à autre, le monde du luxe offre heureusement des spectacles plus édifiants que les crocs-en-jambe haineux entre groupes rivaux. On y fête à l'occasion d'étonnants mariages. Septembre 2000 est l'un de ces moments. Quelle mouche a bien pu piquer Azzedine Alaïa, le couturier fétiche des plus grands mannequins de la planète, pour le pousser à s'acoquiner avec Patrizio Bertelli, le président du maroquinier italien Prada, un des prédateurs les plus redoutés de l'internationale du luxe-business ?

Le couturier répond volontiers à cette interrogation. Il accueille son visiteur avec un lumineux sourire dans sa salle de réunion, une pièce aux dalles de verre dans son hôtel particulier parisien, un ancien hangar du BHV qu'il occupe dans le Marais, rue de Moussy. Le bâtiment est en travaux comme si les millions de Prada étaient déjà à l'œuvre...

Le Paris du luxe est en émoi. Les philosophies d'Alaïa et de Bertelli sont radicalement différentes : le premier coud des robes magnifiques dans des étoffes superbes à des prix forcément très élevés, mais sans marges excessives ; le second vend des objets ordinaires, au prix prodigieusement gonflé, grâce à de somptueuses boutiques, un merchandising perfectionné et une communication de masse. Mais l'art est-il soluble dans le luxe? Alaïa n'est pas un de ces stylistes interchangeables qui passent de maison en maison au gré des plans de stock-options. C'est un maître respecté pour son talent, sa courtoisie, sa joie de vivre et cette capacité, de plus en plus rare, de résister à l'appât du gain et aux sirènes de la fabrication de grande série. N'avait-il pas refusé, au milieu des années 90, le très prestigieux et très rémunérateur titre de directeur de la création de Dior, avant qu'il ne soit proposé à John Galliano?

Alaïa n'est pas non plus un «surfeur» de la mode, c'est un penseur du corps, et ses théories sur la plastique féminine seront étudiées longtemps encore dans les écoles :

«Pour une femme, l'épaule est essentielle, la taille importante, le derrière capital, qu'il faut toujours remonter par la coupe et le talon haut. Les rondeurs ne sont pas un handicap à l'élégance : regardez Marilyn Monroe[1] !»

Sitôt la nouvelle de l'alliance connue, deux versions légèrement contradictoires circulent entre Paris et Milan :

Officiellement, il s'agit d'un «accord pour travailler en commun et garantir la continuité de la tradition de prestige et la qualité de la maison Alaïa». Louables intentions! Une fondation Alaïa sera aussi créée, qui accueillera la merveilleuse œuvre passée, présente et à venir du couturier, ses modèles et ses croquis. Pour lui, c'est la garantie que son héritage sera préservé. Bien sûr, il y aura sans doute des parfums et des cosmétiques à son nom, mais c'est le jeu, et il est prêt à le jouer. Alaïa est un poète qui a les pieds sur terre.

Bertelli a lui aussi les pieds sur terre, mais il n'a rien d'un poète. Il affirme avoir acquis une part significative de la maison Alaïa pour un montant que les banquiers proches de l'affaire estiment à 20 millions de dollars[2]. Compte tenu du

1. *Le Figaro*, 3 février 2000.
2. *Il Sole 24 Ore*, 21 septembre 2000.

chiffre d'affaires du couturier, la somme paraît énorme et semble indiquer une prise de contrôle. Le calcul de Bertelli est limpide : le nom d'Alaïa est fameux dans le monde entier, notamment aux États-Unis. Là-bas, tout le monde se rappelle que, le jour de son mariage avec Peter Brant, le top model Stephanie Seymour était habillée par Alaïa. Oui, mais voilà : ce nom est commercialement sous-exploité du fait du mode de fonctionnement très confidentiel de l'artiste. Grand amateur de magnifiques et ruineuses broderies, de créations goûtées par un nombre forcément limité de clientes folles de lui, il coud lui-même, repasse parfois lui-même… Alaïa, c'est plus une société secrète qu'une maison de mode à proprement parler.

Le patron de Prada voit loin. Malgré ces contraintes, il y a peut-être un moyen d'en faire un jour une grande marque mondiale. Compte tenu du prix très élevé auquel ses robes s'arrachent, si l'on pouvait diminuer quelque peu les coûts de fabrication et augmenter les quantités, quelles belles marges on pourrait faire ! Aux États-Unis, les ventes plafonnent à un tout petit million de dollars. Bertelli bouillonne de l'envie dévorante de multiplier ce chiffre par cent. Alaïa avait connu son heure de gloire américaine durant les années 80. Justement, certaines valeurs de cette décennie reviennent en force dans la mode des années 2000. Il suffirait d'une étincelle pour que la flamme reparte. Si on se donne la peine de communiquer comme il faut, des millions d'Américaines sont prêtes à se damner pour un créateur de mode qui fait l'éloge des formes ! Le *capo* de Prada le sait fort bien. C'est avec ce genre d'intuitions qu'il a bâti son empire. Et puis, dans la couture, la recette est connue : il faut prendre un créateur et en faire une marque avant qu'il ne disparaisse.

Dans un environnement dominé par la puissance de l'image, un couturier, capable comme Alaïa de se voir offrir une rétrospective de son œuvre au musée Guggenheim SoHo de New York, représente un atout formidable pour qui sait l'exploiter. Les modèles du savant Alaïa, de sa robe-drapeau réalisée pour Jessy Norman à l'occasion du bicentenaire de la Révolution française, jusqu'à ses inventions futuristes – la panthère en lainage, les fourreaux à bande, le body en viscose –, sont déjà des références historiques. Un petit effort, songe Prada, et elles se transformeront en machines à sous.

Les amis d'Azzedine ont quelques raisons d'être inquiets. Prada n'en est pas à sa première alliance orageuse. La styliste allemande Jil Sander, qui avait cédé 75 % de ses parts à la fin de 1999, n'avait pas tenu six mois avant de claquer la porte. À l'évocation de cette mésaventure, le petit Tunisien, sanglé dans une de ces vestes chinoises en satinette qu'il affectionne et dont il change souvent à cause des poils de ses chiens, bondit sur sa chaise :

« Cela n'a rien, strictement rien à voir. Jil Sander avait vendu son nom. Et quand on vend son nom, on ferme sa gueule… Moi, je n'ai pas vendu mon nom ! »

Alaïa s'agace qu'on puisse le croire assez naïf pour s'être jeté étourdiment dans la gueule du loup :

« Bertelli a une grosse voix ? Moi, quand je hurle, j'ai une voix énorme, vous verrez ! »

On a un peu de mal à croire cet homme paisible. Il garde toujours son calme affectueux, sauf peut-être quand on se risque à le comparer à son homologue de la maison Chanel. On voit alors de quel bois très dur ce petit homme se chauffe :

« Je m'en tape, de Lagerfeld. C'est du commercial sans aucun génie. Il n'y a pas de style Lagerfeld, et il n'y en aura jamais ! »

Le médiateur et les saboteurs

27 septembre 2000 : la guerre Arnault-Pinault, que tout le monde ou presque avait oubliée, se rallume. Sur un recours de LVMH, la Cour suprême des Pays-Bas vient de casser le jugement du 27 mai 1999, celui qui entérinait l'augmentation de capital offrant à PPR 42 % du capital de Gucci. C'est un non-événement : la Cour n'a pas jugé au fond ; le rebondissement est de pure forme et ne remet nullement en cause l'alliance stratégique entre les deux groupes. Les juges se sont uniquement exprimés à propos de l'enquête que la Chambre des Entreprises avait négligé de conduire sur les « fautes de gestion » de Gucci. Puisqu'il n'y avait rien d'autre à faire, LVMH en a exigé une.

Du point de vue de Gucci, la péripétie a quelque chose de surréaliste. Il y a beau temps qu'Artémis a cédé Yves Saint Laurent à Gucci. Tom Ford est même sur le point de présenter sa première collection de prêt-à-porter en tant que styliste d'YSL. Domenico De Sole n'en prend pas moins très au sérieux cette rechute juridique. Il n'est pas bon que les actionnaires éprouvent une incertitude, fût-elle infime, sur la stabilité de l'alliance. Il a donc préparé des contre-feux. Le plus percutant est une requête en *orderly divestiture*. En d'autres termes, il demande aux tribunaux de chasser LVMH du capital de Gucci. Rien que ça ! Son argument est le suivant : LVMH occupe une position dominante sur le marché de la maroquinerie de luxe tout en restant, même sans être présent au conseil de surveillance, un actionnaire significatif de Gucci. Voilà donc un groupe qui jouit d'une influence certaine sur les affaires d'un de ses concurrents. Pour Gucci, pas de doute : LVMH est coupable de conflit d'intérêt et viole, dans la maroquinerie de luxe, la législation européenne sur les positions dominantes.

Raisonnement séduisant, inventif, mais moins solide qu'il n'y paraît. Lorsqu'elle considère des requêtes en matière de concurrence, la Commission de Bruxelles prend soin de déterminer le «marché pertinent» dont il est question. Gucci a bien sûr intérêt, pour valider sa requête, à limiter ce marché à la maroquinerie *de luxe*, car elle cesserait d'être recevable si l'on considérait comme marché «pertinent» les maroquineries de toutes gammes. Bruxelles ne donne pas suite.

L'essentiel est ailleurs. Au cours des neuf premiers mois de l'année 2000, sont intervenus plusieurs développements d'une importance considérable pour le «processus de paix», mais qui n'ont pas défrayé la chronique. Au cours du printemps et de l'été, Bernard Arnault et François Pinault se sont rencontrés en tête à tête à au moins deux reprises, l'un de ces rendez-vous se déroulant dans le bureau de Jean-Marie Messier, avenue de Friedland. Le PDG de Vivendi joue au juge de paix avec application. Il a été choisi à cause de son réseau de relations et de son poids dans le capitalisme parisien. Messier est un ami personnel de Patricia Barbizet et il siège au conseil d'administration de LVMH. Un autre homme y siège, Jean Peyrelevade, président du Crédit Lyonnais, qui aurait bien aimé jouer les messieurs Bons-Offices, mais c'est Messier qui a emporté le morceau. Le président de Vivendi se lance et, à force de persuasion, va réussir à mettre les deux adversaires d'accord sur la nécessité d'en finir dignement, à un prix raisonnable. Le plan est simple : PPR lancera une OPA sur Gucci sur la base de 100 dollars l'action, et c'en sera terminé de la guerre des sacs à main ! Il a fallu convaincre au préalable Serge Weinberg de faire la paix avec Arnault. Le président de PPR est un homme fier qui n'a pas pardonné au patron de LVMH son refus de le prendre comme interlocuteur. Mais Weinberg rengaine son amour-propre. Désormais, tout le monde est d'accord.

C'est sans compter avec Domenico De Sole. Le président de Gucci aime le pouvoir. Paradoxalement, pour le conserver, il a besoin de Bernard Arnault dans son capital. Si PPR lance une OPA et acquiert tout le capital, c'est Serge Weinberg qui prendra le pouvoir chez Gucci, ce qui lui donnera la possibilité d'imposer une stratégie, notamment des acquisitions pour que les milliards apportés à Gucci cessent de dormir. Or De Sole veut rester seul maître à bord ! Il demande donc à sa banque, Morgan Stanley, de monter les membres indépendants du conseil de surveillance contre le projet. Il convoque ensuite le Conseil et le somme d'adopter la position suivante : l'OPA aura lieu en deux temps ; dans une première phase, LVMH vendra ses 20 millions de titres à 100 dollars pièce ; ensuite, quatre à cinq ans plus tard, les autres actionnaires minoritaires apporteront leurs titres à PPR à un cours – assurément prohibitif ! – reflétant mieux la valeur du groupe.

Pourquoi ce délai de quatre à cinq ans ? À l'époque, bien des observateurs se perdent en conjectures sur les motivations de De Sole.

Pour Bernard Arnault, qui n'entend évidemment pas sortir tout seul du capital et donner l'impression qu'on l'a chassé de Gucci, le projet est inacceptable. Le 20 juin, l'échec de la médiation Messier est consommé. Une fois de plus, De Sole a joué contre Weinberg et Pinault.

Bernard Arnault comprend à cette occasion que la stratégie consistant à exiger de PPR une OPA sur l'ensemble du capital de Gucci est la bonne. Elle seule est capable d'enfoncer un coin entre les trois principaux acteurs du camp qui lui fait face. Ces trois hommes ont en effet des intérêts qui, sous très forte pression, divergeront. François Pinault est las de cette guerre de tranchées. Sur les conseils de Patricia Barbizet, la directrice générale de son holding Artemis, il cherche une solution à l'amiable, comme il vient de le prouver en acceptant le principe d'une OPA à cent dollars l'action. De Sole, lui, se méfie d'une telle OPA qui rognerait fatalement l'indépendance de management dont il jouit. Le troisième homme de ce triangle de pouvoir, Serge Weinberg, président de PPR, attend sans nul doute avec impatience de faire ce qu'il veut chez Gucci, mais une OPA présenterait des inconvénients. En effet, pour la financer, il serait obligé de se défaire de certains de ses actifs dans la distribution. Or, au sein de l'empire Pinault, l'influence de Weinberg se mesure à la puissance de la grande distribution. PPR a beau capitaliser 170 milliards de francs, en injecter quelques dizaines dans Gucci reviendrait à céder du pouvoir au pôle luxe, c'est-à-dire à financer un De Sole avec lequel Weinberg entretient des rapports plutôt compliqués.

LVMH estime aussi pouvoir exploiter un autre conflit potentiel entre Pinault et Weinberg. On se souvient que, lors de la vente de Saint Laurent à Gucci, Pinault s'était retrouvé dans l'obligation coûteuse de conserver la Haute Couture, avec ses dizaines de millions de francs de pertes garanties, dans l'escarcelle d'Artemis, pour que Gucci accepte de prendre le reste. Au cours de cette négociation difficile, le PPR de Serge Weinberg avait défendu les intérêts de Gucci face à François Pinault. *Business is business*!...

Pour 6 millions de stock-options de plus...

L'autre événement de ce milieu de l'année 2000 est une cérémonie ordinaire mais importante dans la vie d'un groupe. Le 22 juin, l'assemblée générale de Gucci Group NV rassemble trois ou quatre cents actionnaires dans une salle de conférence de l'hôtel Amstel Intercontinental d'Amsterdam. Adrian Bellamy, président de The Body Shop Inc. et président du conseil de surveillance de Gucci, conduit les débats. La liste des présents indique que sont représentées exactement 76 794 020 actions, soit plus des trois quarts du capital. La discussion peut commencer. Compte tenu des excellents résultats de l'année 1999, l'autocongratulation est de mise, et c'est Domenico De Sole qui se dévoue pour vanter sa gestion ! Il affirme que Gucci a continué de crédibiliser sa position de grand groupe de luxe multimarque en acquérant Yves Saint Laurent, Sergio Rossi, Boucheron, et rappelle, au détour d'une phrase, que Gucci a été obligé de s'allier avec un partenaire stratégique, PPR, à cause de l'offensive boursière non sollicitée de LVMH et du refus de ce groupe de lancer une OPA sur tout le capital.

Une présentation quelque peu tendancieuse, mais c'est de bonne guerre, étant donné l'occasion. D'ailleurs, James Lieber, un avocat de l'actionnaire LVMH présent dans la salle, ne fronce même pas les sourcils.

Le Calabrais ajoute ensuite que l'alliance avec Pinault-Printemps-Redoute est la « garantie de l'indépendance de Gucci », ce qui ne manque pas de surprendre tous ceux qui, comme Serge Weinberg, ont lu le procès-verbal de la réunion du directoire de PPR en date du 19 mars 1999 et titré : « Prise de contrôle du groupe Gucci »... Mais passons !

C'est juste après cette description dithyrambique que se produit un de ces incidents qui sont monnaie courante dans ces vastes réunions d'actionnaires. Caroline van der Giessen, la présidente de la Vereniging van Effectenbezitters (VEB), l'association néerlandaise des actionnaires qui représente les petits minoritaires, commence à poser quelques questions faussement naïves :

« PPR contrôle 40 % du capital, compte quatre membres sur neuf au sein du conseil de surveillance et pèse lourd au comité stratégique. De quelle indépendance parle-t-on ? »

Elle demande ensuite si le risque n'existe pas de voir PPR et LVMH, deux actionnaires qui possèdent ensemble plus de 60 % du capital, faire un jour eux-mêmes alliance sur le dos des petits actionnaires dont elle défend les droits. On lui répond que les actionnaires minoritaires sont protégés par le fait que la majorité des membres du conseil de surveillance sont indépendants, c'est-à-dire extérieurs au groupe Gucci. Pour renforcer ces indépendants, l'intraitable Mme van der Giessen suggère de suivre les recommandations du « Peters Committee on Corporate Governance », une association néerlandaise, et de supprimer les stock-options qui leur sont accordées ainsi que l'indexation de leurs salaires sur les résultats du groupe. Elle est déboutée.

Le ton monte, mais ne nous y trompons pas : ces frictions n'ont rien que de très ordinaire et constituent la preuve qu'une certaine forme de démocratie est à l'œuvre au sein de ces grand-messes capitalistes.

Ce jour-là, le meilleur a été gardé pour la fin. Une lecture soigneuse du compte rendu de séance montrera que c'est dans le dernier quart de l'assemblée générale que le président de séance a abordé la question des stock-options. D'un ton égal, Adrian Bellamy propose de modifier ce qui s'appelle en anglais l'*incentive stock-options plan* du groupe, c'est-à-dire la portion de capital que la compagnie est prête à offrir comme complément de rémunération à ses actuels et futurs cadres méritants. Il ne reste que 55926 options dans les caisses, et cela ne suffit plus. Le président du conseil de surveillance suggère donc d'augmenter de 6 millions le nombre d'actions ordinaires qui seront attribuées à ce plan. N'oublions pas, rappelle Bellamy, que les stock-options sont indispensables si le groupe veut attirer et conserver des hommes et des femmes de talent. Mais attention, ajoute-t-il, avant d'attribuer ces stock-options à un cadre, le comité de rémunération demande l'avis de Domenico De Sole sur les performances individuelles et le potentiel de chaque bénéficiaire ! Cette précision est destinée à rassurer les actionnaires.

6 millions !

Dans la salle, quelques oreilles se dressent, mais personne n'a l'idée de demander à qui ira cette fortune. Plusieurs centaines de membres de l'encadrement de Gucci peuvent être concernés. Aussi, quel montant énorme ! Les années précédentes, on avait ajouté entre un million et un million et demi d'options, jamais plus. Que se passe-t-il ? Les représentants de LVMH présents dans la salle sont alors convaincus que Gucci se prépare à débaucher à prix d'or des cadres de haut niveau dans les groupes de luxe concurrents, c'est-à-dire chez… LVMH ! Qui sait, peut-être veulent-ils attirer John Galliano, Hedi Slimane ou Marc Jacobs ? C'est la seule façon d'expliquer des montants aussi élevés. Une nouvelle guerre de « ressources humaines » se prépare dans le luxe.

C'est le droit de Gucci. La concurrence est non seulement inévitable et légale ; elle est souhaitable.

Une fois de plus, Caroline van der Giessen rompt l'harmonie et annonce que le VEB votera contre cette augmentation. À ses yeux, le plan de stock-options proposé représente une augmentation de capital d'environ 5 %, alors qu'elle estime à 1 % le maximum raisonnable. Elle juge qu'au-delà l'incitation offerte aux managers commence à nuire aux revenus des actionnaires. De fait, si un groupe augmentait par exemple son capital de 5 % tous les ans pendant dix ans, il en résulterait, pour ceux-ci, une dilution inacceptable.

Cette fois, Adrian Bellamy se montre très ferme :

« Madame, il ne serait pas possible de recruter et retenir des employés de talent hautement qualifiés avec le plan que vous suggérez. »

Ce que les minutes de l'assemblée générale ne mentionnent pas, c'est l'intervention assez musclée de Domenico De Sole en réponse à Caroline van der Giessen :

« Madame, si vous ne savez pas ce qu'est un plan de stock-options, vous ne connaissez rien à la motivation des personnels d'un groupe ! »

Puis on passe au vote par acclamations. Une immense majorité des actionnaires présents se prononce en faveur des six millions d'options. Les sceptiques sont rares. Fidèle aux principes du comité Peters, le VEB vote contre. Mais LVMH, qui tenait une occasion en or de faire un coup d'éclat, néglige de s'opposer à cette colossale attribution et se contente de s'abstenir. L'incident semble clos.

Le duel

Personne n'a jamais accusé Bernard Arnault d'être trop chaleureux. Malgré l'assistante en jean très *cool*, « nature », qui accueille les visiteurs, malgré les affiches de la dernière campagne publicitaire plutôt *hard* de John Galliano, l'atmosphère « châtelaine » qui règne au siège de Dior, avec ses murs peints en gris et ses moulures blanches, renforce la solennité des lieux. Un long couloir vide, une volée de marches, un autre long couloir, vide lui aussi. Le président de LVMH attend dans son salon en compagnie de son conseiller en communication. Rue François-Ier, le quatrième étage est le royaume d'Arnault ; pas un bruit ne filtre. Il reçoit chez Dior parce que cette marque, une des plus célèbres au monde, reste le symbole de sa phénoménale réussite.

Bernard Arnault, donc, n'est pas très chaleureux. Son visage, sa bouche, ses yeux surtout, même au cours d'une simple conversation, reflètent un besoin forcené de vaincre. Il veut gagner à chaque phrase, à chaque mot. Il ne lâche rien, pas même sur un détail. Il ne fait aucune concession à son interlocuteur. Même dans les grandes affaires, il n'y a pas de petit combat. Rien qu'à l'observer, on comprend bien des choses. D'abord qu'il soit parvenu à assembler en l'espace de quinze ans, en mêlant l'audace à l'imagination financière, la brutalité à la ruse, le plus grand groupe de luxe du monde. On comprend ensuite qu'il puisse vouer une haine inexpiable à François Pinault, l'homme qui lui a «volé» Gucci. De la haine? Le vocable peut sembler rocambolesque, sensationnaliste, dater d'un autre âge. Il est pourtant celui qui correspond le mieux à la situation. Le président de LVMH s'en défend, bien sûr, affecte une indifférence un peu lasse quand on évoque devant lui sa némésis, mais rien n'y fait. Le grand financier est un piètre acteur et son ressentiment affleure comme le bouillonnement d'un volcan sous-marin à la surface des vagues. Jamais il ne pardonnera à François Pinault de s'être mis en travers de sa route. Le polytechnicien s'estime-t-il supérieur à ce Breton sans beaucoup d'instruction qui a commencé dans le bois, a construit un magnifique groupe de distribution, s'est bâti une immense fortune avec l'aide du Crédit Lyonnais, pour venir finalement piétiner les plates-bandes du luxe? Sans doute.

Entre les deux hommes, le contentieux est complexe, parfois mystérieux. Ils ont longtemps cohabité en bonne intelligence dans le microcosme consanguin du capitalisme parisien. Ils avaient même, dans le passé, fait des affaires ensemble, quand Arnault avait vendu Conforama à Pinault. Mais c'est il y a bien longtemps. La «campagne d'Italie» a tout changé.

Pour Arnault, il s'agit bien aujourd'hui d'une affaire personnelle car, à l'entendre, Gucci ne l'intéresse pas outre mesure :

«Une affaire risquée... Il y a cinq ans, elle était en faillite et son succès est peut-être déjà en train de s'étioler. C'est bien pour cela qu'il n'a jamais été question que j'en prenne le contrôle.»

Ce qu'il veut, il l'a dit cent fois, c'est que Pinault lance une

OPA sur Gucci pour que lui-même puisse « sortir » du capital, libérer une participation immobilisée depuis 1999 et qui se monte à plusieurs milliards de francs. Mais, dans son hôtel particulier de l'avenue de la Tour-Maubourg, François Pinault ne l'entend pas de cette oreille :

« Je n'agis pas sous la pression. »

Le président d'Artémis cache mieux son jeu que ne le fait celui de LVMH. Il a l'air serein, presque détaché. On jurerait que tout cela l'amuse, alors qu'il n'en est rien ! Des traits immobiles de joueur de poker. Plus fataliste, aussi : douze ans de vie en plus, ça compte. À près de soixante-cinq ans, on ne fonctionne plus à la haine. On n'en a plus le temps ; on se prépare plutôt à partir, on planifie sa succession. Juché, en raison de sa petite taille – décidément tout le contraire d'Arnault ! – sur un divan placé sous la fenêtre de son vaste bureau aux murs de pierre nue, François Pinault laisse flotter son regard bleu comme s'il cherchait une façon d'expliquer pourquoi, en France, les conflits d'affaires dégénèrent si souvent en affrontements de personnes.

– La cour d'école est un peu petite, on se tamponne facilement…

Il se penche en avant, en prenant appui sur l'accoudoir, pour insister sur son propos.

– Franchement, cette animosité me sidère ! Quand il a eu Sephora alors que je le convoitais aussi, je n'en ai pas fait une maladie !

Arnault, qui ne laisse rien passer, ne laisse pas passer ça non plus :

« La différence, c'est que Sephora, je l'ai eu à la loyale… »

La mimique de Pinault devient taquine :

« Au fond, il n'est pas content parce que le management de Gucci nous a préférés. »

Et puis François Pinault a fait exactement ce que projetait

Bernard Arnault : contrôler Gucci avec environ 40 % du capital. Rien n'agace plus Bernard Arnault que cet argument, surtout quand on suggère qu'après tout, lui-même contrôle aussi LVMH avec à peu près… 40 % du capital.

« Ça n'a rien à voir. Moi j'ai monté LVMH depuis le début. Cet investissement, je l'ai fait en achetant sur le marché et non pas avec une augmentation de capital au détriment des actionnaires, comme l'a fait M. Pinault avec Gucci. »

Les deux hommes se respectent-ils tout de même un peu ? Pour en avoir le cœur net, il faut leur demander à brûle-pourpoint ce que chacun admire le plus chez l'autre. François Pinault n'hésite pas :

« Je reconnais que LVMH est un très beau groupe ! »

Surpris par la question, Bernard Arnault se tortille sur son siège pendant de longues secondes, mais c'est plus fort que lui. Le compliment, même anodin, ne sort pas.

Dans l'entourage de Pinault, on appelle ça la dérive monarchique, on raille volontiers les « politiciens à la retraite » employés par LVMH ! Nicolas Bazire, ancien directeur de cabinet d'Édouard Balladur à l'hôtel Matignon, aujourd'hui responsable pour le développement et les acquisitions au sein du comité exécutif de LVMH, appréciera…

Mais ce ne sont là que propos plaisants. L'affrontement autour de Gucci a parfois pris des proportions moins urbaines. Des menaces ont été échangées. Les rumeurs les plus folles ont couru sur les moyens qu'étaient prêts à employer les adversaires. Dans une guerre, on s'arme. Pour l'offensive comme pour la légitime défense. Ainsi, à titre préventif, François Pinault a commandé à Antoine Gaudino, un ancien flic passé à son compte sous le nom de Brigade Financière Privée, un rapport détaillé sur la structure de l'empire de Bernard Arnault. Reposant sur des documents obtenus auprès des greffes de différents tribunaux de commerce, le rapport dresse un portrait financier et fiscal des différents holdings et tire des conclusions sur les valorisations « excessives » de certains actifs lors de leurs transferts au sein de l'empire. Il va sans dire que ces conclusions sont contestées par LVMH. Ce type d'étude, obtenue en toute légalité à partir de documents publics, est monnaie courante dans le monde des affaires. Il existe des myriades de moyens légaux pour surveiller, inquiéter, voire déstabiliser une entreprise. Tant qu'on ne recourt pas aux filatures, aux écoutes téléphoniques et aux micros espions, ce qui est déjà arrivé, la morale est sauve. Mais il ne faut pas se faire d'illusions : les guerres capitalistes ne sont pas plus propres que les autres !

Pour François Pinault, l'« étude Gaudino » représente une sorte de dissuasion nucléaire pour le cas où son adversaire serait tenté d'exploiter ses faiblesses à lui, comme, par exemple, l'affaire Executive Life, mettant en cause Pinault et le Crédit Lyonnais dans le rachat douteux d'une compagnie d'assurance de Californie…

Pierre Cardin dans l'enfer des licences

« J'ai compris très tôt que je serais un grand couturier ! »

La plupart des phrases de Pierre Cardin commencent par « je », surtout si vous le surprenez au beau milieu de la préparation d'une énième rétrospective de son œuvre.

Dans son bureau vert anglais, plutôt petit, de l'avenue Marigny, transformé en champ de bataille, le presque octogénaire qui n'a toujours pas désigné son successeur, farfouille dans une montagne de photos de lui, et les commente avec un débit de mitrailleuse. La vie de l'homme qui habilla les Beatles de la fameuse veste sans col s'achève sur un tourbillon d'activités, une sorte de déluge de nostalgie positive dédié à l'incessante sculpture de son propre destin.

Avoir compris très tôt que la mode était un des plus grands moyens de communication de l'Histoire a fait de lui un socio-futuriste doublé, il en est persuadé, d'un génie. On peut dès lors comprendre qu'il n'ait pas grand-chose à dire des ténors de la mode et du luxe de l'an 2000. Ce sont des hommes d'affaires plus ou mois talentueux, alors que lui, Pierre Cardin, joue dans la catégorie des Léonard de Vinci. Après tout, il ne s'est pas contenté de tailler des vêtements, il a dessiné des meubles, mis en scène des dizaines de pièces de théâtre, fait du prince de Savoie un mannequin, « découvert la Chine » et conçu lui-même son épée d'académicien. Alors les Arnault, les Pinault, les Armani, les Tom Ford, tous ces excellents garçons s'agitent sur une planète qui lui est étrangère.

« Comment voulez-vous que je me compare à eux ? Dior n'aurait rien été sans Boussac. Moi, je me suis fait tout seul... »

À lui seul, ce dédain pourrait lui valoir l'animosité de tous ces « excellents garçons » et expliquer pourquoi les grands couturiers parisiens ne retournent pas ses invitations à dîner, ont boudé son entrée à l'Académie Française et racontent qu'il n'a plus rien créé depuis les années 60. Mais ils lui en veulent, en fait, pour une tout autre raison. Ce qu'ils lui reprochent vraiment, c'est d'avoir atteint et conservé son prodigieux niveau de renommée planétaire tout en piétinant les codes implicites qui régissent aujourd'hui le monde très fermé du luxe et de la mode.

Depuis une dizaine d'années, tous les ténors du milieu vouent aux gémonies les licences et expliquent que leur multiplication condamne immanquablement une marque à mort. Gucci, Dior et Saint Laurent ont entrepris de racheter systématiquement leurs licences pour reprendre le contrôle de leurs marques et les tirer vers le haut, vers cette stratosphère du luxe élitiste dont il est suicidaire, à leurs yeux, de vouloir descendre.

Cette théorie fait rire aux larmes l'inventeur de la robe bulle et du col roulé porté sous un veston, qui occupe le temps des conversations à asperger ses visiteurs de *Tristan et Yseult*, son tout dernier parfum. Il rit parce que *Women's Wear Daily*, le quotidien mondial de référence de la mode, l'a tout de même placé au sixième rang des meilleurs ventes de mode aux États-Unis pour l'an 1999, derrière Calvin Klein,

Gucci et Christian Dior, certes, mais devant Chanel. Il rit aussi parce qu'il a effectivement porté l'art de la licence à ses limites les plus ubuesques. Au cours de sa longue carrière, Pierre Cardin en a attribué plus de neuf cents, vendant son nom avec une frénésie inextinguible, jamais rebuté par la bassesse des objets qu'il parrainait ! Trente usines de Sibérie fabriquent à la chaîne ces manteaux « PC » et ses initiales sont gravées sur certaines tringles à rideaux en Allemagne ! Les Japonais chevauchent des bicyclettes à son nom. Il existe des dizaines de milliers de briquets Pierre Cardin, des carrés de chocolat, des poêles à frire Cardin ! Tous les ans, comme on crache du gaz carbonique en respirant, il lance une dizaine de nouvelles licences, que ce soient des porte-clefs à Taïwan ou des sacs en plastique au Vietnam ! Comme un gigantesque doigt d'honneur aux culs-serrés du milieu, il survit – fort bien ! – à son interminable suicide…

« Si je vois une très belle boîte de sardines, j'ai envie de lui donner mon nom ! »

Chaque année, il se vend dans le monde assez de cravates Cardin pour faire, en les mettant bout à bout, deux fois le tour de la Terre. Voilà une satisfaction que Hermès ne peut s'offrir. Mais Cardin est convaincu d'avoir percé à jour tous ces hypocrites du luxe :

« Pour faire d'un simple objet un produit de luxe, eux multiplient son prix par dix. Moi, je préfère en vendre dix fois plus. »

Il s'est même taillé sur mesure une philosophie tiers-mondiste qui faisait jadis fureur, lors de ses voyages dans les démocraties populaires :

« Mon succès, c'est quand un ouvrier brésilien économise sur sa paye pour s'acheter une cravate Cardin. »

Grâce à son arsenal de licences, le renégat du luxe fait aujourd'hui travailler environ 200 000 personnes à travers le monde, et le chiffre d'affaires réalisé sous son nom dépasse les dix milliards de francs. Il possède une des dix premières fortunes de France, un palais à Venise, et une solide portion du capital des *Cahiers du Cinéma* ! Son empire est à la fois immense, boursouflé et surtout virtuel, puisque lui-même ne fabrique plus rien depuis longtemps. Et nul ne sait ce que deviendrait la maison si son fondateur venait à disparaître. Cet empire baudruche se dégonflerait-il aussitôt ? Les avis sont partagés. Les analystes des banques d'affaires américaines jurent qu'il s'écroulera après lui. Richard Morais, auteur d'une biographie grinçante[1] du grand homme, rappelle que la société de l'avenue Marigny vit dans un état de chaos administratif chronique et que Cardin est la plus désordonnée de toutes les firmes à avoir jamais franchi la barre du milliard de dollars de chiffre d'affaires.

Pierre Cardin coulerait donc son navire en mourant. Ce serait, au fond, une fin logique pour une des aventures les plus paradoxales du siècle dernier. Certains experts, en revanche, jurent que son empire pourrait fort bien, moyennant quelques efforts, être transformé en marque de luxe après la disparition du fondateur. Mais celui-ci a beau chercher à vendre, les acheteurs ne se bousculent pas. Au regard des critères modernes du luxe, Cardin n'existe tout simplement pas.

L'homme qui finit sa vie comme ambassadeur près l'Unesco, membre de l'Institut, commandeur de la Légion d'Honneur, triple lauréat du Dé d'Or de la Haute Couture française, est issu d'une famille de cultivateurs italiens de Sant'Andrea di Barbarana, près de Trévise, qui avait émigré en France en 1926. À quatorze ans, il est apprenti chez Bonpuis, un tailleur de Saint-Étienne. À dix-huit ans, en pleine guerre, il se perfectionne chez Manby, un artisan de

1. *Pierre Cardin : The Man Who Became a Label.*

Vichy. En 1944, il est chez Paquin où il dessine, pour Jean Marais, le costume de *La Belle et la Bête*. Après un passage éclair chez Schiaparelli, il devient premier tailleur chez Dior. Il a alors trente-deux ans. Son talent et sa mégalomanie peuvent enfin déployer leurs ailes. Avec plusieurs décennies d'avance, il comprend que l'évolution du mode de vie des femmes condamne la Haute Couture à mort à plus ou moins brève échéance. À la stupéfaction ulcérée des autres grands couturiers, il se met donc à créer des accessoires et des modèles de vêtements de ce qui s'appellera bientôt le « prêt-à-porter ». En fait, il va inventer le prêt-à-porter.

Sa première collection date de 1959. Ses robes à l'énorme logo « PC » soulèvent le cœur des précieuses ridicules de l'avenue Montaigne. Elles s'évanouissent d'horreur en apprenant qu'il les propose en exclusivité au Printemps. C'est une vulgarité de trop. Pour ce crime de manant, il est exclu de la chambre syndicale de la Haute Couture, avant qu'on ne le supplie, quelques années plus tard, d'en prendre la présidence – offre qu'il dédaignera. Pendant un certain temps, le Tout-Paris le fuit comme un pestiféré. Heureusement, la Providence veille sous les traits d'Hélène Lazareff, qui lui consacre soudain un numéro entier de *Elle*. Il devient une star mondiale. Les Américains, qui sont précisément à la recherche d'une création vestimentaire à destination du marché de masse, se passionnent pour sa production.

Entre-temps, il collectionne les aventures avec des hommes et des femmes, devient costumier pour Cocteau, Visconti, Pasolini. Sur le chic des années 70, moderne et confortable, Cardin règne en maître, avec une créativité inspirée par la conquête de l'espace et les révolutions technologiques qui pointent leur nez. Il s'inspire d'une chaise pour faire un chapeau, de figures géométriques cosmiques pour tracer un pantalon blanc, d'une soucoupe volante pour dessiner la fameuse robe du soir qui inspirera des générations de couturiers.

Pour mettre en pratique sa vision d'une mode simple, abordable et mondialisée, Pierre Cardin voyage. En 1958, il découvre le Japon qui, se remettant tout juste de son effroyable guerre, commence à s'enrichir et voit en Cardin celui qui redonnera des formes aux femmes nipponnes. Il leur explique que leur corps est une eau et que ses robes sont un vase : elles fondent. En 1978, il débarque en Chine et devient le premier couturier de l'Histoire à faire défiler des mannequins dans la Cité interdite à Pékin. Il franchit souvent le rideau de fer et se pique de diplomatie secrète avec ce qui est alors l'URSS. Depuis qu'il a soufflé ses soixante-quinze bougies, il voyage un peu moins, mais sa gourmandise est intacte. En reconduisant le visiteur dans le couloir, il se tape le front :

«J'avais oublié : j'ai aussi des eaux minérales sous licence…»

Et Tod's changea le luxe

Comment survivre, dans la guerre mondiale du luxe, face à l'écrasante supériorité d'empires comme LVMH et Gucci ? Pour assurer son chiffre d'affaires, Pierre Cardin avait choisi de renoncer au luxe et de s'enfoncer dans le marché de masse. D'autres, désireux de continuer la lutte coûte que coûte, ont fait un choix radicalement différent. Ils ont décidé de changer le luxe. Diego della Valle est de ceux-là. Sa Tod's est aujourd'hui une des chaussures de luxe les plus vendues au monde. Alors qu'à priori ses mocassins décontractés à semelle de caoutchouc n'avaient aucunement vocation à devenir une référence du luxe.

Mais l'Italien a eu précisément l'audace de redéfinir le luxe. Contre le luxe austère, sûr de lui et dominateur, il a imposé un nouveau concept, le *luxe de confort*. Son luxe à lui, c'est une alliance entre qualité, utilité et modernité. Il insiste bien sur ce dernier trait, qui n'a rien à voir avec la mode. Il ne faut surtout pas que ses chaussures se démodent ! Plus de la moitié des modèles offerts chaque année à la vente sont des modèles historiques, toujours les mêmes, vaguement remis au goût du jour. Le groupe vend aujourd'hui plus de trois millions de paires par an. Chaque jour, il en sort 15 000 de ses usines, cousues main.

La Tod's, pour faire court, est un style de vie, et cette idée a fait de Diego della Valle un milliardaire. Ce qui ressemblait à un défi un peu naïf pèse aujourd'hui un milliard et demi de francs de chiffre d'affaires. Tod's est coté en bourse et la société, qui emploie mille salariés, est valorisée par les investisseurs à 8 milliards de francs. Della Valle lui-même en contrôle directement 72 %. Il est devenu un tycoon planétaire qui s'est permis, en 1999, de disputer Church's à Prada, une manière de s'inviter dans la cour des grands.

Della Valle joue les grands seigneurs. On le croit à Milan, il vous appelle de New York où il est de retour après l'inauguration d'une boutique Tod's à Beverly Hills. Il voyage en *jet* privé. Il en change souvent. Le dernier en date lui permet d'atteindre l'Asie, sa nouvelle terre de conquête. Il n'y réalise encore que 5 % de son chiffre d'affaires, alors que la plupart de ses grands concurrents tirent de l'Extrême-Orient la moitié de leurs revenus. Son potentiel de croissance est donc fabuleux.

On est tenté d'oublier aujourd'hui que tout cela était difficilement envisageable il y a seulement vingt ans, quand le jeune Diego, à peine sorti de la faculté de droit, avait commencé à travailler dans la fabrique de chaussures fondée par son père Dorino, lui-même fils d'un petit cordonnier.

À l'époque, la société est semblable à des myriades d'autres PME de la région des Marches, près d'Ancône, au centre et à l'est de la botte italienne. Elle fabrique de ravissants souliers pour des couturiers italiens ou français. Le déclic se produit en 1977, alors que Diego assiste à une course automobile aux États-Unis. Il tombe en arrêt devant les chaussures des pilotes : des mocassins très souples avec, sous la semelle, des picots de caoutchouc antidérapants. En quelques fractions de seconde, il est traversé par l'intuition de sa vie. Il en achète plusieurs paires, les rapporte au pays, demande à ses ouvriers de lui concevoir quelque chose à partir de ça. Un an et demi plus tard, les premiers prototypes sont prêts. Pour des raisons qui demeurent obscures mais qui relèvent sans doute d'une étude approfondie du snobisme de la clientèle, il lance la ligne sous le nom J.P. Tod's. C'est un échec.

Il a alors une seconde idée, très italienne : il envoie gratuitement des paires à une dizaine de célébrités. Et il attend. Pas longtemps. Le jack-pot tombe quelques semaines plus tard, quand l'un des destinataires, Giovanni Agnelli, patron de Fiat et haute figure de l'aristocratie des affaires, passe à la télévision avec ses Tod's aux pieds. En vingt minutes, les semelles à picots deviennent un *must.* Pour un investissement publicitaire négligeable ! D'Armani à Versace, en passant par Valentino et Ferragamo, les Italiens n'ont pas leur pareil pour utiliser les stars à des fins commerciales...

Le lendemain de l'émission, les rares magasins Tod's sont dévalisés. Dans la tendance « chic-décontractée » qui ne va pas tarder à engendrer un marché gigantesque, il est un pionnier, un défricheur.

Puisque le « coup Agnelli » a si bien marché, il perfectionne la méthode et triche un brin. Sa première campagne de pub met en scène de grandes stars hollywoodiennes comme Cary Grant et Audrey Hepburn. Elles n'ont jamais porté de Tod's, et alors ? Tod's va user et abuser du « star system » : le moindre communiqué de la maison ne manque jamais de rappeler que, parmi les inconditionnels, figurent le roi d'Espagne et Sharon Stone.

Les Tod's, qui n'ont pas dix ans, sont déjà éternelles. La technique de fabrication, au lieu d'être cachée, est constamment mise en avant. Comme un jeu initiatique. Il faut cent vingt opérations différentes pour réaliser une paire, et les picots – au nombre de 133 exactement – sont cousus à la main. Les Tod's ne sont pas données : au moins 1300 francs la paire, et plus de 6 000 francs pour celles en crocodile. Et elles ne sont pas réparables ! Une trouvaille involontaire mais efficace. Comment s'étonner, dans ces conditions, de voir figurer Tod's parmi les *success-stories* que Michael Porter, l'illustre professeur de la Harvard Business School, aime à détailler à ses étudiants ?

Le mocassin à picots reste un best-seller, mais la déclinaison du modèle bat son plein. Après la Tod's, inspirée des pilotes automobiles américains, la société a lancé la Hogan, qui reprend la forme des chaussures des joueurs de cricket des années 30. Pour le prêt-à-porter, c'est encore un objet mythique qui a donné l'idée à Della Valle : il s'est pris, cette fois, d'une furieuse passion pour les lourds cabans des pompiers américains, avec leurs larges crochets. La ligne « Fay » était née. À quand une ligne reprenant le thème de la chaussure de golf, puis de celle du polo, etc. ?

Les sacs Tod's, à plus de 5 000 francs pièce, et les autres accessoires connaissent aussi un franc succès. C'est exactement de cette manière que Gucci et Prada, deux marques de maroquinerie à l'origine, ont entamé leur essor. Si le luxe « relaxe » ne sombre pas, Tod's vivra.

À condition toutefois qu'un management digne d'un grand groupe international soit mis en place. Pour l'instant, Diego della Valle et son frère Andrea font tout, et cette gestion de PME ne sera pas longtemps tolérée par le marché.

Menace sur les jeans Calvin Klein

Dans la civilisation américaine, la philosophie dominante est un calvinisme qui glorifie sans complexe l'accumulation de richesses. Le luxe en tant que récréation est moins une nécessité que dans les vieux pays catholiques où l'argent reste un tabou hypocrite que chacun brûle en secret de briser. Aux États-Unis, pas de religion du luxe comme en Europe, plutôt un culte du confort cossu. Les marques américaines de haut de gamme peuvent d'ailleurs rarement prétendre au statut de marques de luxe. La coutume veut pourtant qu'on en classe quatre dans cette catégorie : les maisons de prêt-à-porter Ralph Lauren, Calvin Klein et Donna Karan, ainsi que le joaillier Tiffany. Mais les vrais experts du luxe que sont les consommateurs japonais ne s'y trompent pas, et jamais une marque américaine n'est parvenue à intégrer le « top 5 » de leurs préférées – où l'on trouvait, ces dernières années, et dans cet ordre : Rolex, Cartier, Patek Philippe, Armani et Vuitton[1].

Cette difficulté des marques américaines à franchir le pas ne reflète nullement une désaffection du consommateur américain. Celui-ci est un grand amateur de luxe. Certes, l'Italien reste celui qui, de par le monde, consacre les

1. *Fortune Asia* et *Time Asia*, août 2000.

ressources les plus importantes aux achats de produits de luxe, mais l'Américain arrive en seconde position, devant le Français et le Japonais. Cette bonne disposition se confirme pour les produits de luxe les plus chers, c'est-à-dire les plus belles montres. Le riche Italien en possède couramment cinq, le riche Américain un peu moins de trois, alors que le Français, même prospère, se contente en moyenne d'une montre et demie.

Non, les problèmes du luxe américain ne proviennent pas de la demande, mais de l'offre. Il manque aux marques américaines, même aux meilleures, ce je ne sais quoi, né de décennies de traditions, qui fait le luxe. Il est très difficile à un fabricant américain de sacrifier la quantité à la qualité.

Calvin Klein illustre fort bien cet adage. «CK» est devenue au fil des ans la marque la plus connue aux États-Unis grâce aux jeans, à des parfums comme *Obsession*, *CK One* et *Eternity*, ainsi que par des campagnes de publicité qui comptent parmi les plus sulfureuses de leur époque.

La légende de «CK» fait partie de l'histoire contemporaine des États-Unis. Elle commence en 1968, année charnière s'il en est, grâce aux 10000 dollars prêtés par la famille de Barry Schwartz, l'associé de Calvin. Calvin est un petit gars du Bronx plutôt timide qui a tendance à forcer sur la vodka et le valium. Très vite, les qualités et les défauts du duo sont mises en lumière. Ils savent créer un produit, mais ignorent tout de sa fabrication industrielle. Il leur faut donc passer des accords avec des fabricants. Leur premier licencié, Carl Rosen, le PDG de Puritan Fashion, meurt en 1987 et «CK», par peur de voir la marque s'écrouler, rachète sa firme. Mais les deux associés ne savent pas vraiment quoi en faire.

C'est en 1993 qu'ils tombent par hasard, au cours d'une soirée chez Veronica Hearst, en Californie, sur Linda Wachner, ce que les Américains appellent une *executive woman*; et les météorologues... une tornade! Elle s'était rendue célèbre au début de sa carrière comme vendeuse chez Macy's en découvrant qu'on pouvait multiplier par trois les ventes de soutiens-gorge si on les exposait sur des cintres au lieu de les présenter dans des boîtes. Puis elle a fait du chemin. En 1986, pour près d'un demi-milliard de dollars, elle a racheté Warnaco, une fabrique de vêtements qui fait partie des cinq cents premières sociétés américaines. Elle en refait une machine à vendre. Bien sûr, son style est un peu abrasif; elle a coutume d'insulter ses collaborateurs devant leurs clients et confie volontiers que, pour elle, les chefs de division sont «comme des Kleenex dans une boîte[1]».

Pour Klein, la rencontre est une révélation. Voilà le partenaire qu'il lui faut pour vendre ses slips! Linda lui propose même de prendre en main toute sa production de sous-vêtements. Tope-là! Au début, tout se passe merveilleusement. Wachner lance de la lingerie féminine intime sous le label «CK» et les ventes s'envolent, passant de 60 à 300 millions de dollars. Mais Wachner veut plus encore. Elle veut les jeans, rien que ça! Calvin, qui la juge inexperte en la matière, refuse. Leurs relations se tendent et le fait que Barry Schwartz ait baptisé un de ses chevaux «Vie avec Linda» n'arrange rien! Ce qui menace clairement Calvin Klein, c'est de tomber du faux luxe dans le vrai médiocre, de succomber à une dérive à la Pierre Cardin. Voilà ce qui advient quand on se laisse entraîner dans l'engrenage des licences. Comme Dior et Gucci, pour mieux contrôler son développement et son image, Klein voudrait racheter ses licences. Seulement, il y a un problème nommé Linda Wachner. Elle possède la licence des jeans «CK» jusqu'en... 2044!

1. *Fortune*, 4 septembre 2000.

En 1997, c'est le premier affrontement. Passant outre les objections de Klein, elle prend le contrôle de la firme qui fabrique et vend les jeans estampillés « CK ». Calvin avait oublié de glisser dans son accord de licence un droit de veto sur les éventuels acquéreurs. Il est piégé. Et c'est l'inévitable procès. Calvin Klein attaque Warnaco, son principal licencié, qui contrôle environ un milliard de chiffre d'affaires sous le célèbre nom. Il entend reprendre sa licence, car il estime que Warnaco a dégradé son image en écoulant les jeans dans des réseaux de distribution de bas de gamme, comme la chaîne Costco. Elle y vend les jeans « CK » pour 24,99 dollars, alors que les mêmes sont vendus 44 dollars dans les magasins traditionnels. Ce n'est pas le premier incident de ce genre. Déjà, le nom avait été déprécié quand la chaîne Dillard's avait cessé de commercialiser les slips « CK » en apprenant qu'ils étaient aussi distribués par J.C. Penney, une chaîne populaire.

Comme dans les films, des commandos de conseillers juridiques débarquent. Klein a recruté David Boies, l'avocat qui a été chargé par le gouvernement fédéral de mettre Microsoft à genoux. Warnaco s'est adjoint une équipe de choc du cabinet Williams & Connolly, celui qui avait, dans le passé, défendu des clients aussi fameux qu'Oliver North, cheville ouvrière du scandale de l'Irangate, ou le président Bill Clinton.

Klein affirme que la présidente de Warnaco, Linda Wachner, a délibérément vendu à perte des jeans dont la coupe n'avait pas été préalablement approuvée par lui. Du point de vue de ce dernier, Wachner est un « cancer qui ronge l'intégrité et la valeur de la marque ». Il est vrai que Warnaco est tellement percluse de dettes qu'elle est prête à concéder n'importe quelle remise pour vendre. Mais elle n'en riposte pas moins et suggère à la presse américaine que

Calvin Klein est sans doute déprimé de ne pas avoir trouvé de repreneur pour sa société. Cruelle, elle ajoute que « CK » a perdu le contact avec la réalité des « tendances » et qu'elle s'est donc vue obligée de modifier de son propre chef la coupe de plusieurs modèles.

« Il a abdiqué sa responsabilité, qui est de créer des produits vendables ! »

Pour « CK », cette bataille sans fin est épuisante. Il en a assez. Il est temps pour lui de vendre.

Mais, au fait, combien vaut Calvin Klein ?

Du point de vue d'un éventuel repreneur, « CK » est un paradoxe attirant mais surtout inquiétant : une image mondiale façonnée par une machine publicitaire de haut vol, des produits plutôt ordinaires, un chiffre d'affaires conséquent, une structure commerciale périlleuse. Financièrement, « CK » est un gigantesque soufflé. Le chiffre d'affaires au détail de la marque – c'est-à-dire la somme de tous les objets écoulés dans le monde sous le label Calvin Klein – se monte à 5 milliards de dollars. Mais le chiffre d'affaires consolidé, c'est-à-dire celui que l'on obtient en ôtant les innombrables licences accordées par la marque, ne dépasse pas les 120 millions de dollars.

Quand Calvin Klein et son associé Barry Schwartz mandatent la banque Lazard pour trouver un repreneur, ils demandent 1 milliard de dollars. Personne ne se présente. Payer la marque neuf fois son chiffre d'affaires représente une « survaleur » digne des grandes marques de luxe. Mais les groupes de luxe ne s'y trompent pas : « CK », c'est du slip, du jean, du parfum et même de la vaisselle, mais ce n'est pas du luxe – tout juste du marketing. De surcroît, dans le jean, la marque perd des parts de marché au profit de ses grands concurrents, Tommy Hilfiger et DKNY.

Une rumeur flotte parfois, assurant que le groupe français

LVMH est intéressé, mais, en octobre 1999, quand elle refait surface, elle est immédiatement démentie. Tommy Hilfiger offre 888 millions de dollars, mais ce n'est pas assez. Linda Wachner, qui ne manque pas d'air, offre 900 millions de dollars, mais exige de pouvoir lancer de nouveaux produits, par exemple des téléphones cellulaires, sous le label « CK ». Pas question ! répond Calvin. En fait, personne n'est vraiment tenté. Le Français Serge Weinberg, président de Pinault-Printemps-Redoute, est sans doute le plus explicite dans son refus :

« Nous ne sommes pas intéressés. De mon point de vue, ce n'est pas une marque de luxe. Elle a été trop distribuée[1] ! »

En janvier 2001, la hache de guerre a été enterrée entre « CK » et Warnaco. Klein et Wachner ont compris qu'ils avaient plus à gagner en coopérant qu'en se ruinant en honoraires d'avocats.

1. *Fortune*, 4 septembre 2000.

La dictature des « department stores »

Ce qu'on appelle le luxe américain joue sur un terrain dominé par la grande distribution. Dans un pays immense où l'urbanisme est loin d'être saturé, les grandes chaînes sont partout et imposent leur loi. Les chaînes de luxe comme les autres. La création est priée de se tenir à carreau.

Dans les *department stores* que sont Saks Fifth Avenue, Bergdorf, Barney's ou Neiman Marcus, les *buyers* (acheteurs) savent exactement ce qui se vend bien. Pas question de se livrer à des expériences hasardeuses. Certains acheteurs n'hésitent d'ailleurs pas à conseiller les stylistes pour leur faire développer des modèles plus vendeurs. Comme c'est dans leur intérêt, les stylistes n'en font pas une maladie. L'orgueil d'auteur, que ce soit pour les films ou dans la couture, est un peu moins hypertrophié aux États-Unis qu'en Europe.

Nul doute que l'autonomie et l'innovation artistiques font souvent les frais de cette pression permanente des distributeurs. Seuls les plus grands – ou les petits qui ont su attirer l'œil de clients prestigieux – sont capables de résister. Comment s'étonner si ce mode de fonctionnement fabrique plus de Tommy Hilfiger que de John Galliano ?

Les grands magasins de luxe américains ne ressemblent qu'en apparence à nos Printemps et autres Galeries Lafayette qui ne représentent, somme toute, qu'une part modeste du commerce en France. Aux États-Unis, les grands magasins jouissent d'une emprise beaucoup plus large sur la distribution dans leur pays. Entre eux la compétition est féroce, les états d'âme absents, les erreurs d'aiguillage corrigées à la vitesse de l'éclair. L'atmosphère est particulièrement tendue dans la catégorie luxe, puisque les profits reposent sur une quantité relativement faible d'objets. New York est leur champ de bataille. Il faut vendre ou mourir. Les *department stores* de luxe constituent un univers à la fois fascinant et terriblement exigeant.

Les six étages de Bergdorf, dans Manhattan, représentent sans doute la plus phénoménale concentration de luxe au monde. Une sorte de Harrod's, mais sans les petits gâteaux. Chez Bergdorf, certaines clientes dépensent de véritables fortunes en quelques quarts d'heure. Pour les marques, l'enjeu est formidable. La guerre pour chaque mètre carré de chaque bon emplacement ne se relâche jamais. Se retrouver au mauvais étage en compagnie de marques trop disparates peut devenir le prélude à une catastrophe dont on ne se relèvera pas.

Le danger est d'autant plus mortel que la marque est plus modeste. Les grandes, surtout quand elles appartiennent à des groupes multimarques capables d'exercer des pressions amicales mais fermes sur le magasin, sont à l'abri des problèmes, mais les petites, toujours à la merci d'un retour de flamme, doivent manœuvrer sans cesse pour conserver la confiance du distributeur.

Sans doute est-ce pour cette raison que de nombreux jeunes stylistes américains passent sous la coupe de groupes, comme c'est le cas en Europe. Nanette Lepore, qui vient d'ouvrir une première boutique sur Broome street, à Soho, est l'une des plus prometteuses. Elle est sur le marché depuis quatre ans. Ses modèles très sexy sont portés par Jennifer Lopez et Kate Winslet, et son chiffre d'affaires frôle les 10 millions de dollars. Elle est activement courtisée par Pegasus, un groupe d'habillement dirigé par Stephen Ruzow. Cet ancien dirigeant de Donna Karan a déjà absorbé quelques griffes comme Daryl K., Pamela Dennis et Miguel Adrover. Son objectif ultime – il n'en fait pas mystère – est de posséder une dizaine de marques. Aux journalistes qui comparent Pegasus à un LVMH en devenir, Ruzow n'oppose jamais aucun démenti.

Mais les vrais indépendants doivent se débrouiller tout seuls. Prenons l'exemple d'Andrew GN, le tout jeune styliste d'une minuscule maison de prêt-à-porter parisienne qui fabrique des vêtements de luxe fort coûteux et réalise des ventes d'environ quinze millions de francs par an. Compte tenu des prix qu'il demande, Andrew GN n'a pas d'autre choix, s'il ne veut pas mettre la clef sous la porte, que de placer ses robes à 15 000 francs sur le passage des clientes les plus riches du monde. Première étape : se faire remarquer dans les temples du superluxe en vrac, sans pompe ni dorures, qui s'ouvrent dans les grandes capitales. On y trouve pêle-mêle, alignés sur des porte-manteaux, des tenues aux frontières de la Haute Couture. C'est dans ces boutiques « branchées » que les célébrités aiment à faire leurs courses. Ensuite, évidemment, elles parlent de leurs achats et fabriquent des légendes. Quand Nicole Kidman achète une robe courte chez Colette, à Paris, elle parle de GN. Quand Sarah Jessica Parker, l'actrice de *Sex and the City*, achète un bustier chez Kirma Zabet, à New York, elle parle de GN. Et quand Madonna achète un manteau de tweed noir brodé de paillettes dorées pour 18 000 francs au Koh Samui de Londres, elle s'arrange pour le faire savoir, et le nom de GN passe de bouche flatteuse en oreille jalouse.

Dans ces boutiques dans le vent, les poids lourds de la distribution comme Bergdorf viennent chercher leurs futures idées. GN a été remarqué chez Colette. Depuis, ses créations sont au second étage de Bergdorf en compagnie de Chanel, Dior et Valentino. Chez Barney's, le très ambitieux jeune homme est exposé au cinquième étage à côté de Marc Jacobs, Narcisso Rodriguez et Fendi. Rendu exigeant par le succès, GN veut préserver son image et refuse carrément d'exposer chez Bloomingdale et Nordstrom où le service n'est pas, selon lui, à la hauteur. Il devra apprendre jusqu'où ne pas aller trop loin dans le snobisme.

Naturellement, dès qu'un nom devient « chaud », les pressions de la distribution augmentent. Chaque chaîne souhaite – ou exige – l'exclusivité. Bergdorf et Barney's la demandent simultanément à GN. Il se fait prier. Même dilemme à Beverly Hills. Dans ce quartier de Los Angeles, le Singapourien est agréablement pris en tenailles entre Barney's, son distributeur des débuts, et Neiman Marcus, dont le réseau de vingt-sept boutiques sur la côte Ouest est diablement alléchant.

Les grands magasins américains veillent à toujours conserver l'avantage dans leur rapport de forces avec les marques qu'ils distribuent. Bloomingdale vient ainsi de décider que les vêtements ne seraient plus présentés par marque, mais par type : les pantalons avec les pantalons, les chemises avec les chemises, etc. Après tout, expliquent-ils, c'est dans cet esprit-là que les clients font leurs courses. Cette nouvelle méthode a l'avantage de mettre les marques invitées au même niveau que les marques maison. Pour l'heure, il n'est pas question d'appliquer la règle aux marques de luxe, mais un jour, qui sait ?

Bernard et John

« Allez, on y va maintenant ! »

Le défilé n'a que trente minutes de retard, ce qui est un minimum pour une grande maison, mais Sidney Toledano donne tout de même le signal. À l'exception de deux énormes « CD » illuminés sur le mur du fond, une semi-obscurité s'installe dans la grand-salle du théâtre de Chaillot, saluée par le hourra collectif des photographes entassés sur un échafaudage de fortune en bout de piste, ceux-là mêmes qui hurlaient il y a un instant :

« Galliano, tu nous emmerdes ! »

Les techniciens polissent une dernière fois la surface que vont fouler les talons hauts. Les « cravates rouges » du service d'ordre des défilés vérifient que tous les invités de marque sont confortablement installés, que personne ne s'est assis au premier rang sans réservation. Car c'est au premier rang qu'un défilé se gagne ou se perd. Les erreurs d'étiquette y coûtent cher. On y observe un savant cocktail de stars, d'acheteuses aux poches très profondes, de signatures vedettes de la presse de mode. Les rédactrices sont placées en fonction d'une subtile hiérarchie. D'abord, celles des trois quotidiens qui comptent le plus, à Paris, en matière de mode : Suzy Menkes, du *Herald Tribune*, Kathy Horyn, du *New York Times* et Jamie Samet du *Figaro*. Avoir ces trois-là de son côté est un investissement judicieux ; se faire une ennemie de l'une d'elles, un handicap fatal.

Du côté des magazines, la reine incontestée, c'est Anna Wintour, rédactrice en chef de *Vogue Amérique*, le plus puissant vecteur de mode au monde. Stylistes et industriels sont prêts à tout pour un reportage dans *Vogue* sur leur collection, et, ce soir comme tous les autres soirs, Sidney Toledano donnerait cher pour connaître les pensées qui s'ordonnent derrière les lunettes noires de l'Américaine. La moindre moue de lassitude sur les lèvres minces l'inquiète, la plus légère amorce de sourire l'enchante.

Avant d'éteindre complètement les lumières, les «cravates rouges» jettent un dernier regard. David Hallyday est assis à côté de Béatrice Dalle, au deuxième rang. Azzedine Alaïa, lui, avait une place au premier rang, mais a préféré rester debout, sur la dernière marche des gradins, contre un des piliers de marbre noir. Gentiment, l'immense Naomi Campbell tient compagnie à son couturier préféré. Curieux duo que celui du petit homme collé au superbe corps de déesse ! Mick Jagger et Patricia Kaas ne disent rien ; ils ont l'air songeur.

Sur un signe de Toledano, Bernard Arnault, qui n'est pas plus entouré que ça, en tout cas beaucoup moins que Mathilde Seigner, se rassied entre sa fille, Delphine, et Lee Lee Sobieski, un second rôle féminin d'*Eyes Wide Shut*, le dernier film de Stanley Kubrick, qui a revêtu pour l'occasion une longue robe de laine rose sur laquelle déferle sa chevelure blonde, longue et frisée. Cette fois, la lumière s'éteint tout à fait. Le défilé de prêt-à-porter Dior printemps-été 2001 peut commencer. Musique !

«De la chatte, de la chatte, de la chatte humide, de la chatte qui sent, venez, allez venez, vous les adorateurs de chattes, venez ! ...»

En fond sonore, on entend une moto dont le moteur, en accélérant, produit un rugissement parfaitement synchronisé avec les paroles. Comme pour honorer la promesse tonitruante jaillie des haut-parleurs, les premiers mannequins s'élancent d'un pas très professionnellement cadencé sur la piste de verre. Jambes interminables remontant vers un string couleur chair qui les dénude plus encore que la simple nudité, seins libres, et ce déhanchement volontairement mécanique, indispensable pour exploiter toute la fluidité du vêtement.

Mais ces morceaux de tissu collés sur les ventres, ces demi-jupes retroussées sous la ceinture, ces Zip qui pendent des épaules et n'ouvrent sur rien, sont-ce bien des vêtements ? Tout le monde s'en moque. Bernard Arnault boit les modèles des yeux. Ni les polissonneries graveleuses hurlées par la sono dans la nuit d'octobre, ni les apocalyptiques fragments d'étoffe qui recouvrent ces « chattes » payées des dizaines de milliers de francs pour la soirée, rien de tout cela ne semble incommoder le président de LVMH dont la réputation de rigueur glacée n'est pourtant plus à faire. Il faut croire qu'il bout sous la glace !

Il y a quinze ans, Arnault a misé toute sa fortune – modeste à l'époque – rien que pour posséder Dior. La marque est l'affaire de sa vie, Galliano le recrutement de sa vie. À voir la vitesse à laquelle valsent les couturiers, ils ne sont pas très nombreux à donner satisfaction à leur employeur. Confier à Galliano la création artistique dans l'une des plus célèbres maisons de mode du monde représentait un risque inouï. Adepte des soirées fines et ultra-bruyantes entre amis très libres, d'écarts de langage plutôt inhabituels sur l'Avenue, l'Anglo-Espagnol aurait pu briser l'image de la maison au lieu de la redresser, s'aliéner la cliente traditionnelle sans pour autant convaincre ses filles de s'habiller en Dior. Il n'a pas trébuché.

Galliano se souvient de sa première entrevue avec Bernard Arnault. Dans sa bouche, elle devient une séquence hollywoodienne.

« La première fois que j'ai rencontré Monsieur Arnault, on est venu me chercher dans une voiture blindée avec des vitres en verre fumé. Très James Bond, étrange mais excitant tout de même. Il faisait nuit et nous avons glissé jusqu'à l'immeuble de LVMH. Portails électroniques, gardes du corps. On m'a poussé dans un ascenseur privé. Les portes se sont ouvertes sur une salle circulaire, toute de verre et de miroirs. Pour l'occasion, je portais une veste Vivienne Westwood et un pantalon baggy acheté dans une boutique skinhead de Carnaby Street. Soudain, une partie du mur a été escamotée et il était là, figure élégante, immaculée dans un costume gris. De l'acier. Charmant. Un vrai Merlin. Waouh[1] » !

Imposer le « polichinelle » était un magistral coup de poker.

Entre John Galliano et Bernard Arnault, la relation défie l'entendement. Sauf bien sûr, si l'on considère qu'ils constituent, tant qu'ils travailleront ensemble, les deux visages d'une même volonté de puissance. Certains membres de son entourage ont beau le supplier de se méfier du « Gitan maléfique », de son incontrôlable orgasme créatif, Bernard Arnault croit en Galliano comme on croit en son mauvais ange. Mais le patron a d'autres raisons, moins mystiques, de soutenir le couturier. À chaque fois qu'un de ses innombrables consultants un peu jaloux lui murmure à l'oreille d'un air grave que le « polichinelle » en fait trop, que le délire psycho-sexuel a assez duré, le milliardaire fait le tour de son bureau, clique deux fois sur la souris de son ordinateur et dévoile avec un mince sourire la progression des ventes d'accessoires et de prêt-à-porter depuis 1997, année de l'arrivée de Galliano avenue Montaigne. Le gitan fait du chiffre. Le roi Arnault a trouvé son fou. Et puis, lequel de ses camarades de Polytechnique possède un collaborateur capable de lancer à la cantonade :

« Ici, nous aimons beaucoup les chattes et les culs. Habillés en Dior, évidemment ! »

1. *Forbes*, novembre 2000.

Global Lady

De tous les aphorismes du grand Christian Dior, il en est un que John Galliano a compris mieux que tous les autres : les critiques peuvent être bonnes ou mauvaises, l'essentiel est qu'on les trouve en première page. Dans un monde médiatique en diable, les défilés de Galliano sont donc calibrés pour maximiser le temps d'antenne et créer l'événement. Ses mannequins ne sont pas des femmes portant des vêtements, ce sont des monuments de chair vivante sur lesquels il dessine l'époque, kaléidoscope dément qui repousse toujours plus loin les limites de ce qu'il est convenu d'appeler «la couture».

De vraies mutantes, bardées de bouts de chiffon striés de zips auxquels s'accrochent des volants remontés haut sur les cuisses, des tulles aériens qui flottent sur des seins libres, des manteaux cardigan en soie matelassée imprimée porcelaine de Chine. Le fait que ces vêtements soient lunatiques n'a aucune importance. Pour au moins deux raisons :

D'abord, ces atours anar-chics ne sont rien d'autre que des costumes fabriqués pour un seul spectacle destiné à la télévision et aux nombreuses cassettes qui vont circuler à travers le monde. Ils ne seront jamais portés par personne, et la collection, celle qui se retrouvera vraiment dans les boutiques, attend sagement dans un *showroom* tout proche où l'on peut constater que la folie a été largement tamisée.

Ensuite parce que, parmi tout ce qui, ce soir-là, est offert au regard commercial des quelques centaines de spectateurs, l'objet le plus important n'est pas un vêtement, c'est un sac. Le nouveau sac Cadillac, avec poignée métallique, catadioptre et plaque minéralogique, est l'accessoire dont la maison Dior attend monts et merveilles pour le chiffre d'affaires. John Galliano est un artiste très pragmatique. Il exécute son prédécesseur d'une pirouette dédaigneuse :

« Gianfranco Ferré ? Très italien... Beaucoup d'or... Très lourd. Son merchandising était tout entier tourné vers la dame de l'avenue Montaigne. »

Il rejette cette génération pompeuse.

« Moi j'ai voyagé, j'apporte une vision plus globale, je m'adresse à la femme qui passe de Paris à Londres, à New York. Et ça marche ! Regardez le trottoir devant la boutique. Avant, on ne voyait que des touristes qui prenaient des photos ; maintenant, on voit des jeunes, et ils entrent ! »

Galliano « fonctionne ». Comme on dit dans le « *fashion-jargon* », il crée du trafic. Dans le monde entier. Il sait s'adresser à la *global lady*, celle qui voyage partout.

« Avant chaque collection, je fais des réunions avec les équipes commerciales et elles m'apprennent des choses très importantes. Le poids des tissus qu'il faut pour l'Asie, le toucher qu'il faut pour les Japonais. Dans les pays humides et chauds, les étoffes doivent être légères. Les choses ont bien changé. La clientèle n'est plus seulement une clientèle bourgeoise parisienne. »

Galliano n'est pas un artiste évaporé. Vendre est au cœur de ses préoccupations et son vocabulaire marketing est bien rodé :

« Les défilés, c'est beau, mais la réalité du *business*, ce sont les pré-coll[1]. Elles représentent 77 % de nos ventes. »

1. Les pré-collections sont la partie printemps de la collection printemps-été ou la partie automne de la collection automne-hiver. Elles ne sont généralement pas incluses dans les défilés.

Cartier ne fait pas de quartiers

Quand on ressemble comme un frère à Nestor Burma, il est difficile d'échapper à son destin. Celui-ci sait attendre, mais finit par vous rattraper. En entrant chez Cartier, numéro un mondial de la joaillerie de grand luxe, Marc Frisanco ne se doutait sûrement pas qu'il finirait détective. Pourtant, le métier de policier est devenu son quotidien. Installé à Genève à la tête d'une équipe de dix personnes, il est chargé d'une mission à laquelle Alain-Dominique Perrin, président de Cartier-International, a décidé de consacrer toutes les ressources qu'il faudra. Elle s'exprime en peu de mots : localiser, identifier et mettre hors d'état de nuire tous ceux qui, à travers le monde, vendent des faux produits Cartier.

Pour une maison qui n'a jamais, par orgueil, accordé la moindre licence de peur d'égratigner son image, la contrefaçon est une abomination dont la plupart des gouvernements – pour rester polis – se moquent éperdument ! Inutile de trop compter sur les douanes, les polices, les escouades de gendarmerie. Que les fabricants se débrouillent !

Un seul moyen : agir soi-même contre un fléau qui représente un danger plus inquiétant encore que la concurrence. Les autres joailliers peuvent prendre à Cartier des parts de marché ; la contrefaçon, elle, suce son essence même.

Comme on dit dans les séminaires maison, elle menace la lisibilité à long terme de la marque. Car, pour une marque, l'image est un « actif intangible » qui peut représenter plus de la moitié de la valeur de l'entreprise. Considérée sous cet angle, la contrefaçon est une menace stratégique, un risque d'annihilation.

La guerre ne pouvait donc être qu'à outrance, et Perrin avait donné au monde un avant-goût des combats à venir quand il avait écrasé des dizaines de milliers de fausses montres sous un rouleau compresseur dans une rue de New York. Depuis lors, la situation a empiré. Fini, l'époque plaisante de la contrefaçon dite de première génération. Ces faux de très mauvaise qualité, on les repérait à dix mètres. Fabriqués dans des ateliers clandestins d'Asie du Sud-Est, vendus dans la rue à la sauvette, ils ne pouvaient tromper personne, et le touriste de passage vivait cette contrefaçon comme une sorte d'attraction pittoresque, portait la Cartier à dix dollars pendant les quelques jours de la courte vie de l'objet, puis la jetait. C'étaient les années 70, le bon temps.

La contrefaçon de seconde génération mène contre les maisons de luxe une guerre autrement plus intense et sournoise. Les « nouveaux faux » sont fabriqués dans des matériaux nobles, emballés avec art jusque dans le moindre détail, écoulés dans des boutiques qui ont pignon sur rue, et coûtent juste un peu moins que les originaux. Inutile de préciser qu'ils ne sortent pas d'ateliers misérables et enfumés du tiers-monde, mais d'usines modernes dans de grands pays industrialisés, au Japon, aux États-Unis ou en Europe. Le crime organisé est souvent derrière cette activité.

Ces nouveaux « faux » sont certes moins fignolés que les vrais, mais un consommateur ordinaire n'a aucune chance de se rendre compte de la supercherie. Ce qui représente évidemment, pour les responsables du forfait, des économies magistrales. À Cartier, Bulgari ou Breguet, il faut entre trois et quatre ans de recherche et des dizaines de millions de francs pour mettre au point, lancer et commercialiser un nouveau bijou. Le copieur profite de cet investissement colossal sans dépenser un centime.

Il est vraiment l'ennemi numéro un. Sa concurrence n'est pas seulement déloyale, elle est mortelle. Elle ronge l'image de la marque. Surtout quand, au sein de la même boutique, des faux cohabitent avec des bijoux authentiques. Cela arrive souvent dans les magasins du marché parallèle, ceux qui vendent de véritables produits d'une marque sans appartenir au réseau de distribution sélective de celle-ci.

L'affaire que nous allons relater commence à Tokyo, début 1997. La filiale japonaise de Cartier alerte le quartier général de la marque, à Genève. Le message tient en peu de mots : quelque chose cloche, il y a trop de «Trinity» sur le marché nippon. Les boutiques du marché parallèle – légal au Japon – en sont pleines. Les ordres de Frisanco sont toujours les mêmes : acheter la marchandise suspecte et vérifier si elle est authentique. Il ne faut pas beaucoup de temps pour comprendre qu'il s'agit d'une contrefaçon particulièrement subtile. L'emballage est parfait, la contreboîte blanche qui sert d'écrin Cartier est en place. Même le certificat de garantie est là. Seul le numéro est faux. Les joailliers de la maison sont abasourdis : certes, le rond est légèrement moins parfait, le polissage laisse un peu à désirer, mais la technique de l'estampage à froid a bien été utilisée. Cartier a tôt fait de constater que même ses détaillants se sont laissés berner.

À travers tout le Japon, aux magasins qui vendent des produits de la marque, Cartier propose un marché : pas de dépôt de plainte – de toute manière, les poursuites auraient pris des années – à condition qu'ils cèdent tout leur stock et révèlent le nom de leur fournisseur. Sauver la face est primordial au Japon. Une à une, des mois durant, des dizaines d'échoppes acceptent : elles rendent le stock et livrent un nom. En tout, cela fait des milliers de fausses bagues, mais seulement deux noms : ceux des deux importateurs qui ont fait entrer la marchandise dans l'archipel. Marc Frisanco se rend chez ces deux hommes. Ils tombent des nues et jurent leurs grands dieux qu'ils ignoraient tout du trafic. Alors, d'où viennent ces bagues ? Les deux hommes d'affaires, qui craignent pour leur réputation, répondent sans se faire prier : les fausses « Trinity » viennent de Hong-Kong et de Singapour.

L'enquête commence à faire du bruit dans le milieu de la joaillerie internationale, et les responsables de nombreuses sociétés d'import-export, dans le monde entier, prennent leur téléphone, appellent le QG de Genève et jurent qu'elles ne sont pour rien dans le mic-mac. Dans le commerce des bijoux, mieux vaut ne pas se faire un ennemi de Cartier.

À Hong-Kong, l'équipe de Frisanco se heurte à un mur. Les autorités se moquent éperdument des états d'âme de Cartier, et les détectives locaux demandent au moins un demi-million de dollars pour commencer à fouiller parmi l'inextricable réseau de boutiques de la ville. Les policiers ne lui inspirant pas confiance, l'homme de Cartier s'envole pour Singapour. Cette fois, la chance lui sourit : l'intermédiaire dénoncé par les importateurs japonais avoue aussitôt qu'il a effectivement reçu un stock d'environ six cents montres, et tend à Frisanco un papier sur lequel figure l'adresse de son fournisseur en fausses « Trinity ».

Le juriste le lit. Et sursaute ! Si le papier dit vrai, la société qui inonde le Japon de fausses bagues n'est pas installée en Asie, mais en Allemagne ! Sur le papier figure un nom du genre de ceux qu'on trouve dans les vieux polars, « monsieur

Albert», et une adresse dans la région de Pfortzheim. Nous sommes maintenant fin 1998.

Frisanco sait maintenant qu'il est près de débusquer le coupable. Il convient de se montrer plus prudent que jamais. Non loin du but, il serait idiot d'échouer par précipitation. Et puis, il ne suffit pas de prendre l'assembleur. Il faut coffrer tous ses fournisseurs afin de nettoyer la filière.

Burma-Frisanco a alors une petite idée de génie : au lieu d'entrer en contact avec M. Albert, il embauche un cabinet de marketing auquel il raconte une histoire tout à fait crédible : Cartier envisage de nouer des relations commerciales avec M. Albert, mais souhaite au préalable se renseigner discrètement sur ses fournisseurs. En quelques jours, les noms de ses fournisseurs sont sur sa table. Il ne reste plus qu'à dénoncer tout ce petit monde à la police allemande. Elle découvre chez les fournisseurs toutes les factures des fausses «Trinity». M. Albert est arrêté. Il parle et livre son chiffre d'affaires : dix millions de deutsche Mark pour 16000 bagues. Et là, Frisanco fait coup double : M. Albert déclare que toutes les bagues ont transité par les deux sociétés de Singapour qui avaient pourtant juré à Cartier qu'elles n'en avaient reçu que 600. Le joaillier se répand alors dans la presse du territoire en citant leurs noms. Leur cours se casse la figure en Bourse. On ne s'arrête que quand leur réputation est totalement détruite. Il faut faire un exemple !

En Allemagne, tous les fournisseurs acceptent de payer une amende et écopent de peines de prison avec sursis. M. Albert est le seul à refuser de payer. Il prend donc deux ans de prison avec sursis, et les juges lui imposent quand même une amende de 4 millions de dollars.

C'est en se penchant sur le curriculum vitae de M. Albert que Cartier a de vraies sueurs froides. Dix ans plus tôt, on avait affaire à des mafiosi de carnaval écoulant des produits ridicules. On est désormais dans un autre monde. M. Albert, âgé de soixante-sept ans, a mis au point des copies polies-main presque parfaites, et un diplôme atteste qu'il a longtemps été membre de la très prestigieuse fédération allemande de l'horlogerie-bijouterie. À ce degré de raffinement dans la contrefaçon, seul un expert est capable de repérer un faux.

Tout le groupe Richemont est pris d'une panique rétrospective à l'idée que cette gangrène aurait pu progresser pendant des années. Si les malfrats n'avait pas péché par impatience en inondant trop vite le marché japonais, la profession aurait cru à un simple marché parallèle. Inutile de préciser que tous les stocks de la maison ont été soigneusement vérifiés. Comble de l'ironie : même les revendeurs du marché parallèle sont venus demander à Cartier d'authentifier leur marchandise !

La bombe Dom-Tom

En cette fin d'automne 2000, l'état-major de Gucci ne se méfie pas. Tout à la joie de la préparation du premier défilé de prêt-à-porter Saint Laurent dessiné par Tom Ford, on dirait que les Gucci men ont oublié que, chez Louis-Vuitton Moët-Henessy, les avocats de Bernard Arnault préparent inlassablement la suite du duel. Le 27 novembre, c'est un véritable barrage d'artillerie que déclenche LVMH. Le groupe de Bernard Arnault ne se contente pas de demander une fois de plus l'annulation de l'alliance entre PPR et Gucci ; sur la foi d'informations dont il se refuse à expliquer clairement la provenance, il affirme que le maroquinier italien ne s'est jeté dans les bras de François Pinault qu'en échange d'une quantité colossale de stock-options. 8 millions, pas une de moins, affirme LVMH, ce qui représente potentiellement 8 % du capital – attribuées dans le plus grand secret à Domenico De Sole et à Tom Ford. Ces faits, ajoute LVMH, les deux hommes les ont « soigneusement dissimulés[1] ». Aux yeux de Bernard Arnault, cette attribution constitue un cadeau exorbitant qui cause un grave préjudice aux actionnaires minoritaires de Gucci, dont il est le *primus inter pares*. Mais, concluent perfidement les services de communication d'Arnault, on comprend mieux, à présent,

1. Communiqué de LVMH du 27 novembre 2000.

pourquoi Gucci a accepté, en mars 1999, de passer sous le contrôle de PPR… Perfide à souhait !

Arnault pousse aussitôt son avantage et fait comme si l'alliance PPR-Gucci était déjà ébranlée. Il annonce qu'il est tout prêt à fournir à Gucci, par le truchement d'une banque, la même somme que celle offerte par PPR lors de l'augmentation de capital, soit 3 milliards de dollars. Jovial, il s'engage également à ne pas dépasser la barre des 20 % dans le capital du groupe italien. Il se fait tout miel pour amadouer, par-dessus la tête de Dom et Tom, les actionnaires de Gucci.

Chez Gucci, la révélation du montant des stock-options attribuées à Tom Ford et Domenico De Sole est accueillie avec un mélange de stupeur, de colère et de satisfaction. Le communiqué de LVMH a fait en quelques heures le tour du monde, et d'abord le tour de France. Dans l'Hexagone, le mot « stock-option » est encore synonyme de combine, de république des coquins, en particulier depuis que l'ancien président d'Elf Aquitaine, Philippe Jaffré, a quitté son poste avec, en poche, un montant d'options estimé à 250 millions de francs ! On ignore, en revanche, que Paul O'Neill, l'actuel secrétaire américain au Trésor, s'était vu allouer 4 millions d'options par sa société, Alcoa, juste avant de rejoindre l'administration Bush. *Option* ! Le mot est d'autant plus abhorré dans l'Hexagone que la plupart des citoyens ignorent absolument le mécanisme de la chose. Seule une infime minorité, même dans ce qu'il est convenu d'appeler l'élite des affaires, comprend qu'une option n'est pas une action, qu'elle ne se traduit pas par un droit de vote, et qu'elle est attachée à un seuil de prix : si les dirigeants de la société ne parviennent pas à faire passer la cote de l'entreprise au-dessus de ce seuil, pas de plus-value : le détenteur de l'option n'empoche rien !

En entendant sur les ondes le communiqué de LVMH, le

bon peuple découvre, ébahi, que la somme « honteuse » offerte un an auparavant à Jaffré est vraiment dérisoire, comparée aux « cadeaux » que Gucci, avec la bénédiction de PPR, a offerts à ses deux dirigeants. La plus-value potentielle de ces derniers – c'est-à-dire celle qu'ils peuvent raisonnablement espérer tirer de leurs options si le groupe continue sur sa remarquable lancée – dépasse en effet largement le milliard de francs.

Malgré son malaise, Gucci dispose, au moins pour le court terme, d'un répit : dans son communiqué, LVMH, induit en erreur par un document mal interprété, s'est trompé dans ses calculs. Ce ne sont pas 8 millions d'options qui ont été accordés aux deux compères, mais entre 5 et 5,25 millions, ce qui reste considérable, mais la bourde de l'adversaire permet à De Sole de reprendre la main. Le 29 novembre, Gucci peut donc accuser LVMH d'avoir « intentionnellement répandu de fausses informations pour tenter d'attaquer l'intégrité de deux de nos dirigeants clés, et de porter atteinte à un formidable concurrent ». Le maroquinier en profite pour réfuter le reste des affirmations ennemies :

« Contrairement aux allégations de LVMH, les nouveaux contrats de travail de M. De Sole et M. Ford ont été négociés bien après le Strategic Investment Agreement avec PPR. »

Société de droit néerlandais, Gucci pourrait se contenter de faire le gros dos et d'attendre que l'orage passe. Mais elle est aussi cotée à New York, sous le statut de droit étranger, et les Américains vouent un culte à la transparence financière. Pour couper plus encore l'herbe sous le pied de Bernard Arnault, les deux patrons de Gucci décident donc de publier immédiatement les détails les plus intimes de leurs contrats.

Pareil déshabillage est rarissime dans le milieu des affaires, mais l'heure est grave. On accuse les dirigeants de

Gucci d'être des « vendus » ? Il faut frapper les esprits. Le groupe publie les deux plans de stock-options.

Ces contrats sont très généreux, surtout celui de Tom Ford. Pour la période qui court de décembre 1999 à juin 2004, il s'est vu attribuer quatre millions d'options dont le prix d'exercice sera établi par tranches de plus en plus exigeantes : un million à 75 dollars, un million à 90 dollars, un million à 110 dollars et un million à 135 dollars. Cette progression dans les seuils a fait l'objet de négociations extrêmement âpres qui se sont probablement déroulées, de juin à décembre 1999, entre les redoutables avocats de Ford et ceux de Gucci, sous le contrôle de Hewitt Associates, un cabinet de conseil en rémunération mondialement connu et représenté dans plus de trente pays. Au demeurant, le contrat de Ford est classique. Il vise à le fidéliser sur le moyen terme tout en lui fixant des objectifs ambitieux : s'il veut réaliser une plus-value sur sa dernière tranche, il faudra que l'action Gucci dépasse les 135 dollars à l'horizon 2004, soit presque le double du cours de 1999 ! Serge Weinberg avait d'ailleurs essayé de mettre la barre encore plus haut – à 140 dollars –, mais il a dû faire machine arrière. En revanche, Tom Ford a cédé sur plusieurs points[1]. Il a accepté une baisse de son salaire, une réduction de ses bonus garantis, un durcissement des seuils de résultat déclenchant ses « bonus de performance », et, surtout, il a renoncé à lancer sa propre marque de luxe. Toujours est-il que, sauf catastrophe, sa fortune est assurée. Si, avant 2004, l'action Gucci double, passant de 75 à 150 dollars, Tom Ford empochera 190 millions de dollars, soit 1,3 milliard de francs au taux de change de l'an 2000.

Jamais une entreprise n'a offert pareille quantité d'options à l'un de ses dirigeants, sauf peut-être dans l'univers pittoresque

32. Déclaration de Domenico De Sole pour la Chambre des Entreprises de la cour d'appel d'Amsterdam, 10 janvier 2001.

des start-up de haute technologie, auquel peut difficilement s'assimiler un maroquinier vieux d'un siècle... Cette très confortable rémunération reflète, on s'en doute, l'impérieuse nécessité, pour Gucci et PPR, de s'assurer que Tom Ford restera. Ce dernier, par un mélange de grand talent et de mégalomanie, a réussi à imposer l'idée qu'il est irremplaçable, qu'il n'est pas seulement un styliste doué ou un directeur artistique inventif, mais qu'il «est» à lui seul le succès de Gucci, de la même manière que de grands acteurs de cinéma comme Tom Cruise ou Leonardo DiCaprio garantissent par leur seule présence le triomphe d'un film. La comparaison vaut ce qu'elle vaut, mais elle a l'immense avantage de justifier une rémunération royale. Après tout, un grand acteur empoche parfois 30 % du budget du film qu'il honore de son talent!

Qui sont les hommes qui ont accordé à Tom Ford ce *package* somptueux? Il s'agit de trois membres du conseil de surveillance qui forment le comité de rémunération : Adrian Bellamy, que nous connaissons déjà, Karel Vuursteen, président de Heineken et personnalité de premier plan aux Pays-Bas, et Serge Weinberg, patron de PPR. Il n'est pas facile d'évaluer la marge de manœuvre de ces trois hommes par rapport à Domenico De Sole. Serge Weinberg se souvient quant à lui d'une décision difficile.

«Bien sûr, j'ai été ému par ces montants considérables, mais tout devait être fait pour garantir qu'un homme du talent de Tom Ford resterait dans le groupe Gucci et participerait activement au redressement de Saint Laurent.»

De Sole, lui, s'en tire avec sa gouaille habituelle.

«Ne me faites pas rire! 4 millions d'options, ça n'a rien de démentiel. Il n'y a qu'en France qu'on s'excite sur des choses pareilles.»

Quand on l'agresse sur le million d'options qui lui a été accordé, il plaisante.

« C'est vrai, je suis scandaleusement sous-payé ! »

Et, comme toujours, il en revient à Bernard Arnault :

« Puisqu'on parle de stock-options, croyez-vous que sa fortune de plus de 12 milliards de dollars, Arnault l'a accumulée avec son salaire ? »

Il va sans dire qu'en cas de forte progression du titre Gucci, tous les actionnaires en bénéficieront, y compris un certain… LVMH. Le groupe de Bernard Arnault possède environ 20 millions de titres. Supposons qu'ils passent en quatre ans de 75 à 150 dollars, soit un peu au-dessus des objectifs fixés : LVMH pourrait, en les vendant, réaliser une plus-value de 1,5 milliard de dollars. À condition, bien sûr, de trouver un acheteur. Écouler pareille quantité de titres n'est pas si facile. Pour s'en charger, par exemple, Goldman Sachs, la banque de Bernard Arnault, prendrait au passage une commission de 15 %.

Et Domenico De Sole ? De même que le président d'un club de foot est toujours moins bien payé que son buteur vedette, De Sole, quoique *chief executive officer* (directeur général), est nettement moins bien loti que son styliste. Quatre fois moins, pour être exact. Mais ce n'est que justice. Si les stylistes authentiquement géniaux sont très rares, surtout ceux qui, comme Ford, acceptent de mettre les mains dans le cambouis du business, les gestionnaires, même brillants, sont, eux, interchangeables. De Sole en convient. Voici son propre *package* : entre 1999 et 2003, on lui offre 300 000 options à 75 dollars, 250 000 à 90 dollars et 225 000 à 110 dollars ; si son contrat est étendu d'une année au-delà de l'âge normal de la retraite, il recevra 250 000 options supplémentaires à 135 dollars. Si l'action double, passant à 150 dollars, il touchera donc un peu moins de 50 millions de dollars. Une misère !

Il tient à convaincre que l'argent ne l'intéresse pas. Son

salaire de base reste inchangé. Il laisse entendre que le conseil de surveillance avait envisagé de lui attribuer, à lui aussi, quatre millions d'options, mais qu'il a préféré n'en demander qu'un. Pour sa part, Serge Weinberg raconte une anecdote touchante pour illustrer l'abnégation de l'*avvocato*. Domenico De Sole aurait refusé toute augmentation de salaire, mais, la pression du conseil de surveillance devenant trop forte, il aurait fait, de guerre lasse, une concession : Gucci fera des dons à des œuvres caritatives et lui-même abondera du même montant.

Quelques jours après le « communiqué-scandale » de LVMH, la poussière est retombée. Sur le mode de l'indignation outrée et de la transparence sans réserve, Gucci a remarquablement géré la crise. Il a réussi à donner de LVMH l'image d'un rival aigri, prêt à tout pour assouvir une vengeance. Et ce n'est pas fini.

Des Gucci au goût de Berluti

Si vous allez à Londres, un bon conseil : évitez Conduit Street ! C'est une rue dangereuse pour le portefeuille. Directement attenante à Old Bond Street, la grande artère du luxe de la capitale britannique, Conduit n'est qu'une succession d'objets somptueux disposés avec un art consommé dans des vitrines, au rez-de-chaussée de petites maisons aux briques impeccablement peintes. Les grandes enseignes tapageuses comme Prada ou Burberry ont élu domicile dans Old Bond. Conduit Street, elle, accueille les marques plus intimes, plus subtiles, celles des fins connaisseurs, des fidèles, comme par exemple Viviane Westwood, une des stylistes les plus en vogue à Londres.

Pour se tirer sain et sauf de cette embuscade de splendeurs, le promeneur ferait bien de hâter le pas, de bander sa volonté et de tenter de rejoindre Picadilly où les plaisirs sont plus abordables. Ce n'est pas du tout, semble-t-il, l'intention des deux hommes qui tournent dans Conduit Street en cette fin d'après-midi du 17 novembre 1999. La nuit est en train de tomber, les premières lanternes s'allument et ils ne sont à l'évidence pas décidés à passer leur chemin. On voit aussitôt qu'il ne s'agit pas de touristes. On dirait des artistes, ou des gens de la pub. Il leur manque cette nonchalance un peu lasse de ceux qui n'ont rien d'autre à faire que tuer le temps et l'ennui en rêvant l'impossible. Nos deux hommes ne restent pas en arrêt devant les merveilles étalées sous l'œil des passants. Eux ne sont pas des lèche-vitrines. Ils ont un but et marchent au milieu de la rue d'un pas décidé. Maintenant, ils pénètrent au numéro 43. Chez Berluti.

Il faut croire que ce sont des hommes de goût, car la boutique en question propose ce qu'il est convenu de considérer comme les plus beaux souliers du monde. Ils commencent aussitôt à essayer des modèles. Deux personnes en même temps, ici, c'est presque une foule, et le personnel est immédiatement aux petits soins. Les vendeurs notent d'emblée que les deux hommes n'ont pas le comportement des clients habituels du magasin. Ils ne passent pas de longues minutes à caresser du regard les modèles sublimes, à respirer le cuir aux audacieuses patines, à s'imprégner de l'esprit qui souffle ici. Pas du tout ! Ils écoutent d'une oreille distraite les morceaux de légende que murmure le directeur de la boutique. Ils veulent trois paires, c'est tout. On dirait des acheteurs de chaussures !

Chez Berluti, bottier depuis 1895 après avoir été ébéniste, le mot « chaussure » n'existe pas. On chausse, c'est différent. On a même poussé très loin cet art, comme s'il s'agissait d'une authentique philosophie. Dans les années 60, Talbinio Berluti était arrivé à la conclusion que les pieds exprimaient la pensée de leur propriétaire. Il les avait donc classés en cinq catégories : « prétentieux », « intellectuels », « fragiles », « masochistes » et « antipathiques » ! L'histoire dira peut-être un jour de quel bord était le pied d'Alfred Sirven, le témoin vedette de l'affaire Elf, dont le placard, dans sa chambre de sa maison de Manille, ne contenait que des Berluti.

Ici, se chausser est une mystique, comme jouer du violoncelle ou prier. D'ailleurs, la boutique de Conduit Street évoque autant le club anglais cosy que le temple au dieu Cuir.

Avec sa clientèle, la marque a constitué une vraie tribu dont firent autrefois partie des hommes aussi illustres que Pablo Picasso, Aristote Onassis ou François Truffaut. Le bouche à oreille amène les nouveaux membres. Sur la tribu règne Olga Berluti, la nièce du fondateur Torello. Après quarante ans passés fièrement aux pieds des hommes dans la boutique de la rue Marbeuf, Olga s'est retirée dans son atelier du Marais, mais continue à énoncer la doctrine. C'est une femme petite, aux cheveux gris. Le pied l'inspire au point qu'elle a transfiguré l'achat d'une paire de souliers en cérémonie secrète, en baptême du goût. Comme Chanel, elle sait que le luxe n'est pas tant le contraire de la pauvreté que celui de la vulgarité. D'ailleurs, elle tient Berluti éloigné des flonflons du luxe ordinaire. Et pas seulement à Londres. À Paris, la rue Marbeuf est un havre de paix à côté de l'avenue Montaigne. À Milan, elle a fui la via Montenapoleone et la via della Spiga pour se réfugier via Pietro Verri. Quelques grands clients américains sont en train de lui chercher un emplacement pour la future boutique de Manhattan.

Les clients, Olga les tient par la fascination. En quarante ans, jure-t-elle, pas plus de deux clients ne sont sortis du magasin sans acheter après qu'elle leur eut essayé des souliers. Il est vrai qu'elle s'est parfois permis de déconseiller à un client, pas assez Berluti à son goût, d'en chausser une paire. Car la paire revient un peu cher, même si cela n'a aucune importance pour la plupart de ceux qui franchissent le seuil des boutiques. Il faut compter entre 3 800 et 5 000 francs pour les modèles de prêt-à-porter les plus simples, et il est très facile – l'ancien ministre Roland Dumas nous l'a montré – de monter jusqu'à 15 000 ou 20 000 francs pour des paires confectionnées sur mesure. Chez Berluti, on facture sans retenue ce qu'on appelle joliment le « supplément d'âme». Il prend symboliquement la forme d'une petite pièce de cuir façonnée, durcie à la main, et signée par le maître bottier : l'*anima*. Les clients de Berluti n'ont jamais fait de difficultés pour payer leurs paires au prix fort. Jadis, il arrivait même, quand les fins de mois s'annonçaient difficiles, que la maison appelle ses meilleurs clients et leur demande si, par hasard, ils n'avaient pas besoin de quelques paires supplémentaires. Me Gomez, un avocat de nationalité ivoirienne, en posséderait plus de mille ! Des prix considérables, donc, mais nullement dissuasifs. Sinon, le chiffre d'affaires de Berluti ne serait pas passé, en cinq ans, de 5 à 50 millions de francs, grâce, il est vrai, aux investissements que permet désormais l'appartenance à un grand groupe comme LVMH.

Ce succès est d'autant plus satisfaisant pour la maison qu'elle ne multiplie pas les modèles, loin de là. Le «Tatoué» a été spécialement conçu pour le marché japonais par Olga Berluti : il s'agit d'un unique morceau de cuir sur lequel on imprime un motif, et qui ne comporte aucune couture. Le modèle «Club», plus jeune et d'esprit décontracté, est également très prisé...

Retour à la boutique de Conduit Street. Nos deux clients sont déjà prêts à partir. Le premier prend une paire de «Tatoués» ; le second, comme s'il ne pouvait se décider, emporte une paire de «Tatoués» et une paire de «Club». Chacun règle avec une carte de crédit, et les reçus conservés par la comptabilité du magasin indiquent qu'ils ont payé respectivement à 16 h 35 et à 16 h 38.

Quelques mois plus tard, Carlo Rampazzi, riche architecte d'intérieur du nord de l'Italie, qui fait partie des meilleurs clients de la maison, joint Olga par téléphone. Il est suffoqué. Il éructe. Olga Berluti lui fait répéter deux fois. Rampazzi est formel : il vient de voir des souliers Berluti dans la vitrine d'une boutique… Gucci ! L'architecte, qui est aussi un grand adepte des souliers Gucci, est déchiré. Il s'écrie dans le combiné :

« Il y en a partout en Italie ! Il faut faire quelque chose, sinon c'est la mort de ta marque ! »

Le premier réflexe d'Olga est de prendre la chose à la légère. Qu'importe qu'on la copie ! Elle se sent capable d'inventer de nouveaux modèles à l'infini. Elle ne comprend pas encore la portée du préjudice. Les vraies Berluti circulent par milliers. Si des copies estampillées Gucci se répandent par dizaines de milliers, c'est une catastrophe pour l'image.

En février 2000, au défilé de mode hommes de Gucci, à Milan, les mannequins portent des souliers qui ressemblent à s'y méprendre à des « Tatoués » et à des « Clubs ». D'autres amateurs s'alarment et appellent le quartier général de la rue Marbeuf. En juillet 2000, la tribu Berluti est en état d'alerte rouge de Tokyo à Los Angeles en passant par l'Europe. Bertrand Stalla-Bourdillon, président de Berluti, fait saisir par un huissier six échantillons dans le magasin Gucci de la rue du Faubourg-Saint-Honoré. Auparavant, il a lui-même acheté une paire suspecte et l'a soumise à son service de protection de la propriété intellectuelle. Tous les modèles Berluti sont déposés. Les experts étudient minutieusement les modèles Gucci ; ceux-ci ratent le test des « sept erreurs ». Si l'on peut trouver au moins sept différences, fussent-elles infimes, entre deux souliers, il n'y a pas copie. En l'occurrence, cela ne fait aucun doute : ce sont bel et bien des copies !

Un soir d'août, Berluti appelle Colette, la boutique parisienne qui vend ce qui se fait de mieux dans la mode et le luxe, pour l'avertir de la venue imminente d'un huissier. Au matin, avant l'arrivée du magistrat, les modèles ont disparu de la vitrine. Le 14 août, Stalla-Bourdillon attaque

Gucci France en contrefaçon et réclame 2 millions de francs de dommages et intérêts, ainsi que des publications judiciaires dans la presse.

Chez Gucci, les responsables sont estomaqués. D'habitude, dans les affaires de copie, cela ne se passe pas comme ça. On s'arrange à l'amiable. Un porte-parole de Gucci, un rien cynique, explique :

« Il y a des limites à la créativité en matière de chaussures hommes. On retrouve toujours les mêmes formes. C'est ainsi... »

C'est vrai, d'habitude on transige. Les modèles douteux sont retirés de la vente, et puis voilà. Cette fois, Pierre Godé, le conseiller juridique de Bernard Arnault, a donné son feu vert au déclenchement de la grosse artillerie. Cruauté bien ordonnée commence par Gucci : LVMH n'a toujours pas avalé d'être privé du contrôle du maroquinier au profit de Pinault-Printemps-Redoute ! Toutes les occasions sont bonnes pour épingler l'ennemi.

Évidemment, l'extrême centralisation de la création artistique de Gucci se retourne contre la griffe. Puisque Tom Ford, c'est bien connu, décide de tout, c'est donc lui qui est responsable de la contrefaçon. Bousculé par l'ampleur de la riposte, Gucci prend peur et acquiesce à tout ce que demande Berluti, accepte même de retirer tous les modèles incriminés de tous les magasins Gucci à travers le monde. Il promet... mais ne tient pas parole ! Pas facile, il est vrai, de demander aux grandes chaînes américaines de distribution de luxe – Neiman Marcus, Saks Fifth Avenue ou Barney's – de rendre les modèles en leur expliquant qu'on a copié un concurrent !

Puisque Gucci traîne les pieds, la justice va sourire à Berluti. Le 23 janvier 2001, le couperet tombe à la troisième Chambre du Tribunal de grande instance de Paris. Celui-ci juge que Gucci, en vendant ses modèles 110/1503/0 et 111/

5276/0, qui reproduisent les caractéristiques des modèles 1494 et 902 déposés par Berluti, a « commis des actes de contrefaçon ». La sanction est sévère : retrait de tous les stocks en France, paiement de plus d'1 million de francs d'indemnités, et humiliantes publications dans la presse.

Une péripétie qui n'aurait sans doute jamais atteint ces proportions si Gucci, bête noire de LVMH, n'avait pas été impliqué. Maintenant, le commerce des souliers va reprendre son cours et on saura peut-être un jour qui étaient, cet après-midi de 1999, à Londres, dans Conduit Street, nos deux clients très pressés…

SEC, mensonges et stock-options

L'art de la guerre n'interdit pas d'avoir de la chance, et quoi de plus naturel que d'exploiter les failles de l'ennemi ? Après une série de déboires face à Gucci, on peut donc imaginer sans peine l'allégresse des juristes de LVMH quand ils découvrent sur leur bureau, un matin de l'été 2000, une lettre d'une page commençant par ces mots :

« Messieurs, dans votre bataille contre Gucci, la vérité est pire que ce que vous et vos avocats pouvez imaginer... »

Un vocabulaire étonnant dans l'univers anglo-saxon des affaires où l'hyperbole n'est pas la norme. Mais intriguant, aussi. Le genre de phrase que les producteurs d'Hollywood inscrivent sur les affiches de films pour faire venir les foules...

La missive est anonyme, comporte deux assez grosses fautes d'anglais, et ne se départit jamais d'un ton incantatoire, chargé d'émotion, à la saveur un tantinet orientale. L'auteur poursuit :

« Vous avez été grugés, comme les employés et les petits actionnaires, car vous ne pouvez pas concevoir le degré de duplicité de Domenico De Sole et Tom Ford... »

L'auteur a la notion du bien et du mal et vit manifestement sa démarche comme une croisade purificatrice. Avec un sens consommé du suspense qui n'aurait pas détonné dans le scénario d'*Indiana Jones*, il annonce enfin :

« Vous trouverez les clés de la vérité dans ces quatre documents. »

À l'intérieur de l'enveloppe qui a malheureusement – opportunément ? – disparu dans les poubelles de LVMH alors qu'elle aurait pu livrer des informations passionnantes, les collaborateurs de Bernard Arnault découvrent ce qui, de leur point de vue, est une merveille juridique : le « document Tuttle ».

Il porte le nom de son auteur, Alan Tuttle, le *general counsel* de Gucci, c'est-à-dire un avocat qui fait office de directeur juridique. Maintenant, regardons de plus près ce document d'à peine plus d'une page. Il date du 1er août 2000. Une chose est certaine : ce jour-là, Alan Tuttle est saisi par le doute. Le *general counsel* est en réalité bien plus qu'un responsable juridique, plus même qu'un secrétaire général de groupe : il incarne la légalité des opérations menées par le groupe au point d'avoir des obligations fiduciaires et d'engager dans chacune de ses actions sa responsabilité personnelle. Inutile de préciser, donc, qu'il n'écrit pas pour ne rien dire.

Ce jour d'été, il ressent le besoin de coucher sur le papier quelque chose qui le préoccupe. Il est hors de question de parler à quelqu'un de l'extérieur du groupe : un acte qui relèverait de la haute trahison. S'abandonner devant un membre du groupe est tout aussi impensable. Le doute n'a pas sa place dans les relations au sein d'une grande maison, surtout à ce niveau. Alan Tuttle va donc se confier à l'Histoire et, pour cela, il s'écrit à lui-même. Il se met à son ordinateur et rédige lui-même, sans relecture de sa secrétaire, un *memo for file* qu'il destine aux archives. C'est le genre de *memo* qu'on écrit pour éclaircir un point demeuré peu clair dans un document antérieur, ou pour garder trace des arguments échangés au cours d'une discussion. Il peut aussi servir à se protéger, à dégager sa responsabilité lors d'une opération délicate. Un *memo for file* a pour vocation de rester à jamais enfoui dans un tiroir, sauf circonstances exceptionnelles.

Dans le cas qui nous occupe, toutes ces raisons se mélangent. La veille, Gucci a adressé la circulaire «20F». Encore un barbarisme du monde des affaires : la «20F» est un rituel annuel d'une importance cruciale. C'est l'ensemble des données financières que chaque société cotée à la bourse de New York doit adresser à la Securities and Exchange Commission (SEC), le gendarme de Wall Street. C'est dire si la préparation de la «20F» est méticuleuse. Alors, qu'est-ce qui tracasse Alan Tuttle ?

La réponse est dans le titre du *memo* : «Traitement comptable des options de Ford et De Sole». Souvenons-nous : il y a tout juste un mois que l'assemblée générale des actionnaires de Gucci a voté en faveur de la création de 6 millions d'options supplémentaires destinées à «attirer et retenir les cadres de talent». Lors de cette assemblée, personne, ni à l'extérieur ni à l'intérieur de Gucci, ne sait à qui ces options sont réservées, ni, a fortiori, que 5 millions sur les 6 sont réservées à Ford et De Sole. Et si personne ne le sait, ce n'est pas uniquement parce que la loi néerlandaise autorise une certaine discrétion en la matière ; c'est que ceux qui savent préfèrent que la chose demeure secrète.

Pour clarifier ses idées, Alan Tuttle jette sur son écran une brève chronologie des événements qui ont conduit à l'attribution des options, dans un style télégraphique qui n'en retient que les étapes majeures. Il écrit :

«En juin 1999, le conseil de surveillance de Gucci a autorisé Domenico De Sole à entamer la négociation du nouveau contrat de Tom Ford au regard des responsabilités étendues qui sont les siennes depuis la conclusion du Strategic Investment Agreement.»

En langage normal, cela signifie simplement que Tom Ford, qui est maintenant en charge du redressement de Saint Laurent tout en continuant d'assurer ses fonctions chez Gucci, mérite une petite rallonge. Ce qui va de soi.

À la ligne suivante, le *general counsel* ajoute :

«Le 22 juin 1999, le groupe, agissant à travers M. De Sole avec la pleine autorité du Conseil, a décidé d'attribuer – sous condition d'approbation par les actionnaires d'une émission suffisante d'actions – des options sur quatre millions d'actions à M. Ford.»

En lisant soigneusement cette dernière phrase, on comprend d'emblée pourquoi le *memo* d'Alan Tuttle est parvenu secrètement, un jour de l'automne 2000, au siège parisien de LVMH, 30, avenue Hoche. On comprend aussi pourquoi il y a suscité une prodigieuse excitation.

Reportons-nous à l'attestation que Domenico De Sole adressera, le 10 janvier 2001, à la Chambre des Entreprises de la Cour d'Amsterdam. Dans ce qui s'apparente à une déclaration sous serment, le président de Gucci écrit : «Dans les derniers jours de juin 1999, donc trois mois après l'alliance avec PPR, les représentants de M. Ford ont approché Gucci et lui ont proposé les termes d'un nouveau contrat, y compris une demande pour l'attribution d'options pour acheter 4 millions d'actions...»

Plus loin, il conclut :

«Après six mois de négociations très âpres, le Conseil a accepté les termes du nouveau contrat, le 13 décembre 1999[1].»

Manque, dans la déposition de De Sole, cette date du 22 juin, citée par Alan Tuttle comme étant celle de l'attribu-

1. Déclaration de Domenico De Sole pour la Chambre des Entreprises de la cour d'appel d'Amsterdam, 10 janvier 2001.

tion à Tom Ford de ses options. C'est à tout le moins, de la part de De Sole, un mensonge par omission. Mais c'est une omission qui en dit long. On perçoit bien, dans sa déposition, la volonté d'éloigner le plus possible la date du contrat de Ford du 19 mars 1999, date de l'alliance entre Gucci et PPR. De son côté, l'état-major de LVMH poursuit l'objectif exactement inverse : rapprocher ces dates autant que faire se peut, et, idéalement, les faire se «croiser», afin d'établir de manière irréfutable le prétendu crime de «corruption».

Le président de Gucci s'est-il piégé lui-même ? Tout à son désir d'éloigner les deux dates, a-t-il consciemment escamoté une date, prenant ce risque tout simplement parce qu'au début de l'année 2001, il ignorait que le «document Tuttle» était entre les mains de ses rivaux ? Le management du maroquinier italien nie farouchement.

Chez LVMH, on a le triomphe presque modeste. Un responsable prend tout de même l'air offusqué, lève les yeux au ciel et lance :

– S'ils mentent là-dessus, ils peuvent mentir sur tout !

Alan Tuttle n'a rien d'un menteur. Il est seulement dans une situation inextricable, écartelé entre trois nécessités incompatibles : les règles internes de sa société, le règlement de la SEC, et la réalité historique. Les dates ne collent tout simplement pas. Gucci ne désire pas que le 22 juin 1999 soit retenu officiellement comme la date de l'octroi des options. Même celle du 13 décembre 1999 a été écartée. Pourquoi ? Parce que, dans l'un et l'autre cas, l'octroi serait illégal au regard des règles de la comptabilité internationale. Le *memo* de Tuttle n'en fait pas mystère. Après de «longues discussions», le cabinet d'audit Pricewaterhouse Coopers (PWC) l'a mis en garde : l'octroi est illégal sans approbation des actionnaires. Or les actionnaires, on l'a vu, n'ont approuvé l'émission de 6 millions d'options que le 22 juin 2000. Voilà pourquoi PWC recommande en toute logique que la date officielle d'attribution des options devienne le 22 juin 2000, afin de respecter les règles GAAP, c'est-à-dire les *Generally Accepted Accounting Practices*, celles qui sont en vigueur aux États-Unis. Va donc pour le 22 juin 2000 ! Alors tout est en ordre, maintenant ?

Pas tout à fait ! Si on conserve le 22 juin 2000, alors le prix d'exercice – sur lequel Tom Ford refuse obstinément de revenir – est nettement inférieur au cours du jour, ce qui est contraire aux principes officiels de gestion de Gucci. Voilà pourquoi, la veille, dans le fameux « 20 F » qu'il a adressé à la SEC, les 4 millions d'options attribuées à Tom Ford ne figuraient que dans un paragraphe « événements ultérieurs », et pas dans le tableau officiel. Le règlement de la SEC est pourtant sans aucune ambiguïté : tout octroi d'options décidé jusqu'à un mois avant l'adressage, c'est-à-dire, en l'occurrence, jusqu'au 30 juin, doit figurer dans le tableau en compagnie de toutes les options non encore exercées.

Oui, mais voilà : dans le tableau, il aurait fallu dévoiler la fourchette des prix d'exercice. Impossible !

On se souvient que la première tranche du plan d'options de Ford est affectée d'un prix d'exercice de 75 dollars. Cette valeur avait été choisie en juin 1999, car elle était supérieure au prix de marché du moment, qui était de 67 dollars. Mais si la date officielle d'octroi devient le 22 juin 2000, ce seuil de 75 dollars est inférieur au cours en vigueur à cette date, soit 97 dollars. De quoi faire transpirer les patrons de Gucci dont un des grands principes est de ne jamais attribuer d'options avec un seuil d'exercice inférieur au cours de bourse, de ne jamais être *in the money*. Mais ils n'ont plus le choix. Au regard des règles de la comptabilité américaine, Gucci doit enregistrer comme perte cette différence de 22 dollars par action, et la déduire des bénéfices du second semestre 2000.

Au total, si l'on considère les options de Ford et De Sole, cela fait au bas mot 29 millions de dollars. Décidément, le duo coûte cher !

Le *memo* Tuttle ne prouve nullement que les quatre millions d'options ont été promises à Tom Ford avant l'alliance entre Gucci et PPR. Il révèle simplement une curieuse souplesse comptable de la part du management. Même s'il faut reconnaître qu'entre violer les règles de la SEC et contourner les usages de la comptabilité, le choix était effectivement cornélien…

Les poubelles de Grafton Street

« Attention ! Surveillez vos sacs ! »

Domico De Sole écume de colère. Depuis que le « document Tuttle » est arrivé au siège de LVMH, il se répand en propos amers auprès des journalistes du monde entier sur les turpitudes du groupe de Bernard Arnault, et l'accuse à demi-mot de vol.

Au fait, qui a dérobé le « document Tuttle » ?

Au 4, Grafton Street, siège londonien de Gucci, les dirigeants s'arrachent les cheveux. Comment une simple feuille, à la fois informelle et ultraconfidentielle, portant sur les stock-options de Tom Ford et rangée dans les archives personnelles d'Alan Tuttle, directeur juridique du groupe, a-t-elle abouti dans les coffres de LVMH avant de refaire surface dans les audiences de la Chambre des Entreprises de la cour d'appel d'Amsterdam ? Depuis que la guerre totale a éclaté avec le groupe français au début de 1999, jamais on ne s'était à ce point rapproché d'un scénario de polar – ou plutôt de ce que les Américains, en grands amateurs qu'ils sont, appellent un *corporate thriller*. Les dirigeants de Gucci se perdent en conjectures rocambolesques. Et si LVMH avait soudoyé un employé d'une compagnie de téléphone ou d'électricité pour venir fouiller, sous couvert de réparations, dans les bureaux de l'état-major ? Ici, on croit dur comme fer que LVMH est prêt à tout pour essayer de prouver que François Pinault a « acheté » Ford et De Sole. On murmure qu'il y a des « officines capables de faire ça ».

En revanche, ce que les responsable de Gucci se refusent obstinément à envisager, c'est la trahison d'un des leurs, par exemple d'un cadre jaloux, ulcéré par le pont d'or fait au styliste texan. Pour comprendre leur désir farouche de rejeter pareille hypothèse, il n'est pas inutile d'effectuer une rapide visite de la coquette maison blanche, typique du Londres chic, qui abrite le quartier général de Gucci alors que l'adresse juridique du groupe est à Amsterdam, et sa base manufacturière dans les environs de Florence.

Au 4 Grafton Street, donc, à l'exception d'une équipe de création dont les modèles s'entassent par centaines dans la cave voûtée du sous-sol, il n'y a que des cadres supérieurs. Imaginer qu'une taupe se trouve parmi eux est tout simplement affolant. Alan Tuttle, la victime du délit, officie au troisième étage, Domenico De Sole au quatrième, de même que l'équipe « M&A », chargée des fusions-acquisitions du groupe. Ce sont les membres de la « M&A » qui détiennent les secrets industriels et financiers les mieux gardés de Gucci. On comprend le malaise qui a dû s'emparer de Domenico De Sole. Aucun de ces cadres de haut niveau n'a quitté le groupe au cours des derniers mois. Si traître il y a, il est toujours parmi eux. Brrr ! Le président préfère ne pas y penser. La petite enquête interne qu'il a ordonnée n'a rien donné, si ce n'est que le « document Tuttle » n'a été lu, au sein du groupe, que par deux personnes : Tuttle lui-même et Bob Singer, le *chief financial officer*, c'est-à-dire le directeur financier. Tous deux sont au-dessus de tout soupçon.

Il est temps d'introduire un détail important qui aurait fait les délices de Sherlock Holmes. La version du *memo* Tuttle parvenue à Pierre Godé, l'homme des missions difficiles de

Bernard Arnault, est entachée d'au moins une grossière erreur de syntaxe. Alan Tuttle s'en souvient fort bien :

« J'avais imprimé mon *memo* une première fois. Quand j'ai vu les fautes, j'ai mis la feuille à la poubelle et j'ai corrigé. La seule version que j'aie ensuite faxée à certaines personnes est celle sans faute. Ce qui est parvenu à LVMH est donc une copie de la version que j'avais jetée à la poubelle. »

Quelqu'un a donc fait les poubelles du siège londonien de Gucci. On est très loin du luxe !

Faute de mieux, De Sole propage donc la moins angoissante des versions :

« C'est un vol. J'ai demandé à la police d'enquêter pour retrouver le malfrat. »

Un vol ? Les choses sont toujours moins simples qu'elles le paraissent, et les voies du droit sont impénétrables. En France, dans les mêmes circonstances, le vol ne ferait aucun doute, et quiconque détiendrait le document pourrait être poursuivi pour recel de vol. Mais le larcin a été commis à Londres, et l'objet qui est parvenu chez LVMH n'est qu'une photocopie. Or le droit britannique ne reconnaît pas le délit de recel d'information…

Jeu de dates

Pour LVMH, démontrer la mauvaise foi de Gucci est devenu une sorte de croisade. Poursuivant son implacable campagne d'exégèse des propos et écrits des responsables de Gucci, le groupe a souvent recours à la SEC auprès de laquelle sont déposés tous les documents importants. Gucci fait de même. Dans cette marée de notes, on trouve une déclaration de David Katz, avocat spécialisé dans les fusions-acquisitions. Katz, un des quatre associés du cabinet Watchell, Lipton, Rosen & Katz, est une figure du barreau de New York. À plusieurs reprises, depuis 1997, il a effectué des missions pour le compte de PPR. Il a notamment suivi pas à pas tous les pourparlers qui ont précédé la signature, le 19 mars 1999, du «Strategic Investment Agreement» (SIA) entre PPR et Gucci. Depuis, il a représenté PPR dans ses relations juridiques avec Gucci et LVMH. Le 10 janvier 2001, comme Domenico De Sole, il rédige une attestation à l'adresse de la Chambre des Entreprises de la cour d'appel d'Amsterdam.

Katz commence par affirmer que «PPR n'a passé aucun accord (écrit ou oral) avec Gucci ou l'un quelconque de ses dirigeants, y compris Domenico De Sole et Tom Ford, concernant une promesse de rémunération future (ou un engagement à considérer une augmentation de celle-ci) ou toute atttribution d'options Gucci[1].»

Le paragraphe suivant est intéressant, car il mentionne les conversations que Serge Weinberg, président de PPR, a eues avec Domenico De Sole et Tom Ford avant ce fameux 19 mars 1999. Pour Weinberg, il s'agit, à l'époque, de s'assurer que Ford va bien rester. Katz écrit :

«Parce que PPR voulait s'assurer que Gucci continuerait de bénéficier de la présence de M. Ford, avant de conclure le "SIA" avec Gucci, PPR a demandé que M. Ford s'engage à n'exercer aucune des options d'achat de 2 millions d'actions Gucci, options qui lui avaient été accordées par un contrat en date du 26 février 1998, et à limiter l'exercice de telles options en 2000, 2001 et 2002. M. Ford a accepté[2].»

Il s'agit, selon PPR, du seul document signé en mars 1999 par Tom Ford et Pinault-Printemps-Redoute.

Le Texan a accepté. En échange de quoi?

La question est légitime, même si LVMH la pose à la cantonade avec une cruauté un peu trop gourmande.

Replaçons-nous dans le contexte de cette fin d'hiver 1999. Dans les jours qui précèdent le 19 mars, De Sole s'apprête, après des années de farouche indépendance, à transférer le contrôle de son groupe à PPR. Ce dernier, qui se prépare à injecter 18 milliards de francs pour financer la stratégie multimarque de Gucci, veut évidemment que Gucci demeure Gucci, c'est-à-dire que Tom Ford s'engage à rester.

De part et d'autre, les enjeux sont énormes. Est-il imaginable que Tom Ford se lance sans avoir la certitude que la contrepartie sera à la hauteur de son ambition et de ses responsabilités? Franchement non : l'Américain est un

1. Attestation de David Katz à l'adresse de la Chambre des Entreprises de la Cour d'appel d'Amsterdam, 10 janvier 2001.

2. *Ibid.*

homme d'affaires avisé. Il est entouré d'une nuée d'avocats. Qui plus est, il se trouve en position de force. Sans lui, plus de Gucci. Pourtant, Domenico De Sole écarte d'une main dédaigneuse cette théorie « absurde » :

« En mars 1999, nous n'étions absolument pas en situation d'exiger quoi que ce soit, bien au contraire. Un prédateur, très dangereux parce qu'il était aussi un concurrent, grignotait notre capital sans que nous puissions le stopper. Tout d'un coup, Pinault arrive, propose de financer massivement notre développement, fournit trois milliards de dollars. C'est providentiel pour nous. Vous appelez ça une position de force ? »

D'ailleurs, que veut exactement Ford ? La réponse à cette question est contenue dans la déposition de Domenico De Sole destinée à la Chambre des Entreprises au début de 2001. Dans sa description des pourparlers entre Gucci et les avocats de Tom Ford pour la renégociation de son contrat, le président de Gucci ne fait pas mystère des exigences de l'Américain. Il écrit :

« Concernant l'attribution de nouvelles options, les avocats de M. Ford ont présenté dès le départ sa demande de 4 millions d'options comme une "exigence majeure", en réalité comme une "condition *sine qua non*", faute de quoi il irait chercher ailleurs d'autres opportunités [1]. »

Sur ces 4 millions d'options, c'est bien clair : il n'a jamais été question pour Ford de transiger. Reste à savoir à quelle date le trio Pinault-Weinberg-De Sole a donné son accord. Le 13 décembre 1999, si l'on en croit De Sole ; le 22 juin 1999, comme l'écrit Alan Tuttle ; ou encore avant ? Le feu vert a-t-il été donné la veille de la signature du « SIA », le 18 mars ? Ce jour-là, on s'en souvient, Domenico De Sole

1. Déclaration de Domenico De Sole à la Chambre des Entreprises de la cour d'appel d'Amsterdam, 10 janvier 2001.

convoque en urgence le conseil de surveillance. Certains, qui ne peuvent être présents physiquement, prennent part au débat par téléphone. La décision est entérinée en deux heures : transfert du contrôle à François Pinault au prix de 75 dollars l'action ; pas de prime de contrôle ; pas d'OPA, mais Pinault injecte 18 milliards de francs dans la trésorerie de Gucci. L'exigence de Tom Ford concernant les quatre millions d'options a-t-elle été verbalement cautionnée ce jour-là ? Rien ne le prouve. Il est peu probable que LVMH puisse jamais le prouver, sauf, bien sûr, si les trois mystérieux documents qui dorment dans ses coffres contiennent à ce sujet des révélations.

Une chose est sûre en cette fin d'hiver : le « document Tuttle » a donné des ailes aux juristes de LVMH. Ils sont convaincus qu'ils tiennent le bon bout et entreprennent de monter un grand événement médiatique pour le prochain round, prévu pour le 25 janvier 2001.

Ce jour-là, quand Pierre Godé débarque du *jet* privé du groupe qui l'a transporté depuis Paris, il est accompagné par trois journalistes de la presse économique française, ce que le camp adverse interprète avec amertume et irritation comme un soutien implicite au camp de Bernard Arnault. Domenico De Sole, lui, arrive seul avec ses avocats. Le président de LVMH, qui tient à rester au-dessus de la mêlée, ne s'est pas déplacé.

Les magistrats néerlandais de la Chambre des Entreprises de la cour d'appel d'Amsterdam doivent à nouveau entendre les arguments des deux protagonistes. Gageons qu'ils sont un peu las. Comme d'habitude, LVMH sollicite l'annulation de l'augmentation de capital réalisée en mars 1999 par Gucci et qui a transféré le contrôle du maroquinier italien à François Pinault. Il réclame aussi derechef une enquête sur la gestion de Gucci. De Sole, une fois de plus, s'y oppose en expliquant aux juges qu'une telle investigation contraindrait Gucci à divulguer des informations confidentielles, ce qui nuirait à sa réputation.

Ce qui est inédit, en revanche, c'est la passe d'armes à propos du « document Tuttle ». En expliquant qu'il a été obtenu « légalement », LVMH demande qu'il soit versé au dossier. Gucci affirme qu'il a été volé et demande qu'il soit donc interdit de procédure. Le juge fronce les sourcils et refuse de trancher...

Alexander McQueen a disparu

Heureusement, toutes les batailles du luxe ne sont pas aussi fastidieuses que l'affrontement relatif aux tombereaux de stock-options de Tom Ford ! Il y a parfois des « happenings » plus croustillants, comme, par exemple, celui du 4 décembre 2000.

Ce jour-là, qui est un lundi, une nouvelle semaine épique s'ouvre dans la saga Pinault-Arnault. Après en avoir agité la menace dans toutes les boîtes de nuit branchées de Londres et de New York, le « mauvais garçon » de la mode envoie promener son employeur, Bernard Arnault. En tout cas, c'est ainsi qu'il présente les choses.

À trente et un ans, Alexander McQueen, le patron et styliste très déjanté de la maison de couture du même nom – le seul à avoir jamais osé présenter un mannequin en slip et tchador ! – rompt avec LVMH qui l'avait placé en 1996 à la tête de Givenchy. Il se vend à Gucci.

Comme tous les précédents épisodes du duel, celui-ci s'est mal passé. Les coups ont volé très bas, nettement au-dessous de la ceinture. L'épilogue a commencé deux jours plus tôt, vendredi dans la matinée, par un étrange coup de téléphone de « Lee ». Sans la moindre explication plausible, il annule le dîner prévu le soir-même à Londres avec Marianne Tessler, présidente de Givenchy, et Yves Carcelle, le tout-puissant chef de la division mode de LVMH. Selon plusieurs sources concordantes, au lieu de se rendre à son rendez-vous d'affaires avec le numéro trois de LVMH et la présidente de Givenchy, il reste chez lui à regarder la télévision, avant une « fabuleuse nuit de sexe[1] » avec son amant Forsyth. Le lendemain, plutôt fatigué, il se rend au 4 Grafton Street, pour signer avec Gucci, et garde de l'expérience – plusieurs heures à parapher d'épais contrats sous l'œil sévère des avocats américains de la maison – un souvenir cauchemardesque.

Voilà qui couronne une semaine marquée par des passes juridiques d'une rare violence entre LVMH et Gucci devant la justice des Pays-Bas. Le 27 novembre, Arnault a réclamé de nouveau l'annulation de l'alliance entre Gucci et Pinault-Printemps-Redoute. Le 29, le même Arnault a déposé une requête devant la Securities and Exchange Commission et, quelques heures plus tard, Gucci a intenté un procès en diffamation, imité dès le lendemain par son rival.

C'est dire si la coupe est déjà bien pleine quand Domenico De Sole, sitôt le week-end terminé, annonce qu'il détient 51 % de la maison McQueen ! Le prix d'achat n'est pas divulgué, mais la rumeur dit 80 millions de dollars. L'*avvocato* tient à présenter cet investissement comme une percée stratégique et proclame à qui veut l'entendre qu'il compte faire de sa nouvelle acquisition une griffe mondiale avec des boutiques en propre dans toutes les grandes villes de la planète, sur le modèle de ce que Gucci a entrepris avec Saint Laurent. Tom Ford, l'omniprésent directeur artistique de Gucci, a fait un effort : il a décidé de ne pas se mêler de la création McQueen et paraît sincèrement extasié par sa nouvelle recrue :

« Alexander est un vrai grand talent pour lequel j'éprouve un immense respect ! »

1. *Talk*, mars 2001.

Généralement habillé d'un jean trop large, coupé si bas qu'il dévoile la raie des fesses, et d'un T-shirt noir sans manches qui révèle ses tatouages, Alexander McQueen, dont la salle de prédilection est une gare de bus désaffectée de Londres, est effectivement capable de tout. De la pire vulgarité, notamment. Il avait autrefois intitulé «Viol montagnard» un de ses défilés, puis mélangé, dans un autre, des haillons militaires évoquant les atrocités des guerres balkaniques à une jupe supercourte en vynile blanc. À son meilleur, il est flamboyant. Au retour d'une longue tournée africaine, il avait offert, dans les tons bordeaux, or, brun et tanné, un somptueux spectacle de caravansérail maure mêlant une robe de flamenco en cuir piqué, un manteau de taffetas noir brodé de pierres précieuses, et un collier de diamants accroché aux épaules par des serres d'aigle. Inouï! Il ne dédaigne pas non plus le baroque tendance grand guignol, faisait parfois défiler un mannequin avec un squelette doré grandeur nature accroché à la cheville.

Dans la vie quotidienne, son arrogance facétieuse de gamin surdoué mais sous-éduqué est pratiquement sans limite. Il a infligé à une succession de rédactrices de mode les immenses photos d'anus accrochées dans sa chambre[1], posé un lapin à la reine d'Angleterre qui l'ennuie à mourir, cousu «Je suis une foufoune» dans l'ourlet d'une veste destinée au prince Charles, insulté Madonna, Mouna Ayoub et bien d'autres. La seule célébrité qui trouve grâce à ses yeux, c'est Gwyneth Paltrow, qui assiste religieusement à tous ses défilés...

Dans la division mode de LVMH, Yves Carcelle, après quelques heures d'une rage intense, décuplée par la grossièreté du couturier mais soigneusement contenue, tente de prendre la chose avec philosophie, et surtout de faire bonne figure devant la presse. Au fond, il en avait un peu assez du

1. *Talk*, mars 2001.

jeune Anglais. Depuis qu'il était chez Givenchy, Lee s'était beaucoup donné à la Haute Couture, mais avait négligé le prêt-à-porter au point de faire, trois années de suite, les pires scores de *sale through* – revente aux particuliers – de la place de Paris. Le temps était sans doute venu de le débrancher, mais se faire ainsi doubler, comme c'est énervant ! La « com » entre alors en scène et affiche le visage impassible des joueurs de poker. Le groupe affecte officiellement la plus profonde indifférence, et c'est tout juste si son porte parole n'étouffe pas un bâillement en formulant pour le turbulent couturier des vœux de réussite :

« C'est normal… Nous lui souhaitons bonne chance ! »

Hé oui, c'est normal. Depuis des années, l'Anglais réclamait à Bernard Arnault un investissement dans la maison McQueen et essuyait un refus systématique. Naturellement, lui-même affirme le contraire : à l'entendre, il lui aurait fallu défendre plusieurs fois sa maison contre le harcèlement d'Arnault. Au fil de ces années, le couturier enrageait sans cesse à haute voix, rembarrant les comptables de l'avenue Hoche qui lui offraient le loyer de son appartement dans le Marais, une voiture avec chauffeur, un salaire d'environ 2,5 millions de dollars [1] – largement de quoi, à leurs yeux, en « siphonner » une partie vers sa propre griffe. Pourquoi cette fin de non-recevoir alors que LVMH finançait sans barguigner les maisons personnelles de John Galliano, de Michael Kors et de Marc Jacobs, les stylistes respectifs de Dior, Celine et Vuitton ? Peut-être McQueen avait-il le tort d'être le dernier à vouloir entrer dans une écurie où piaffaient déjà trop de stars gourmandes. Il avait l'impression, malgré le pont d'or qu'on lui consentait, d'être traité en employé de seconde zone. Et puis, il en avait assez de marcher sur les

1. *International Herald Tribune*, 5 décembre 2000.

traces de Galliano. Il lui avait succédé au Saint Martin's College of Art and Design de Londres, il lui avait succédé à la tête de Givenchy, il avait besoin d'air…

En réalité, LVMH n'est pas aussi indifférent qu'il prétend l'être. Il est patient, voilà tout. Fin janvier 2001, invoquant des « problèmes de production [1] », les dirigeants de Givenchy annulent le coûteux défilé que McQueen avait programmé dans la salle omnisport de Bercy. Le microcosme, lui, savoure à l'avance les quelques mois, jusqu'à octobre 2001, durant lesquels McQueen exercera à la fois comme couturier de Givenchy et comme étoile montante des stylistes de la galaxie Gucci. On va bien s'amuser !

1. *Fashion Wire Daily*, 24 janvier 2001.

Tu pourriras par le Web !

Toutes les guerres modernes ont leur volet électronique. La guerre déclenchée contre la contrefaçon n'échappe pas à la règle. Elle se livre de plus en plus sur Internet. Pour les grandes marques de luxe, le réseau des réseaux est devenu un cauchemar. Pas tellement à cause des copies qui s'y vendent, car la copie est depuis longtemps une nuisance bien identifiée ; mais surtout parce que les gouvernements du monde entier, et principalement celui des États-Unis, ont énormément favorisé le développement du commerce électronique, sans trop prendre garde aux abus. Washington a même détaxé les transactions commerciales sur le Web, ce qui représente un avantage compétitif considérable par rapport au commerce de « brique ». La Toile est devenue une jungle où les industriels livrent une bataille inégale contre les copieurs de tout poil qui peuvent fuir de site en site les timides répressions auxquelles ils doivent faire face.

La Toile est un outil commercial d'une puissance incomparable. Par son intermédiaire, n'importe quel commerçant est capable, pour un coût modique, d'entrer en contact visuel avec tous les consommateurs de la planète qui possèdent un ordinateur. Aux mains des contrefacteurs, Internet est une arme nucléaire braquée sur les maisons de luxe. Celles-ci ont dépensé des centaines de millions de dollars pour s'intégrer verticalement, c'est-à-dire tout contrôler, de la fabrication de leur produit jusqu'à sa distribution, en passant par la gestion de leur image. Elles ont ensuite dépensé quelques centaines de millions supplémentaires en publicité pour que la clientèle visite leurs boutiques. Le commerce électronique foule aux pieds tous ces principes et jette ces investissements aux orties. Sur des sites plus ou moins pitoyables qui dégradent l'image des marques, les contrefacteurs écoulent pièces authentiques ou copies en toute impunité. Ils profitent du prestige des marques et les affaiblissent dans le même temps.

Chacun peut en faire l'expérience. Il suffit de taper le mot «Cartier» sur un moteur de recherche pour voir défiler aussitôt plus de quatre cents sites qui vous proposent des produits Cartier. Diffusion énorme et image floue qui risquent d'énerver la clientèle. Tout le contraire de la stratégie de Cartier qui vise, comme toutes les marques de luxe, la diffusion sélective, une image exclusive et une dose raisonnable de rareté pour séduire des acheteurs de haut de gamme.

Voilà la contrefaçon de troisième génération, celle qui a le plus bel avenir devant elle, en tout cas du point de vue des malfrats. Selon Cyveillance, une société qui suit à la loupe l'«e-commerce», entre 4 % et 8 % des sites qui vendent des produits Gucci, Rolex ou Montblanc vendent en réalité des faux. Si le chiffre d'affaires mondial du luxe représente entre 50 et 100 milliards de dollars, et si 5 % de ce total est réalisé sur le Web, chaque «pour cent» concédé aux copieurs se chiffre en centaines de millions de dollars de manque à gagner. La lutte contre eux requiert de gros moyens et une patience de saurien. Les sites litigieux peuvent changer de nom en quelques heures, déplacer leur raison sociale d'un État américain vers un autre, ou même cesser un temps de proposer des copies. Un site peut se décomposer en plusieurs. Derrière une dizaines de sites, il n'y a parfois qu'un seul homme.

Pour prendre un exemple, le site «fashionreplicas.com» vend de faux sacs Gucci pour 50 dollars, soit vingt fois moins que le prix d'un sac authentique. Son patron, un homme qui possède plusieurs pseudonymes – Mark Di Padova, Mark Voiers ou Jack Norris – se présente comme un Robin des Bois des temps modernes et explique très sérieusement qu'il n'a d'autre objectif que de mettre les rêves de luxe à la portée des bourses les plus humbles. Ce site renvoie à un «autre» site, baptisé «fakegifts.com», qui propose de fausses montres de grandes marques comme Cartier, Omega ou Rolex. En France, il est relayé par le site «replica.fr». Le cabinet d'avocats Gibney, Anthony & Flaherty, conseil de Rolex, estime que le phénomène des copies sur Internet, parti de zéro il y a trois ans, consume aujourd'hui le cinquième du budget antipiratage de Rolex. Le fabricant suisse traque les sites vendant de fausses montres, les identifie et demande aux serveurs de ces sites de ne plus les diffuser. Les avocats de Rolex sont persuadés que les revenus de ces sites pirates aboutissent dans les poches de gangsters de la pègre, des cartels de la drogue et même de terroristes.

Mais certains pirates ne fuient pas la publicité et avouent d'emblée leur crime. Mark Voiers, l'heureux propriétaire de «fashionreplicas.com» et de «fakegifts.com», a même le toupet d'affirmer que son action aide Rolex dans la mesure où il permet aux «fans» de la marque de rêver un peu avec une fausse montre, le temps d'économiser pour en acheter une vraie. Voiers, alias Di Padova, prétend même :

«Je ne commets aucune fraude. Je ne gruge pas le public. Ces montres, je les achète directement en bas de la rue aux avocats de Rolex[1] !»

Les avocats de Rolex, qui ne goûtent pas son humour,

1. CNNfn. com, 14 décembre 1999.

lui ont intenté un procès. Ceux de Cartier aussi, en doublant la plainte pénale d'une plainte civile. Le 6 novembre 2000, un juge de Californie autorisait Cartier à prendre les mesures nécessaires pour que le site cesse ses activités. Plus facile à dire qu'à faire ! Cartier a donc recruté des *hackers*, ces maraudeurs du net, et les a payés comme consultants. Mission : casser les codes utilisés par Voiers et neutraliser le site. Le joaillier a aussi contacté le Federal Bureau of Investigation, mais le FBI, aux ordres du ministère de la Justice, plutôt gêné aux entournures, met en avant le principe de la liberté de commerce. À l'époque, Bill Clinton est encore président des États-Unis et son vice président, Al Gore, est un des plus virulents défenseurs d'Internet. Pour se faire rendre justice, Cartier et Rolex ne peuvent donc espérer aucune aide de la justice de Washington. C'est un petit procureur, un *district attorney* de Caroline du Sud, qui va achever la guerre tout seul. Avec l'aide des douanes, il va réussir à tracer les contours économiques du site : coûts, chiffre d'affaires, fournisseurs, bénéfices, taxes. Il fait ses calculs et tombe sur un résultat stupéfiant. À lui seul, Voiers vend des copies pour 1 million de dollars par mois ! C'est énorme. Le procureur décide alors de lancer l'hallali.

Fin janvier 2001, Voiers est arrêté et inculpé de contrefaçon et de trafic de produits de contrefaçon. Il risque jusqu'à dix ans de prison et 2 millions de dollars d'amende.

Le grand secret de Giorgio

Pour comprendre le secret de Giorgio Armani, il suffit de l'accompagner, quelques jours après ses soixante-cinq ans, dans l'une de ces soirées new-yorkaises dont la presse du monde entier parle, le lendemain, comme s'il s'agissait d'un événement historique majeur.

Prenons par exemple la réception que le musée Guggenheim, en échange d'une généreuse donation de 15 millions de dollars, a offerte au couturier italien, en octobre 2000, dans le cadre de l'exposition consacrée à son œuvre. Hommage acheté mais mérité pour le créateur d'une mode minimaliste et ultrachic qui a fondé un empire mondial dont le chiffre d'affaires consolidé – c'est-à-dire sans les licences et les franchises – vient d'atteindre le milliard d'euros. Ce n'est pas si mal pour une société qui n'a pas trente ans et pour un homme qui avait commencé, il y a quarante ans, comme vendeur de cravates dans le grand magasin italien Rinascente. À titre de comparaison, rappelons que le chiffre d'affaires de Dior Couture n'est, pour la même année, que de l'ordre de 300 millions d'euros…

L'empire Armani a l'air encore plus grand qu'il n'est, car, par le biais des licences, le total des ventes de produits Armani peut atteindre quatre fois le chiffre d'affaires consolidé, soit de l'ordre de 4 milliards de dollars. Armani est un immense succès, salué par de permanentes rumeurs sur le rachat de la marque pour des sommes folles. Parfois le président laisse courir et les enchères montent entre les grands acheteurs possibles, toujours les mêmes : LVMH, Gucci, Prada. De temps en temps, la main sur le cœur, il jure qu'il restera toujours indépendant. Il en est bien capable…

Alors, quel est son secret ? Suivons-le dans l'immense rotonde dessinée par l'architecte Frank Lloyd Wright. Giorgio ne se laisse pas aller. Pour un homme de son âge, le physique est parfait : ventre plat, épaules larges, blanche chevelure bouclée impeccablement coiffée en arrière, et sempiternel bronzage. Armani fait envie. Il ne fait pas un pas sans être happé par un acteur de cinéma. Robert De Niro l'aperçoit et lui bourre les côtes comme à un vieux copain de régiment. Une coupe de champagne effleurée des lèvres, et Richard Gere le serre dans ses bras. Deux longues tables couvertes de petits fours plus loin, voilà Michelle Pfeiffer qui lui glisse une confidence désopilante à l'oreille. Il éclate de rire comme si c'était la blague de la décennie, comme s'il oubliait tout à fait, l'espace d'un instant, qu'il va bientôt sur ses soixante-dix ans, que sa carrière et son œuvre sont derrière lui, qu'il n'a pas de successeur, mais beaucoup de prédateurs aux basques, que le temps presse, que deux de ses directeurs viennent de démissionner et que cela fait mauvaise impression auprès des banques.

Giorgio sourit, il est l'image même du bonheur. Il sait y faire. Tout le monde le trouve formidable. Il fait partie de la grande famille du cinéma américain. Le voilà, le *business model* d'Armani : c'est Hollywood. Le styliste italien a compris cette chose simple : tant qu'à investir massivement dans la communication, quoi de mieux que de recruter les plus grands acteurs du monde comme mannequins bénévoles ? Beaucoup de stylistes italiens avaient tenté l'aventure avec plus ou moins de succès : Cerruti, Valentino, Versace. Armani a porté la méthode au niveau d'un art majeur. La concurrence est féroce entre les maisons en tous genres, prêtes à tout pour habiller les stars. Bonheurs intenses et drames terribles se succèdent au gré des caprices de divas. Après la sortie de *Forrest Gump*, Tom Hanks avait refusé de porter des chaussures Hush Puppies, pourtant fabriqués spécialement à son intention par le fabricant. En revanche, il a porté le costume envoyé gracieusement par Calvin Klein. Pour ceux qui douteraient de l'impact commercial de ces conflits souterrains, qu'ils se rappellent l'apparition de Sharon Stone, la star entre toutes les stars, à la cérémonie de remise des Oscars, en 1995 : il avait été négocié avec son agent qu'elle porterait ce soir-là – le plus important de l'année – une robe Valentino valant plus de 10 000 dollars. La maison italienne avait préparé une campagne de publicité sur ce thème. Mais, au dernier moment, l'interprète de *Basic Instinct* opta pour une simple robe noire et une tunique Gap à 22 dollars ! La « chemise Sharon Stone » se vendit immédiatement à plusieurs milliers d'exemplaires [1].

Armani, qui a compris tout cela dès la fin des années 70, a su manœuvrer pour devenir « le » tailleur de Hollywood. Attaquer le milieu de front étant trop difficile, il l'a abordé de biais, via Los Angeles, en recrutant comme « porte-parole officieux [2] » Pat Reilly, le *coach* très en vue de l'équipe de basket des Los Angeles Lakers. En 1980, il a réussi à habiller Richard Gere dans *American Gigolo*. Restait à faire inscrire son nom sur l'écran. Les négociations furent féroces. Auparavant, il était entendu que les stylistes offraient les vêtements et voyaient leur nom affiché dans le générique de fin, quand les

1. *The End of Fashion*, Teri Agins, Morrow, New York, 1999.
2. *Ibid.*

spectateurs sont déjà debout. Au milieu des années 80, à force de persuasion, ayant tissé des réseaux dans cet univers où dollars rime avec stars, Armani parvient à perfectionner le système mis au point par son ex-mentor, Cerruti. Armani obtient que son nom figure au générique de début dans des films aussi fameux que *48 Heures*, avec Nick Nolte, ou *Les Incorruptibles*, avec Kevin Costner et Sean Connery. Et cela sans offrir les costumes : seulement en consentant quelques rabais. Ensuite, c'est l'explosion. Il «capte» une star comme Glenn Close pendant quelques mois et s'offre la plus belle campagne publicitaire imaginable.

C'est en 1975 que Giorgio Armani a ouvert sa maison de mode en proposant une représentation entièrement nouvelle du chic : le costume déconstruit, dont les pans de la veste, sans épaulettes, pendent un peu comme ceux d'un vêtement de sport. Ce faisant, il ouvre, pour le costume, un immense marché, bien au-delà de l'homme d'affaires ou du bourgeois – bien au-delà du businessman, aussi. Les étoffes confortables et douces qu'il utilise conquièrent aussitôt les femmes. Le succès arrive avec son inévitable cortège de plagiaires, et Armani enrage pendant dix ans. Mais il finit par avoir une idée formidable : il va se plagier lui-même ! Il engage donc Patrick Robinson, un styliste californien, et lui confie une mission curieuse : copie-moi ! Ainsi naissent *Le Collezioni*.

Mais que va devenir Armani ? Une des plus belles et des plus rentables marques de prêt-à-porter du monde va susciter des intérêts de plus en plus intenses au fur et à mesure que son fondateur vieillit. Il ne reste plus beaucoup de grandes marques indépendantes dotées d'un potentiel de développement, et la bataille pour Armani, si elle éclate, sera terrible. Le milieu estime qu'il sera obligé de vendre, faute d'avoir pris le virage de la constitution d'un groupe multimarque. Mais lui, au lieu d'utiliser sa trésorerie à faire des acquisitions, a préféré assurer son contrôle sur sa propre firme en rachetant ses usines et ses magasins.

Comme toutes les successions, celle-ci n'est qu'une question de temps. Compte tenu de son chiffre d'affaires, il est raisonnable d'imaginer qu'en cas de mise en vente, le prix pourrait atteindre aisément les 5 milliards de dollars. Ce qui limite les acheteurs possibles à deux groupes : PPR, qui contrôle déjà Gucci, ou LVMH. Encore faudrait-il, dit-on dans ces deux groupes, connaître les bénéfices de la maison italienne. Mais c'est là une information qu'Armani, qui n'est pas coté en bourse, se garde bien de divulguer.

Il semble qu'Armani, qui paie des fortunes au fisc italien, ne veuille pas vendre contre de l'argent liquide, pour éviter de payer l'impôt sur les plus-values. Gucci, quand il songe à cette acquisition, raisonne pour sa part de manière différente : comme de nombreux groupes de luxe, Gucci « souffre » d'un excès de trésorerie et préférerait payer en liquide. On en est là.

Cela étant, les meilleures synergies seraient sans doute avec LVMH. Le groupe de Bernard Arnault fait 40 % de son chiffre d'affaires en Europe, avec une forte dominante en maroquinerie. Armani fait 40 % de son chiffre d'affaires aux États-Unis avec une forte dominante en prêt-à-porter. Les complémentarités sont évidentes, même si les doutes existent, car Armani dépend trop de Giorgio…

Un Versace après Gianni ?

« *Tu vesti le Suorine, io le zoccole*[1] ! »

« Franchement, Giorgio Armani n'aurait-il pas pu garder pour lui cette confidence de Gianni Versace au lieu de la glisser à *Vanity Fair* trois ans après la mort du styliste assassiné ? »

À en croire le survivant, cet échange avait eu lieu à Rome alors que les deux créateurs les plus emblématiques de la mode italienne baguenaudaient place d'Espagne, au bout de la via Condotti, où s'alignent les plus belles boutiques de la ville. En lisant l'article, reproduit dans la plupart des journaux italiens, Donatella Versace entre dans une rage folle contre la « mesquinerie » d'Armani qui a toujours été le grand rival de son frère. Par chance, dans le hit-parade du *Women's Wear Daily*[2] des marques les plus vendues aux États-Unis, Versace occupait en 2000 la quatrième position, juste devant Armani et Gucci. De quoi lui mettre du baume au cœur. Au fond d'elle-même, Donatella sait que toute publicité un peu sulfureuse est bonne à prendre pour maintenir cette pulsion équivoque que le disparu avait su provoquer chez sa clientèle et transformer en milliards de dollars. Trois ans déjà !

1. « Tu habilles les bonnes sœurs, et moi les putes ! »
2. Février 2001.

Quand le jour se lève, le 15 juillet 1997, le petit monde de la mode italienne ne se doute évidemment de rien. La dernière fois que la violence a frappé dans le microcosme milanais, c'était en 1995, quand Maurizio Gucci avait été abattu devant son bureau par un tueur engagé par son ex-femme. Ce matin-là, à Miami, Gianni Versace, un des deux ou trois plus grands créateurs de mode au monde, reprend avec joie ses petites habitudes locales. Il est arrivé trois jours plus tôt en Floride après une tournée harassante en Europe. Il est au sommet de sa gloire, Madonna et Lady Di s'habillent avec ses robes, il réalise un chiffre d'affaires d'un milliard de dollars, s'entoure des plus belles actrices de Hollywood, mais sa santé lui donne des soucis et il a besoin de repos. Pour éviter l'abominable chaleur qui s'abat parfois en été, passé neuf heures, sur Miami Beach, il se lève très tôt et sort pour avaler un petit déjeuner et lire les journaux au News Café, le bar branché d'Ocean Drive.

Trente minutes plus tard – il n'est pas encore 8 heures –, il reprend le chemin de la Casa Casuarina, la somptueuse villa de style vaguement toscan qu'il a acquise sur la Onzième Rue, pour un peu plus de 30 millions de francs. Malgré les conseils de ses gardes du corps, il parcourt toujours ce trajet seul, et cette promenade est un des très bons moments de sa longue journée. Il a cinquante ans, mène une vie de fou et a besoin de solitude.

En approchant de l'imposant portail qui marque l'entrée de la villa, il ne prête pas attention à la silhouette chaussée d'espadrilles qui le suit à quelques mètres. Quand il pose la main sur la poignée de métal déjà chaude, deux coups de feu retentissent. Il s'écroule, frappé de deux balles en pleine tête. Le multimilliardaire, né pauvre dans une petite ville de Calabre, est mort. La silhouette s'enfuit. Il ne faudra que quelques heures à la police pour retrouver le meurtrier, mort de sa propre main. De même que Lee Harvey Oswald était devenu célèbre en un jour en tuant John Kennedy, le monde entier va apprendre, avant de vite l'oublier, qui est Andrew Cunanan : une petite gouape homosexuelle, acteur amateur pour films pornographiques sadiques, coupable de plusieurs autres meurtres et parlant sept langues. Il avait rencontré Versace dans une des boîtes de la ville. Sans doute une histoire de gigolo éconduit qui a mal tourné.

Dans le monde entier, les fans pleurent. Aux obsèques, Lady Di console Elton John, puis la vie continue.

Il n'y a pas que les «amatrices» de longs fourreaux Versace à 15 000 dollars pièce qui pleurent le disparu. Au même moment, à Milan, les plus grands banquiers du monde sont dépités. Depuis des mois, les antennes locales de Morgan Stanley, Merrill Lynch et Goldman Sachs se préparaient pour le grand oral. Le 18 juillet, Gianni Versace devait décider laquelle des trois «grandes» allait orchestrer l'entrée en bourse de la marque à tête de méduse. Dans cette perspective, Gianni avait même accepté de réduire son budget de promotion qui avait atteint 70 millions de dollars, et on murmure que son grand frère Santo lui avait discrètement subtilisé sa carte de crédit pour stopper l'engrenage de ses dettes. Après le meurtre, l'entrée en bourse, c'est fini ! Pourtant, la maison aurait eu grand besoin d'une injection de liquidités. La griffe est en danger.

Comme souvent dans le luxe italien, le succès de Gianni est une histoire de famille. Adolescent, il dessine les robes de sa mère dans leur petite maison de Reggio de Calabre, avant de monter à Milan en 1972. Quatre ans plus tard, Santo, le comptable de la famille, aide son petit frère à monter sa propre affaire, et le lancement officiel est célébré en 1978. Donatella, la cadette, abandonne ses études de littérature italienne pour faire office de mannequin bénévole et de muse. Le style Versace se répand comme une traînée de poudre. La famille s'installe bientôt via Gesu, au cœur du quartier chic de Milan, dans un superbe palais du XVIIIe siècle. Ajouté au talent de Gianni, le capitalisme de clan fait merveille comme chez les Ferragamo, les Zegna ou les Della Valle. Chaque année, les Versace se lancent dans une nouvelle ligne de produits. Tout marche. En 1994, un an avant sa mort, Gianni frappe un grand coup et propose pour la première fois de la porcelaine Versace et des rideaux Versace.

Mais, maintenant qu'il est mort ?

Logiquement, pour protéger l'empire de 1,6 milliard de dollars, Donatella devrait chercher à embaucher un styliste superstar, mais elle ne veut pas en entendre parler. Après tout, elle aussi est capable de dessiner, même si sa créativité n'a rien de comparable avec l'innovation torrentueuse qui jaillissait tous les jours, dès 6 heures du matin, du crayon de son frère. Donatella est une bonne styliste, mais le public se souvient du génie flamboyant de Gianni, et la boude. Les premières années sont très difficiles. Avant qu'elle ne parvienne à se faire un prénom, le chiffre d'affaires a plongé de 40 %. Puis il a commencé à remonter et atteignait 440 millions de dollars en 1999.

Comme un malheur n'arrive jamais seul, deux ennemis attendent, tapis dans l'ombre, pour faire trébucher Santo, l'homme des comptes, et sa blonde sœur. Le premier, c'est la crise asiatique de 1998 qui taille des coupes claires dans le chiffre d'affaires, réalisé en grande partie en Extrême-Orient. Le second, c'est le fisc italien, qui exige les droits de succession. Trois semaines avant la mort de Gianni, des actifs représentant 100 millions de dollars – la villa de Floride et une maison de Manhattan aux murs couverts de Picasso et de Léger – avaient été séparés de la compagnie. Mais, trépassant,

Gianni a joué un tour pendable à sa marque : sur son testament, il a laissé sa prodigieuse collection de tableaux à son neveu Daniel, le fils de Donatella. Surtout, il a légué toute sa fortune financière, c'est-à-dire 51 % du capital, à Allegra, la grande sœur de Daniel, qui n'a que quatorze ans. Cela aurait pu faire de Donatella, qui possède 20 % de la société, une puissante actionnaire majoritaire, mais il n'en est rien, car la justice italienne a son mot à dire. Si Donatella voulait vendre, le juge des tutelles pourrait intervenir et bloquer l'opération en arguant qu'elle ne correspond pas à l'intérêt financier de long terme d'Allegra. Et si la société est cotée en bourse et prend de la valeur, le surplus en impôts de succession pourrait être énorme. Déjà, les taxes versées au fisc ont pratiquement réduit à néant les bénéfices pendant deux ans. La firme est comme paralysée. Versace sera donc sans doute obligé de s'allier à un partenaire stratégique si la marque veut croître…

La chair de Sophie

Sophie Dahl est couchée sur le dos, les yeux fermés, entièrement nue à l'exception de ses sandales dorées, d'un bracelet et d'un collier de diamants. Peau couleur craie, paupières maquillées de vert et lèvres rouge sang. Son corps tout en courbes, plus plein que ceux de la plupart des mannequins, repose sur un tissu noir, une soie ou plutôt un velours très souple. En fait, c'est un satin. Il est froissé comme le sont les draps après une nuit de stupre. Elle se caresse le sein gauche, projette son bassin et ses cuisses entrouvertes vers l'amant qui la tourmente. Qui est-il ? Yves Saint Laurent, tout simplement !

À tous ceux qui juraient que le porno chic ne fait plus recette, Tom Ford a voulu donner une leçon. À partir de novembre 2000, la photo prise par Steven Meisel s'affiche sur tous les murs de France et du monde. Vingt-trois ans après son premier lancement, *Opium* défraie à nouveau la chronique du luxe. En 1977, c'est le nom qui avait fait scandale ; cette fois, il a fallu aller plus loin. La sexualité est plus qu'explicite, et on n'aperçoit aucun flacon sur l'affiche. Il n'y a plus qu'une femme affolée par son désir de parfum. Tom Ford, le styliste de Gucci, devenu il y a peu l'homme fort de Saint Laurent, ne perd pas son temps en excuses :

«Je voulais une femme qui soit un excès de sexe, d'amour, de nourriture, un excès total.»

La campagne est un succès. La photo est si suggestive que de nombreux magazines, non contents de l'accueillir sans forme de publicité payante, l'ont reproduite pour la commenter, ce qui représente une publicité gratuite à grande échelle. La meilleure publicité, toutefois, a été offerte par l'Autorité britannique de régulation de la publicité qui a interdit l'affiche outre-Manche en raison de son caractère «trop sexuellement suggestif». Christopher Graham, directeur général de l'ASA, affirme que l'affiche «constitue clairement une agression sérieuse et généralisée» pour la personne qui la regarde. C'est le plus grand scandale publicitaire en Angleterre depuis l'affiche vantant les relations sexuelles protégées, sur laquelle le Pape apparaissait coiffé d'un casque de moto ! L'affaire de l'affiche Saint Laurent a immédiatement fait le tour du monde, le nom d'*Opium* dans son sillage… Le sexe fait vendre. Le sexe de luxe fait vendre du luxe. Quand une marque parvient, par l'intermédiaire de la publicité, à se brancher sur les instincts les plus fondamentaux ou les plus cachés de sa clientèle, elle peut espérer créer une attirance d'une essence nouvelle, plus intime, moins résistible.

Il est généralement admis que la marque la plus explicitement sexuelle est aussi la plus moderne, la plus *fashion*. Elle va, mieux que les autres, créer du «trafic» dans les boutiques de la marque. Créer du «trafic» est important dans toutes les industries qui aspirent à connaître une croissance rapide. Dans le luxe, la tâche est plus ardue, la sollicitation doit être plus indirecte, puisque ce n'est presque jamais la nécessité qui motive l'acheteur. Voilà, en ce début de XXIe siècle, le cahier des charges de la publicité de luxe. Impossible d'y échapper. Une campagne ratée, vieux jeu, peut se traduire par des dizaines de millions de dollars de manque à gagner. Pour que le client achète la marque, il faut que l'y pousse une force intérieure, sensuelle, et, pourquoi pas, plus trouble encore. L'important est de lui renvoyer l'image d'un monde où il jouira d'une liberté totale, sans tabou. Le sexe n'est pas le seul moyen d'y parvenir, mais c'est un vecteur qui a indéniablement fait ses preuves. Le sexe a toujours été propice aux allégories, mais les publicitaires y voient aussi un bon symbole de l'expansion économique. Le début des très sexuelles années 80 avait vu le triomphe des golden boys ; la fin des années 90 a connu celui des gamins-patrons de la nouvelle économie.

Malheureusement, le sexe, comme toutes les ficelles du marketing, s'use si on s'en sert trop. La publicité sexuelle se ringardise vite. Concepteurs-rédacteurs et photographes doivent sans cesse repousser un peu plus les limites de la bienséance. Au commencement était Chanel. Le clip de Jean-Paul Goude sur le parfum *Égoïste* jouait, en tout bien tout honneur, sur le concept de harem. Un homme était insulté tour à tour par toutes ses maîtresses, enfermées dans un hôtel-sérail, et qui claquaient violemment les volets de leur chambre en le couvrant d'injures. Ce joli film, gentiment sensuel, n'est pas si vieux, mais fait désormais figure d'antiquité. Aujourd'hui, pour vendre, le sexe doit se dépasser, explorer ses franges. Pour stimuler le désir d'achat des femmes entre quarante et cinquante ans – quoi qu'en disent les marques, elles restent le « cœur de cible » –, l'amour classique ne suffit plus. La décharge d'adrénaline doit être plus intense.

Vuitton a été le premier à emprunter la piste du sadomasochisme. La photo de cette femme sans visage appuyant sur la tête d'une de ses victimes pour lui faire embrasser ses escarpins Vuitton a obtenu l'effet escompté. Georges Rech a suivi avec sa «Femme nue munie d'une badine», et John Galliano a lancé le phénomène à l'échelle mondiale avec sa campagne «Jean» où, pour faire vendre sacs et lunettes, des talons aiguilles s'enfonçaient dans la chair tendre. À la suite de cette campagne, les ventes d'accessoires Dior ont fait un bond prodigieux.

Dans l'échelle de la manipulation sexuelle, Ungaro a gravi un barreau de plus en exploitant la veine zoophile. Un berger allemand lèche la cheville d'une «femme-femelle» en robe Ungaro, qui se pâme. Un autre berger allemand, debout sur son arrière-train, entoure de ses pattes avant le cou et le buste d'une femme en costume Ungaro. La campagne a été refusée dans plusieurs pays d'Asie, notamment à Singapour, ce qui fait, en définitive, de la zoophilie un mauvais investissement quand on sait la place que tient l'Extrême-Orient dans les recettes des maisons de mode.

Certaines publications commencent à trouver que le balancier est allé trop loin. À l'automne 2000, *D Magazine*, un périodique de Dallas, a opposé une fin de non-recevoir à deux de ses annonceurs. Une des publicités représentait une posture de viol : le mannequin Caroline Ribeiro, vêtu d'une simple blouse dorée, couchée dans le désert ; au-dessus d'elle, un homme torse nu, au sexe en érection parfaitement visible sous un pantalon Gucci très ajusté. La maison de Tom Ford et Domenico De Sole ont fourni une page de remplacement. Une autre publicité, cette fois de Perry Ellis, montrait une femme rousse, égarée et couchée sur le carrelage, les jambes nues ; un homme est penché au-dessus d'elle, la main sur la ceinture de son manteau. L'allusion au viol est limpide.

Les codes permettant de décliner la publicité sexuelle sont innombrables. Dès que le macho est ringard, l'antimacho est soudain à la mode. L'homme est alors ridiculisé dans tout ce qu'il possède de sexuellement offensif. Asservi, fragile, bousculé par les femmes, il a le choix entre l'anéantissement et la transformation en objet sexuel. Il doit être beau, sportif, imberbe, mais le plus passif possible : une sorte d'esclave voluptueux et narcissique. Les icônes de la culture gay sont omniprésents, brouillant la lecture qu'il convient de faire des rapports entre ces hommes et les femmes. L'objectif, conscient ou non, de cette nouvelle mythologie, est de fabriquer des hommes qui plaisent à la fois aux hommes et aux femmes, des Leonardo DiCaprio, des Johnny Depp ou des Zidane. Rendre floues les frontières entre les sexes est devenu une stratégie : l'androgynie. Pour Tom Ford, deux femmes qui se caressent ne forment pas forcément une image lesbienne :

« Aujourd'hui, les gens sont des gens. Un point, c'est tout. Je ne veux pas tracer une ligne trop nette entre les hommes et les femmes [1]. »

L'homosexualité est désormais un véhicule très utilisé. La féminine est exploitée sans pudeur sur une très large échelle. La masculine, plus discrète, reste encore au stade de l'allusion. Les codes n'en sont pas moins établis. Tom Ford, encore lui, a été un précurseur avec son parfum *Rush.* Seule la communauté gay pouvait comprendre : Rush est l'une des plus célèbres marques de poppers, ces gaz à base d'azote censés décupler la puissance sexuelle, devenus un gadget de ralliement pour la communauté gay à partir de la fin des années 60…

1. *W. Magazine*, novembre 2000.

L'opium des riches

Derrière le sexualisme calculé des campagnes publicitaires dans l'industrie du luxe se cache une machine redoutablement efficace, capable de dépenser des dizaines de millions pour vendre des milliards. Les dépenses de publicité constituent en effet une part très importante des investissements des maisons de luxe. Pour prendre un exemple, le groupe LVMH engloutit environ 900 millions de dollars dans ses campagnes, dont un peu plus de cent millions de dollars pour la promotion de la seule marque Vuitton, soit 4 % du chiffre d'affaires. Estée Lauder investit rien moins que 1,1 milliard de dollars pour la communication et la promotion de ses produits, soit 27 % de ses ventes. Plus grand est le nombre de marques que possède un groupe, plus considérables sont les sommes qu'il dépense en publicité, mais surtout plus formidables sont les ristournes qu'il est capable d'arracher aux magazines. LVMH, le groupe aux quarante marques, réaliserait ainsi chaque année des économies publicitaires de l'ordre de 200 millions de dollars[1], soit plus de 1,2 milliard de francs.

Au vu de ces chiffres, on comprend pourquoi les petites marques, si méritantes qu'elles soient, sont incapables de

1. *Forbes Magazine*, 13 novembre 2000.

faire leur devoir publicitaire sans aide extérieure. Et sans publicité, ou, pire, avec une publicité médiocre, la marginalisation peut être rapide et fatale.

Le luxe, après tout, n'est souvent qu'une image que la marque projette dans le cerveau de sa clientèle. À l'époque où l'on vendait des produits de luxe isolés, la réputation pouvait suffire. Aujourd'hui, on vend des marques de luxe et personne n'a jamais, dans ce genre d'entreprise, inventé un instrument plus efficace que la publicité média. Le paradoxe, c'est qu'une marque aura d'autant plus besoin de publicité que sa légitimité dans le luxe est fragile. Vuitton et Cartier avaient été terriblement banalisées dans les années 70. Elle sont remontées vers le haut de gamme grâce à la publicité, en comprenant un peu avant les autres que tout l'art consiste à se rendre non pas accessible, mais, au contraire, le plus inaccessible possible ! Un autre coup de génie de Cartier est d'avoir créé la fondation Cartier, qui est, au moins en première analyse, de l'antipub. Cette innovation a permis au joaillier de faire une communication frénétique sur de l'antipub. Bien joué !

Dans le secteur des produits de grande consommation, la cible est très large et les publicitaires ont intérêt à s'aligner sur le plus petit dénominateur commun. Par rapport à cette ligne simple, le monde du luxe est semé de pièges et de paradoxes, puisqu'il faut impérativement, pour préserver la sélectivité de la marque, viser une part de marché infiniment plus étroite tout en se faisant connaître du plus grand nombre. À quoi bon porter des chaussures John Lobb ou une montre Tag Heuer si personne ne sait ce que c'est, ni combien ça coûte ? Le nanti veut qu'on le sache nanti. Le luxe, c'est l'« opium des riches » !

Le publicitaire doit faire preuve de beaucoup d'intelligence, créer des sensations inattendues, chez une clientèle sophistiquée, exigeante, sûre d'elle. Par-dessus tout, il doit surprendre, sans choquer. Le courage d'aller à contre-courant est à l'origine de plus d'un grand succès. À une époque où les parfums s'appelaient *Cœur de Jeannette* ou *Mouchoir de Monsieur*, Chanel avait provoqué un électrochoc en lançant *N° 5*, un nom élémentaire mais absolument incopiable. Le contre-pied est parfois récompensé. Il avait fallu un grand culot à Patou pour lancer *Joy* en 1935, c'est-à-dire au beau milieu de la grande dépression, avec comme slogan : « Le parfum le plus cher du monde » !

Descente aux enchères

Le luxe suprême, au fond, ce serait une ligne contenant un seul produit au prix infini. On appelle ça l'art, et, dans ce domaine aussi, tableau de maître après tableau de maître, meuble signé après meuble signé, Bernard Arnault et François Pinault se marquent à la culotte.

À l'échelle mondiale, le marché de l'art pèse quatre milliards de dollars, mais ce n'est pas uniquement d'argent qu'il s'agit. L'art exerce une fascination qui va bien au-delà des fortunes qu'il érige. Avec l'art, certains humains entretiennent des relations qui rappellent la vénération religieuse ou la folie amoureuse. Or les plus beaux objets qu'a produits l'histoire du monde transitent régulièrement par les grandes études de commissaires-priseurs, et les hommes très riches sont tous plus ou moins collectionneurs, même au fin fond du Texas. Cela fait partie de la panoplie du milliardaire moderne. Pour posséder un morceau de cette histoire, ils sont prêts à dépenser des sommes énormes. François Pinault et Bernard Arnault font partie de ces hommes-là.

Le Breton possède une des plus belles collections d'art d'Europe : Mondrian, Rothko, Pollock, Rauschenberg, Picasso, Henry Moore… Au point qu'il songe à ouvrir un musée sur l'île Seguin, à Paris. Sur une échelle un peu moindre, l'homme du Nord est lui aussi un passionné, avec ses préférés : Léger, Monet, Dubuffet, Basquiat.

Pour eux, disposer d'un accès privilégié au flot de ces splendeurs représente une tentation irrésistible. Or deux études, la britannique Christie's et l'américaine Sotheby's, contrôlent 95 % du marché. Dans cette bataille, c'est François Pinault qui a tiré le premier en rachetant Christie's en 1998. Depuis, le patron de LVMH s'est naturellement juré de faire au moins aussi bien. Au début de l'an 2000, il rachetait Tajan, la première charge française, puis, quelques mois plus tard, Phillips, la troisième maison d'enchères du monde, pour 120 millions de dollars. Le dixième du prix que Pinault avait payé pour Christie's. Bernard Arnault a installé Phillips au cœur géographique de son empire de luxe, au 24, avenue Montaigne, et en a confié la décoration à Christian de Portzamparc, l'architecte qui avait déjà dessiné la tour LVMH à Manhattan, sur la 57e Rue.

Arnault a beau dominer largement Pinault pour ce qui est du luxe, sur le marché de l'art, il restera un petit joueur tant qu'il n'aura pas mis la main sur Sotheby's. La rumeur court régulièrement qu'il va racheter une partie du capital pour 800 millions de dollars. S'il y parvient, il deviendra le numéro un du secteur.

Un secteur qui, ces derniers temps, ressemble plutôt à un ring de boxe ! Christie's et Sotheby's, les deux grandes dames, se sont conduites en friponnes. Pendant six ans, les deux maisons, réputées pour leurs ventes de tableaux dépassant souvent la barre des 100 millions de francs, ont commis un crime : elles ont, en s'arrangeant entre elles, privé leurs clients de la seule marge de manœuvre à leur disposition, à savoir la possibilité de négocier... En un mot, elles ont violé la loi antitrust. Aux États-Unis, c'est un délit très grave. Le département américain de la Justice les accuse d'avoir passé des accords illicites sur le dos de leur clientèle et de leurs fournisseurs, en un mot d'avoir elles-mêmes fixé le montant des commissions versées par les vendeurs et les acheteurs d'œuvres d'art.

Très exactement, en mars 1995, Christie's a modifié un règlement vieux de plusieurs décennies, qui fixait à 10 % le montant de la commission perçue sur le vendeur d'une œuvre, au profit d'une nouvelle échelle « glissante » allant de 2 à 20 %, en fonction de la valeur de l'objet. Sotheby's a fait de même quelques mois plus tard. L'une et l'autre se sont aussi arrangées sur les taux d'intérêt des prêts consentis aux vendeurs. Une maison d'enchères prête souvent en effet au vendeur, afin de lui permettre de régler les droits de cession. La collusion entre les deux maisons a été poussée très loin. Une sorte d'équilibre de la terreur, chaque enseigne transmettant à l'autre sa liste de clients préférés. Pour finir, les deux maisons renoncent d'un commun (et secret) accord à faire des donations charitables aux fondations familiales, aux musées et aux bibliothèques, un moyen traditionnel pour recruter de nouveaux clients. Il va sans dire que n'importe quel employé qui pose sa candidature chez le concurrent est immédiatement dénoncé. Le racket de la clientèle est parfaitement organisé !

Après une longue et minutieuse enquête commencée en 1997, les procureurs fédéraux ont mis au jour la collusion entre les deux plus grandes figures du marché mondial de l'art, Alfred Taubman, soixante-quinze ans, président de Sotheby's, et Sir Anthony Tennant, son homologue chez Christie's. Selon les détectives, Taubman et Tennant se sont rencontrés à plusieurs reprises au milieu des années 90 pour mettre au point leur forfait, avant de demander à leurs directeurs généraux de passer à sa mise en application. Ces derniers ont obéi, établissant même une liste de clients privilégiés pour lesquels il était entendu qu'il n'y aurait pas de commission.

La première réunion opérationnelle destinée à fixer les commissions à verser aux vendeurs s'est déroulée dans un magnifique appartement, un peu à l'écart de Lexington Avenue, à l'est de Central Park. C'est celui de Diana Brooks, la directrice générale de Sotheby's. Davidge, son homologue de Christie's, est arrivé de Londres en Concorde. Brooks et lui ont commencé à parlementer à l'arrière de la limousine de fonction de Sotheby's. Puis il est reparti en Concorde le jour même. Grâce à cet arrangement, les bénéfices et les cours de bourse des deux charges ont connu une belle progression au cours de la deuxième moitié des années 90, et les deux acolytes ne se sont pas privés de profiter de cette embellie boursière. Délit d'initié.

Comme c'est la coutume dans les poursuites judiciaires aux États-Unis, le ministère public a passé des « marchés » avec les suspects. Davidge s'est vu offrir une amnistie conditionnelle s'il chargeait suffisamment Brooks, ce qu'il s'est empressé de faire. Une des clauses de la loi antitrust prévoit qu'en cas de procès, une seule des parties peut se voir offrir ce genre de marché. Quand Brooks a tenté de faire de même et de déballer tout ce qu'elle savait sur Davidge, il était trop tard. Elle risque de goûter bientôt à la prison, et Sotheby's s'est vu infliger une amende de 45 millions de dollars.

Dans cet univers où les fortunes les plus époustouflantes convoitent les œuvres les plus rares, Davidge fait l'effet de sortir tout droit d'un roman de Dickens ! À cinquante-quatre ans, il est déjà chez Christie's depuis près de quarante ans. Il y était entré comme stagiaire d'été à l'âge de seize ans, tout comme, avant lui, son père et son grand-père. Il ne fait pas du tout partie de la bonne société qui se presse dans les ventes ; au contraire, il la vomit. Il déteste ces aristocrates arrogants qui avaient payé à son aïeul un salaire de misère avant de concéder à sa veuve une pension si faible qu'elle ne suffisait pas à la nourrir. Davidge a pris une revanche éclatante sur Christie's : d'abord secrétaire, puis responsable de l'imprimerie, chef des opérations pour la Grande-Bretagne, et, enfin, directeur général. Parvenu à ce poste, il y a fait des merveilles. À coups de publicité et de marketing, il a dépassé Sotheby's en 1997, après quarante-trois ans à la seconde place. Mais rien n'y fait, ni les coups de gueule, ni les succès. Il n'est pas assez «Old England». Avec ses cheveux teints, ses bagues en or et ses costumes à fines rayures roses, il a toujours été entendu qu'il ne ferait jamais partie du sérail. Face au Lord certifié qui lui tient lieu de président, il n'a socialement aucune chance. Tennant, lui, incarne ce que la haute société britannique fait de mieux. Éduqué à Eton, puis à Cambridge, anobli chevalier, Sir Anthony possède un pedigree irréprochable. Davidge se rattrape sur les valeurs plus terre à terre : on dit qu'il a empoché un joli cadeau d'adieu – environ 7,5 millions de dollars[1] ; il s'est marié avec une employée indienne de Christie's et certaines invitations à la cérémonie contenaient des billets d'avion de première classe pour Bombay...

Quand la nouvelle de la collusion éclate au grand jour, le scandale est immense. On peut faire confiance à une clientèle capable de dépenser des dizaines de millions de dollars dans un tableau, pour donner de la voix quand elle se sent flouée. Une fois que la machine est lancée, elle ne s'arrête plus. La Commission européenne et la Commission australienne de la concurrence emboîtent le pas aux autorités fédérales américaines et se penchent sur les agissements, dans leurs ressorts respectifs, des deux malfrats de l'art. Plus de cent

1. *The New York Times*, 3 octobre 2000.

mille personnes, acheteurs et vendeurs confondus, intentent un procès collectif, et les deux maisons se retrouvent condamnées à payer une somme globale de 512 millions de dollars. Un demi-milliard de dollars !

Alfred Taubman, ex-président de Sotheby's, est même accusé d'avoir menti pendant des années sur les recettes afin de doper le cours de bourse de sa charge. La capitalisation boursière de Sotheby's s'effondre de 1,3 milliard de dollars et le titre, qui se négociait il y a encore quelques mois à 47 dollars, rampe désormais à 17 dollars. C'est le moment que choisit la nouvelle économie pour infliger une dernière humiliation à la charge fière de ses deux cent cinquante ans d'histoire : « ebay », une start-up d'enchères sur Internet, qui n'a pas cinq ans d'âge, offre de la racheter pour 1,6 milliard de dollars. Il y a d'autres repreneurs sur les rangs : Bernard Arnault, qui a suivi la bourse avec intérêt, propose à Taubman de lui racheter ses parts de Sotheby's. Puis il entame une vaste campagne de débauchage des meilleurs experts de ses deux énormes concurrentes.

Le président de LVMH cherche à encercler Pinault. À peine deux mois après le début de l'affaire dans laquelle son rival est impliqué malgré lui, Arnault décide de se faire plaisir et de montrer que Phillips a le potentiel d'une grande maison. Nous sommes le 8 mai 2000, le marché de l'art est « sonné ». Christie's et Sotheby's sont cassés par l'« affaire ». Aux amateurs de Londres et de New York, elles proposent bien sûr de belles pièces, mais le cœur n'y est plus, et tout le monde, dans le milieu des ventes, sait que quelques très gros clients n'ont pas fourni leurs œuvres, comme prévu, aux deux « grandes ». Alors tous les regards se tournent vers la petite dernière, Phillips. Pour honorer cette attention inhabituelle, la maison a quitté ses locaux un peu étroits et emménagé à l'American Craft Museum pour effectuer la plus grande vente de son histoire. Il lui faut battre le fer tant qu'il est chaud…

Jusqu'alors, dans le petit monde des experts, Phillips était cantonnée à des œuvres valant au maximum quelques centaines de milliers de dollars. Cette fois, on joue dans la cour des grandes. Les visiteurs en ont le souffle coupé. Sur les chevalets montés sur l'estrade, ils découvrent un Cézanne, *Environs de Gardanne*, et un Monet, *Plage de Juan-les-Pins*, qui valent respectivement 7 et 8 millions de dollars. On peut admirer aussi un Renoir et un Gauguin. Le clou de la vente est indubitablement le Malevitch, mais les commissaires-priseurs refusent de fournir une estimation, pour faire durer le suspense et attirer la presse. Les spécialistes s'interrogent : comment Phillips a-t-elle réussi à attirer de pareilles merveilles ? Ils trouvent un début d'explication sur le magnifique catalogue. Comme l'exigent les lois de l'État de New York, les organisateurs ont consigné les garanties offertes et les avances consenties aux vendeurs. Vingt-quatre des trente et une œuvres ont été garanties, ce qui veut dire que le commissaire-priseur a dû insister pour que les détenteurs n'aillent pas les proposer à Christie's et à Sotheby's. Les propriétaires se sont vu promettre un prix minimum quelle que soit l'issue de la vente. Sur les vingt-quatre œuvres, huit étaient assorties d'une avance. Phillips n'a réalisé de bénéfices que sur six des sept œuvres non garanties. La rumeur court et enfle : c'est Phillips lui-même qui les aurait rachetées[1] !

Quant aux connaisseurs, ils murmurent, peut-être par dépit, que les œuvres ne valaient pas les garanties que Phillips a offertes aux propriétaires. Qu'importe ! Pour bluffer le monde de l'art et montrer à François Pinault de quel bois il est fait, Bernard Arnault était prêt à beaucoup de

1. www.telegraph.co.uk, 8 mai 2000.

sacrifices. Son coup d'éclat lui a sans doute coûté fort cher, mais il a épaté la galerie, l'espace d'une journée, et, dans l'esprit du public, il est monté en gamme. Le Malevitch est parti à 18 millions de dollars !

Naturellement, au cours des journées suivantes, les deux grandes ont réagi avec l'énergie de l'orgueil blessé. Sotheby's a vendu *Le Portail* de Monet un peu plus de 15 millions de dollars, et *Compotier et Guitare*, une nature morte de Picasso, pour 10 millions de dollars. Christies a fermé le bal avec un autre Picasso, *Nature morte aux tulipes*, parti pour plus de 20 millions de dollars. Ah, mais !

L'horlogerie suisse est encerclée

N'en déplaise à la jet-set branchée qui vole de grande métropole en station balnéaire chic, La Chaux-de-Fonds, bourg suisse des alentours de Neuchâtel, est bel et bien une des capitales mondiales du luxe. C'est là, dans cette paisible ville de la Confédération helvétique, que, depuis la nuit des temps, bat le cœur de l'industrie horlogère de très haut de gamme.

Certains puristes rechigneront certes à classer cet art majeur dans la catégorie du luxe en expliquant, non sans dédain, que l'horlogerie est exactement le contraire du clinquant et du tape-à-l'œil. Dans une vraie montre, au sens que les traditionalistes prêtent à ce mot, l'essentiel est invisible. Des hommes et des femmes sont disposés à dépenser des fortunes pour la fiabilité mystérieuse, infiniment petite, dissimulée au regard, d'un mécanisme d'horlogerie.

Ce serait donc faire insulte à l'univers horloger que de le décrire à coups de dollars, de fusions-acquisitions et de faramineuses marges bénéficiaires. Il est avant tout le lieu de passions dévorantes, à la mesure du besoin qu'ont les humains de croire qu'ils sont capables de maîtriser le temps.

On a vu, au milieu des années 90, des milliers de fanatiques attendre des années, en retenant leur souffle, qu'un artisan du

Solliat nommé Philippe Dufour, délaissant les sentiers trop battus de la répétition, de la rattrapante ou du quantième perpétuel, mette enfin au point une montre-bracelet à double régulateur, piste audacieuse déjà empruntée sans suite, dans les années trente, par les étudiants de l'École technique de la vallée de Joux, et encore, uniquement pour les montres de poche. Pour Dufour et sa tribu de supporters, il s'agissait à la fois de relever un défi technique et de remplir un devoir moral en répondant une fois pour toutes à «LA» question : comment compenser les effets de la pesanteur sur l'échappement, ce mécanisme dont la fonction d'entretien des oscillations du balancier affecte directement la régularité de marche, donc la précision, de la montre ? Il va sans dire que la réponse, pour être inédite, se devait d'innover radicalement par rapport au tourbillon, système déjà remarquablement ingénieux inventé en 1801 par le fameux Abraham Louis Breguet. Dufour n'a pas déçu sa tribu. Il a réussi à faire tenir son mouvement dans un diamètre de 30 millimètres, pour une épaisseur de 4 millimètres, offrant ainsi à l'industrie la première invention majeure depuis celle de l'échappement à ancre suisse.

C'est en raison de ces prouesses de miniaturisation que le prix d'une montre peut atteindre des sommets insoupçonnés. Et c'est à cause de ces prix que l'industrie horlogère s'est trouvée, au grand dam des tenants de la tradition, embarquée dans les impitoyables guerres du luxe. Celles-ci ont mis aux prises quatre grands groupes : le Français LVMH, le Sud-africain Richemont, et deux groupes horlogers suisses, Rolex et Swatch. Des milliards de dollars ont été lancés dans la bataille. Des éléphants dans un magasin de porcelaine !

Au premier abord, les chiffres ne sont pas très impressionnants si on les compare aux sommes astronomiques maniées, par exemple, par les opérateurs de téléphone mobile. Ils sont surtout particulièrement difficiles à obtenir de la part d'une industrie qui se tait comme elle respire. On en est réduit à compter sur les statistiques des douanes et à extrapoler. La production mondiale de montres représente un marché d'environ 18 à 20 milliards de francs suisses en 2000. Sur ce total, les exportations suisses comptent pour un peu plus de 10 milliards de francs suisses, soit plus qu'une bonne moitié. Mais la Confédération helvétique occupe surtout une position prééminente dans le très haut de gamme. Alors que, dans le monde, le prix de vente moyen d'une montre est de 145 francs suisses, il faut en compter 310 pour une montre fabriquée en Suisse.

Il était inévitable que la lame de fond des concentrations frappe un jour l'industrie horlogère. Elle recèle des marges bénéficiaires formidables, mais son atomisation extrême empêche les marques de réaliser tout leur potentiel financier. En outre, la faiblesse financière des maisons les rend incapables d'honorer la demande, et une sous-capacité chronique s'est installée.

Souvent – mais avec de notables exceptions – gérées de manière un peu vieillotte par des familles suisses, ces firmes constituent depuis dix ans des cibles toutes désignées pour les grands groupes de luxe avides de mettre le pied dans un secteur qui, jusqu'en 1989, s'enorgueillissait de son opacité et de son immobilité.

Au commencement était Swatch. La trajectoire du groupe de Biel (Suisse), qui contrôle aujourd'hui presque le quart du marché mondial des montres et jouit d'un quasi monopole sur de nombreux mouvements d'horlogerie, est emblématique car elle démontre que le luxe a parfois besoin du marché de masse pour survivre. Si Nicolas Hayek n'avait pas lancé en 1983, pour contrer l'avalanche de modèles japonais bon marché, une marque de montres en plastique baptisée Swatch, qui sait s'il aurait réussi à garder longtemps le contrôle de grandes marques comme Tissot et Omega que recélaient les groupes historiques SSIH et ASUAG, confiés à son management, bientôt fusionnés en SMH avant d'adopter simplement le nom de Swatch Group en 1998 ?

La montre Swatch n'a pas connu des débuts faciles. L'innovation est accueillie avec un enthousiasme limité par la clientèle, et la profession toise la nouvelle venue avec le plus souverain mépris. C'est un peu comme si, dans le bon Bordelais, un viticulteur se mettait à brasser de la bière ! Non seulement la nouvelle marque utilise des matériaux vulgaires, mais elle change en permanence. Tous les ans, Swatch modifie les couleurs, les modèles, joue en somme la carte de la mode, et vise la clientèle féminine, en contradiction flagrante avec la stabilité à toute épreuve, plutôt misogyne, et assurément antimode, qui a longtemps fait la fierté de l'horlogerie suisse. Le nouveau marketing que pratique Swatch tarde à décoller, mais, dans la seconde moitié des années 80, la marque de Hayek prend une décision dont elle ne mesure pas encore les incalculables conséquences : elle se lance sur le marché italien. Le succès est foudroyant. Les Italiennes, puis les Italiens se jettent avec furie sur les montres bariolées. L'engouement est tel que ces objets, dont la valeur réelle est pratiquement nulle, deviennent… rares. Lorsque de nouveaux modèles sont annoncés, certains *aficionados* dorment sur le trottoir devant les points de vente. Plusieurs cas de vols à l'arraché en pleine rue sont signalés à la police. En 1989, au cours de la première vente aux enchères qui propose des montres de la marque, certaines Swatch partent à des prix atteints généralement par les Cartier. Aujourd'hui, le Swatch Group vend environ 120 millions de montres par an, répartis sur une vingtaine de marques qui vont de la Swatch au *nec plus ultra* de l'aristocratie horlogère : Blancpain, Bréguet et Glasshütte Original.

Au-delà de la folie qui s'est emparée de sa clientèle, la marque Swatch a rendu un grand service au monde du luxe tout entier. Il a fait connaître la montre et comprendre que ce petit objet peut rapporter des fortunes à toute marque qui inscrirait son nom dessus. L'une après l'autre, les marques de mode vont s'engouffrer dans la brèche et développer leur secteur horloger. Chanel, Hermès, Gucci s'y lancent avec bonheur, et l'horlogerie représente aujourd'hui le *business* le plus rentable de leur portefeuille. Entre 1990 et 2000, les exportations de montres suisses ont grimpé de plus de 60 %, et le potentiel de croissance est loin d'être épuisé. D'autant que les nouveaux acteurs – essentiellement les maisons de couture et de maroquinerie – ont bien plus profité de l'embellie que les marques traditionnelles, notamment parce que ces nouveaux entrants se sont donné les moyens de créer une nouvelle clientèle plus jeune, plus féminine et moins… suisse. La Confédération reste certes le premier fournisseur horloger du monde en valeur, devant les États-Unis, mais l'avenir réserve peut-être bien des surprises.

Pour prendre un exemple qui défraie en permanence la chronique pour des raisons moins édifiantes, la marque Gucci Timepieces, qui commercialise les montres du maroquinier de Florence, est passée en dix ans, de 0 à 330 millions de francs suisses de chiffre d'affaires.

Parallèlement à Swatch, le groupe Vendôme, qui gère le pôle luxe du conglomérat sud-africain Richemont, décide de s'équiper pour la future guerre des montres. Vendôme commence par reprendre des sociétés en veillant bien à acquérir à la fois des marques et des fabricants de composants horlogers. Les responsables du groupe comprennent que le contrôle de la fabrication des mouvements est une nécessité stratégique sur le long terme. En 1998, Vendôme rachète Piaget. Pour mener la lutte à l'échelle mondiale, cette société avait besoin du cash d'un grand groupe, d'autant plus que certains prêts à court terme avaient été utilisés pour des investissements de long terme et que les banques créancières se faisaient pressantes.

Nombre d'entreprises familiales au nom prestigieux ont ainsi trébuché sur une gestion imprudente. Patek Philippe, dont le chiffre d'affaires ne dépassait pas 200 millions de francs suisses, avait investi dans une usine ultramoderne de 100 millions de francs suisses, mais les ventes n'avaient pas suivi, et le fabricant s'était retrouvé au bord de la faillite. Les groupes de luxe sont à l'affût. L'horlogerie suisse est encerclée.

Toutes les maisons traditionnelles ne sont pas pour autant condamnées au sur-place commercial. Plusieurs se transforment au contraire en *success stories.* L'aventure de TAG Heuer, fruit de l'acquisition de la marque Heuer, née en 1860, par le groupe Techniques d'Avant-Garde (TAG), en témoigne avec éclat. Grâce à des innovations comme la Formula One, la marque emblématique des sports de vitesse et des compétitions officielles prend son essor au cours des années 80. Entre 1982 et 1989, les ventes passent de 6 à 70 millions de francs suisses, et ce n'est qu'un début. L'introduction, au service de la promotion de la marque, des techniques de marketing issues de l'univers du luxe, lui offre un second et prodigieux rebond : entre 1988 et 1997, le chiffre d'affaires progresse de 25 % par an et passe de 66 millions à 474 millions de francs suisses. La profitabilité a suivi la même courbe, avec une marge brute passant de 42 % à 55 % au cours de la même période. Restait à réussir l'IPO, c'est-à-dire l'introduction en bourse. Pour être certains de valoriser la marque à hauteur de 500 millions de francs suisses, on vend la société opérationnelle à un holding sis au Luxembourg six mois avant l'introduction. À l'entrée en bourse, en 1996, TAG Heuer, cotée à la fois à Zurich et à

Wall Street, est valorisée au niveau stupéfiant de 1,3 milliard de francs, dont, on l'a vu, un demi-milliard pour la marque. C'est à ce moment-là que le mieux est devenu l'ennemi du bien : les investisseurs ont jugée artificielle cette capitalisation boursière. Ils ont boudé le titre et celui-ci a chuté. La confiance était brisée. Bernard Arnault n'a eu qu'à se baisser pour ramasser la marque à la fin de 1999.

L'avant-dernière année du siècle était d'ailleurs programmée par LVMH pour être un grand cru, l'aboutissement d'une stratégie de conquête qui a commencé par le recrutement du directeur général d'Omega. En sus de TAG Heuer, deux marques ont rejoint le groupe à la fin de cette année-là. En octobre, cédé par le fonds Investcorp, Ebel, avec les deux lignes phares que sont Sport Classic et Beluga, intègre la toute récente division « montres & joaillerie » du groupe. Un mois plus tard, c'est au tour de Zénith. Sans être une marque de très haut de gamme, Zenith représente un potentiel considérable, car c'est l'une des dernières à fabriquer des mécanismes dans sa propre usine. Elle peut concevoir, développer et industrialiser des mouvements mécaniques. Dans la guerre horlogère, elle constitue donc une arme de longue portée. Sous son nom, Zénith fabrique le mouvement automatique extra-plat Elite et, surtout, le mouvement El Primero. Zénith est également une plate-forme commerciale : les mécanismes qu'elle élabore se retrouvent dans des montres fabriquées par d'autres marques, certaines appartenant à des groupes rivaux de LVMH. Ainsi, El Primero équipait jusqu'en 1999 le cosmographe Daytona de Rolex, qui est sans doute la montre la plus demandée au monde. Pour un modèle neuf, un client doit parfois patienter plusieurs années, et Rolex ne possède pas encore l'outil de production qui pourrait lui permettre de faire face à cette demande. En théorie, Zénith est aussi capable de fabriquer des mouvements pour toutes les marques de LVMH, en particulier TAG Heuer.

À la fin de 1999, la situation horlogère de LVMH semble donc bonne. Pourtant, ces acquisitions ne procurent à Bernard Arnault qu'une satisfaction marginale. Car, dans les tout derniers jours de l'année, l'empereur du luxe a posé son regard sur une proie autrement plus appétissante. Mais il n'est pas le seul…

Raid truqué sur Jaeger LeCoultre

La nouvelle qui électrise le monde horloger dans les derniers jours de 1999 ne constitue pas une surprise pour les experts des télécommunications : le conglomérat allemand Mannesmann met en vente son pôle horloger de luxe, baptisé « Les Manufactures Horlogères » (LMH). Le conglomérat, qui vient lui-même d'être racheté par le géant britannique du téléphone Vodaphone, a décidé de se concentrer sur ses métiers de base et de se défaire du reste. Le groupe LMH est donc enfin sur le marché. Tous les analystes connaissent par cœur ses mensurations industrielles : mille employés, 350 millions de francs suisses de chiffre d'affaires, entre 30 et 40 millions de francs suisses de bénéfice. Quelques minutes après la diffusion du communiqué, il est clair que tous les groupes de luxe, grands ou petits, se trouvent sur les rangs, mais il est tout aussi clair que la bataille se déroulera entre les trois premiers mondiaux, le Français LVMH, Gucci-PPR et le Sud-africain Richemont. À armes inégales.

Derrière les trois lettres d'un sigle assez neutre, Les Manufactures horlogères abritent trois véritables bijoux que les amateurs du monde entier vénèrent et qui font saliver les grands groupes de luxe. D'abord, Jaeger LeCoultre, fondé en 1833 à Le Sentier, est l'un des plus grands employeurs de l'horlogerie suisse de haut de gamme. Dans son usine ultramoderne, la marque fabrique la célèbre Reverso, les horloges Atmos et des mécanismes qui alimentent d'autres marques suisses. Jaeger LeCoultre est à vendre ! Dans l'imaginaire des connaisseurs, elle n'a rien à envier à Patek Philippe. Mais, surtout, au risque d'abuser des métaphores militaires, elle représente une force de frappe industrielle autonome presque unique à ce niveau de qualité.

La seconde marque du groupe LMH s'appelle International Watch Co, IWC pour les intimes. Une marque assez fantasque pour s'installer à Schaffhausen, dans l'est de la Suisse, bien loin des grands bassins de main-d'œuvre, ce qui l'a obligée à maintenir sa propre école horlogère pour enseigner et former ses artisans. IWC est mondialement connue, principalement pour trois modèles : la Da Vinci, la Grand Complication et la Destriero. Enfin, la dernière perle du panier LMH est une curiosité, puisqu'il s'agit d'une marque non suisse : Lange & Söhne est sise à Glashütte, dans ce qui fut la République démocratique allemande. Après la chute du mur de Berlin, elle est revenue à la vie grâce à l'active coopération de sa consœur IWC ; elle est ainsi redevenue, en dix ans, une marque de très haut de gamme. Par la qualité si ce n'est par la taille, Lange est sans doute la plus belle marque du groupe LMH. En tout cas, c'est celle qu'un peu par snobisme, les amateurs exigeants sont fiers de préférer.

Quand la bataille pour Les Manufactures horlogères commence, tout un chacun veut y croire. Richemont et LVMH se présentent aussitôt, Swatch suit de peu, mais il ont la surprise de voir approcher d'autres groupes plus petits, comme Gucci et Bulgari. La rumeur jure même que la très discrète fondation familiale Sandoz, qui ne possède pas moins de 12 milliards de francs suisses en participations financières diverses, lorgne elle aussi sur le superbe triplé.

L'enjeu est particulièrement élevé pour LVMH. Bernard Arnault, qui possède une marque de montres sportives et deux marques de moyenne gamme, sait que c'est là pratiquement sa dernière chance de prendre position sur le marché de l'horlogerie de très haut de gamme et d'acquérir la capacité de production correspondante. Pour Richemont, qui possède déjà de très belles marques – Cartier, Piaget, Vacheron Constantin, Baume & Mercier – l'objectif est exactement inverse : empêcher LVMH de mettre un pied dans ce domaine réservé. L'affrontement va être brutal, mais il s'agira dans une large mesure d'un trompe-l'œil.

Officiellement, il s'agit d'une vente aux enchères arbitrée par une banque irréprochable, Warburg, mais les dés sont quelque peu pipés. Alors que les candidats se lancent dans une surenchère financière auprès de Mannesmann, le groupe Richemont a déjà à son actif un coup décisif qu'il a réalisé en coulisses. Déjà présent de plein droit dans le monde de l'horlogerie, il entretient depuis de longues années des relations cordiales, empreintes de respect mutuel, avec les actionnaires familiaux d'une maison suisse historique, Audemars Piguet. Cette amitié va se révéler précieuse. Pourquoi ? Parce qu'Audemars Piguet possède 40 % de Jaeger LeCoultre auprès de laquelle elle s'alimente pour ses mouvements de haute précision. Ces 40 %, avant l'enchère organisée par Warburg, Audemars Piguet va tranquillement, sans fanfare, les céder à Richemont à prix d'ami. Une fois cette opération conclue à l'insu de tous les autres candidats, la bataille officielle qui vient de commencer est virtuellement terminée.

Dans l'horlogerie suisse, l'argent compte, mais le savoir-faire, la crédibilité professionnelle, l'ancienneté sont des valeurs prises très au sérieux. LVMH affirme qu'il a offert des sommes folles pour LMH. Pourtant, il n'a pas emporté la mise. Tout simplement parce que les artisans traditionalistes de l'horlogerie helvète sont révulsés par la perspective de tomber dans l'escarcelle d'un groupe de luxe multimarque. Ils font néanmoins exception pour Richemont dont l'antenne suisse fait un peu partie de leur milieu. Le profil industriel et le réseau de relations de Richemont ont fait pencher la balance en faveur du groupe sud-africain.

D'autres facteurs moins ésotériques sont peut-être entrés en ligne de compte. Il se trouve que Johann Ruppert, président de Richemont, est actionnaire d'un holding, Rembrandt, qui contrôle elle-même Richemont. Rembrandt possède à son tour une participation dans une licence de téléphone mobile acquise en Afrique du Sud par... Vodaphone, propriétaire de ce même Mannesmann qui cherche à se défaire des trois marques horlogères du groupe LMH. Renvoi d'ascenseur? Qui sait?

Malgré les coups bas, la surenchère financière a duré longtemps et atteint des sommets qui ont laminé les joueurs, petits et grands. Richemont a finalement payé LMH 1,63 milliard de dollars, soit huit fois le chiffre d'affaires de 1999, et presque quarante fois le bénéfice. Dans toutes les guerres du luxe, c'est probablement le prix le plus fou jamais atteint par une marque. Mais l'acquisition a permis à Richemont de se hisser à la seconde place dans l'horlogerie de luxe, juste derrière Rolex.

Pour LVMH, la déception est profonde. Malgré les sommes qu'il a mises sur la table, Bernard Arnault a été snobé, peut-on dire, par le milieu suisse. Il n'aime pas les échecs et son entourage laissait entendre, à l'époque, que les enchères n'avaient pas été équitables. Une allusion au droit de préemption dont Richemont jouissait sur les 40 % de JLC possédés par Audemars Piguet. Johann Ruppert s'en tire par une pirouette :

« Les cow-boys ne pleurent pas [1]. »

Mais un de ses collaborateurs livre en ces termes le fond de la pensée de son patron à propos de LVMH :

« Vous savez, quand il s'agit de montres, tout le monde dans le groupe veut tracer une limite et dire : "Écoutez, les gars, c'est notre territoire. N'essayez pas de péter plus haut que votre cul." J'ai l'impression qu'ils commencent à comprendre… [2] »

Quant à Alain Dominique Perrin, il enfonce le clou sans pitié.

« C'est très simple : dans l'horlogerie de prestige, LVMH n'existe pas. »

De toute manière, reconnaît Bernard Arnault, LVMH n'aurait jamais pu gagner. Après la bataille, Ruppert en personne est venu lui expliquer pourquoi. Le souvenir semble plutôt amuser le Français :

« Johann m'a avoué le marché qu'il avait passé avec Mannesmann : quel que soit le prix que je mettais, moi, Richemont mettrait, lui, 10 % de plus. Il ne pouvait pas rater son coup. Il a gagné à la loyale. »

C'est vrai, l'aventure horlogère de LVMH est compromise. Il n'y a plus de grandes marques disponibles sur le marché. La seule qui serait susceptible d'être mise en vente est la magnifique Patek Philippe, mais jamais elle ne se vendra à LVMH. En cas de danger, Patek se constituera en fondation, comme la mystérieuse et puissante Rolex. Quant à celle-ci, elle est totalement – juridiquement et financièrement – hors de portée de LVMH. Ce serait même plutôt Rolex qui serait capable, si elle le convoitait, d'acheter le groupe de Bernard Arnault…

1. *Fashion Wire Daily*, 24 juillet 2000.
2. *Ibid.*

Mon royaume pour un mouvement

Pendant les joutes feutrées qui ont vu la victoire subreptice de Richemont, le monde horloger, à la manière d'un puzzle aux pièces perpétuellement en mouvement, a continué à se recomposer. Contre la nouvelle grande puissance, le milieu a immédiatement allumé des contre-feux. Swatch, le rival défait, s'est emparé de Bréguet. Comme il possède aussi Blancpain, deux marques de haut de gamme, voilà qui entame sérieusement le monopole de Richemont où l'on trouve agaçant de voir ces deux superbes perles tomber dans l'escarcelle d'un fabricant de montres en plastique.

Et il n'y a pas que les montres... Des batailles plus sourdes, moins visibles mais tout aussi stratégiques, se livrent pour le contrôle des fabricants de mouvements. Pour s'assurer un approvisionnement régulier et sûr, les groupes ont tous tenté de s'intégrer verticalement, c'est-à-dire de prendre le contrôle d'unités de fabrication de pièces et de mouvements. Le mouvement automatique d'une montre de prestige doit contenir au moins quarante pièces différentes, chacune pouvant provenir d'une usine spécifique. Swatch a racheté autant de fabricants de mouvements qu'il est possible, ce qui explique qu'il est en surcapacité de production, alors que tous ses concurrents se retrouvent dans la situation exactement inverse.

C'est ainsi que Swatch Group, à l'affût depuis longtemps, a gobé Universo, le fournisseur quasi exclusif des aiguilles dont les trois marques de LMH ont besoin pour fabriquer leurs montres. Voilà qui relativise tant soit peu la victoire de Richemont puisque ce groupe aura, pour fabriquer ses montres, besoin des aiguilles fournies par ce redoutable concurrent qu'est Swatch. Une position plutôt inconfortable !

Mais ce n'est pas tout. Swatch encercle toute l'horlogerie. Le groupe s'est fait une spécialité des minuscules niches techniques, et fabrique trois ou quatre petites pièces utilisées par la quasi totalité de l'industrie. Une question vient naturellement à l'esprit : que se passerait-il si Swatch décidait un jour d'avoir un peu de retard dans ses livraisons ? Il est notoire que TAG Heuer, acquisition récente de LVMH, n'est pas livrée à temps pour les aiguilles de ses montres. Le retard moyen serait de l'ordre de trois mois, avec pour conséquence un stock considérable non livrable, faute d'aiguilles !

Ce n'est pas le seul levier de Swatch. Longtemps le groupe de Nicolas Hayek a joui d'un monopole mondial sur la fabrication du « spiral », petit ressort enroulé en spirale et constituant, avec le balancier, l'organe réglant de la montre mécanique, puisqu'il ramène le balancier à sa position de départ à la fin de chaque oscillation. Il emmagasine l'énergie du balancier et la retransmet au dispositif qui fait tourner l'aiguille. Il permet donc de remonter la montre par le simple effet des mouvements naturels du poignet. Pendant des décennies, une unique petite fonderie installée en Allemagne fabriquait les cinquante kilos d'alliage destinés à la fabrication de cette petite pièce. Il s'agit d'un alliage doté de qualités exceptionnelles, puisque les marques horlogères de luxe s'engagent à ne pas retarder de plus d'une seconde par an. Sans « spiral », pas de montre de prestige ! La propriété intellectuelle du fameux alliage appartient à une société suisse-allemande, l'institut Straumann AG, sis à Waldenburg, tandis que la fabrication est assurée par Nivarox-Far, à Le Locle. Celle-ci fait partie du groupe Swatch.

Dans l'industrie horlogerie, un seul groupe ne dépend pas de Swatch pour ses aiguilles : Rolex. Et un seul groupe a réussi la prouesse technique consistant à briser le monopole du « spiral » : Rolex…

Les masques de Rolex

Les plus grands guerriers du luxe sont parfois muets comme des carpes. Quand le grand public entend parler de Rolex dans les médias, c'est en général à l'occasion d'un événement sportif sponsorisé par le groupe, ou quand Jean-Claude Killy intègre en décembre 2000 son conseil d'administration. Le reste du temps, il faut se faire une raison : Rolex a beau être l'une des marques les plus connues au monde, elle ne parle jamais d'elle, surtout pas de ses performances industrielles et financières.

L'horloger de Genève est une des entreprises les plus discrètes et taciturnes du monde. En recoupant les informations fournies par différentes sources, certains experts suisses sont néanmoins parvenus à lever une partie du voile. On sait ainsi que Rolex réalisait ces dernières années un chiffre d'affaires compris entre 7 et 10 milliards de francs français, ce qui le place à la troisième place derrière des géants comme Richemont et Swatch. Mais la réalité est plus complexe. Si l'on considère le chiffre d'affaires consolidé de Rolex Holding SA, c'est-à-dire le groupe industriel, du réseau de distribution de vingt-quatre sociétés, des deux marques Rolex et Tudor, et d'autres activités hors finance, on atteint au minimum le double ou le triple de ce chiffre officiel ! Très rares sont les personnes qui connaissent les comptes consolidés. On sait aussi que, en tant que marque, Rolex est le numéro un mondial avec environ 17 % du marché, loin, très loin, devant le numéro deux, un certain Cartier dont la part de marché ne dépasse pas un modeste 6 %[1]. Enfin, il est avéré que Rolex, qui exporte 90 % de sa production, contrôle directement ses vingt-quatre filiales de distribution à l'étranger.

Patrick Heiniger, le président du groupe, se contente de concéder que Rolex vend, chaque année, 750 000 montres, dont 680 000 chronomètres certifiés, le reste se partageant entre la ligne Cellini et la marque Tudor, au prix moyen de 20 000 francs français. On raconte que la rentabilité nette de l'entreprise est d'au moins 25 %, ce qui lui permet d'être le premier contribuable du canton de Genève.

Chez Rolex, le conservatisme est un mode de vie. La maison n'a connu que trois patrons depuis sa fondation en 1905. Hans Wilsdorf, un Bavarois installé à Londres, eut l'intuition que le temps allait désormais se porter au poignet, à condition de créer un boîtier imperméable et un mécanisme de remontage automatique, ce qu'il fit. C'est lui qui allait monter, en 1962, la fondation qui porte son nom et qui contrôle aujourd'hui la marque. Le dirigeant suivant, un ingénieur du nom d'André Heineger, est resté aux commandes jusqu'en 1992, avant de céder le pouvoir à son propre fils, Patrick. La fierté de ce juriste : une absence presque totale de marketing qui plonge la concurrence dans une perplexité angoissée. Une maison comme Cartier multiplie les opérations de repositionnement stratégique et se perd en conjectures sur l'essence de sa marque. Rolex, elle, mène sa guerre du luxe en position assise. Elle ne fait strictement rien, surtout pas de diversification dans d'autres produits. Pourtant, ses montres sont les plus identifiables du monde, et d'ailleurs les plus copiées. En particulier, elle ne crée presque

1. Ipolitis & Hubertus Ltd., Genève.

jamais de nouveau modèle. Elle se contente d'être Rolex, symbole d'un luxe un peu tapageur très en vogue dans les années 80, mais aussi d'une perfection technique inaltérée.

Pour les trois mille employés de Rolex, le productivisme serait un anathème. À chaque stade de la fabrication, au contraire, les contrôles se multiplient et une partie non négligeable du budget de Recherche & Développement est investie dans la mise au point de machines à dépister les éventuels défauts. Pour faire une montre parfaite, il faut du temps. Le client attendra. Organiser la rareté a toujours été le meilleur moyen d'installer une image de prestige.

Quant au métier de concessionnaire Rolex, c'est une véritable sinécure : de nombreux modèles, comme la Submariner ou l'Explorer, sont prévendus des mois, voire des années à l'avance. Rolex reçoit des milliers d'offres de contrat de négociants désireux d'écouler la manne et de récolter ses marges. Ils sont le plus souvent éconduits. Rolex essuie d'ailleurs régulièrement des procès en refus de vente, mais n'en tire apparemment aucune conséquence.

L'immobilité du marketing se double d'une méfiance fondamentale vis-à-vis de tous les phénomènes de mode. Cette indifférence au progrès avait tourné au coup de génie, dans les années 70, quand toute la profession s'était jetée avec gourmandise sur le mouvement à quartz. À l'époque, avec seulement une centaine de milliers de montres vendues chaque année, Rolex n'était qu'une bonne marque, nettement distancée par Omega. Dans cette ruée vers le quartz, beaucoup de marques horlogères de luxe ont perdu leur âme et sérieusement écorné leur image, le taux de retour pour défectuosité atteignant parfois 40 %. Mais, à la stupéfaction de ses confrères horlogers, André Heiniger, P-DG de Rolex, avait alors boudé le quartz, campant sur le bon vieux mécanisme automatique. Cette persévérance lui valut de maintenir sa réputation intacte et de profiter plus vite que les autres de la formidable envolée du luxe au cours des années 80.

Mais même les conservateurs savent se montrer paradoxaux et Rolex, en dépit de son mutisme, a toujours fait preuve de maestria dans l'utilisation de la publicité. C'est le grand Wilsdorf lui-même qui eut l'idée de mettre son boîtier Oyster étanche au poignet de Mercédès Gleitze, une des premières nageuses à traverser la Manche d'une seule traite, et d'exposer la même montre sur des présentoirs immergés dans des aquariums remplis de poissons.

Pourtant, en matière de publicité, l'évolution n'est pas au menu. Le budget est considérable, mais le thème de campagne est toujours le même : une personnalité mondiale de premier plan – tantôt un chanteur d'opéra, tantôt un sportif de haut niveau – porte une Rolex.

Le vrai secret de Rolex, c'est qu'elle est plus, bien plus qu'une marque horlogère. Il faut commencer par évoquer la fondation Hans Wilsdorf, qui possède 100 % du capital de Rolex – ce qui, au passage, rend l'entreprise invulnérable à toute tentative d'OPA. Cette fondation est une véritable institution, en Suisse comme à l'étranger. Les sept notables genevois qui la dirigent n'interviennent en rien dans la gestion de la marque. En revanche, ils financent des œuvres à vocation sociale, comme des vacances d'écoliers nécessiteux ou la construction de foyers d'étudiants. Ensuite, la marque utilise sa fabuleuse trésorerie pour investir. Dans l'immobilier, d'abord. Elle possède le plus souvent le siège de ses filiales à l'étranger, c'est-à-dire, entre beaucoup d'autres, un immeuble new-yorkais sur la Cinquième Avenue et un hôtel particulier donnant à Paris sur le parc Monceau. Aux yeux de certains, derrière son masque horloger, Rolex est tout simplement une banque. À tout le moins, le groupe consolidé possède-t-il des participations importantes dans plusieurs banques. Et ce sont elles qui lui rapportent l'essentiel de sa trésorerie. En 1997, suite à des indiscrétions, la presse suisse avait révélé que la marque possédait, en titres aux porteurs, 5 % de l'Union de Banque Suisse (UBS), une des plus puissantes banques du monde. Certains spécialistes n'excluent pas que Rolex possède une portion significative de la capitalisation de la bourse de Zürich. Patrice Mueller, fondateur et directeur de la société de consultants genevoise Ipolitis & Hubertus, va encore plus loin :

« Rolex est peut-être une des plus grandes banques de Suisse ! »

L'empereur du luxe signe avec le roi du diamant

Ce 16 janvier 2001, le siège londonien de la De Beers a son air de tous les jours : un air de forteresse. Murs épais, lourdes grilles, caméras de surveillance par dizaines, sas électroniques et gardes du corps au faciès impénétrable. Mais le caractère cinématographique du décor s'arrête là. Les amateurs de sensations fortes seront déçus : l'intérieur de La Mecque du diamant est désespérément sobre. On dirait une banque. Rien de somptueux n'a été préparé pour le visiteur de marque attendu dans quelques instants. Élégant, concentré, pressé, Bernard Arnault, président de LVMH, est à l'heure. Son manteau est déjà entrouvert quand il franchit la porte à gros croisillons de bois bordés d'or. Nicky Oppenheimer, président de la De Beers, est là pour l'accueillir. Sans plus de cérémonies, les deux hommes montent jusqu'au dernier étage, celui de la salle du Conseil. Difficile de savoir ce qu'ils ressentent. Dans le monde des très grosses affaires, les ténors sont aussi bien formés à dissimuler leurs sentiments que peuvent l'être, ailleurs, les hommes politiques ou les joueurs de poker. Bernard Arnault jubile intérieurement. Depuis son échec cuisant face à Richemont dans sa tentative de rachat des Manufactures horlogères, il cherchait une revanche, si possible dans le secteur de l'horlogerie-joaillerie, et si possible avec un allié sud-africain. Il la tient.

Le Français se laisse rarement aller à la modestie, mais il éprouve tout de même, lui, fils de patron de PME, une sorte d'admiration pour son interlocuteur. LVMH est certes une belle *success story*, mais les Oppenheimer, c'est une légende ! Juifs allemands émigrés en Grande-Bretagne puis en Afrique du Sud au début du siècle dernier, ils constituent l'une des plus riches familles du monde. Au temps de leur splendeur, jusqu'en 1977, ils contrôlaient – directement ou non – environ la moitié de la capitalisation de la bourse de Johannesburg. Aujourd'hui, leur monopole mondial du diamant, *via* la De Beers, s'effrite petit à petit, mais ils contrôlent aussi l'Anglogold, numéro un mondial de l'extraction d'or, et Amplat, leader mondial de l'extraction du platine et du palladium. Tout cela pèse évidemment beaucoup plus lourd que LVMH.

Les deux hommes sont réunis ce matin dans la salle du Conseil pour une signature qui, dans l'univers du luxe, pourrait bien devenir historique. La rumeur courait depuis des mois – certains fanfarons parmi les experts jurent qu'ils s'y attendaient depuis toujours –, mais la nouvelle n'en a pas moins quelque chose de bouleversant. Dans quelques instants, De Beers va cesser d'être seulement le numéro un mondial de l'extraction et de la commercialisation de diamants bruts ; elle va aussi devenir une marque de luxe à part entière. Après des décennies pendant lesquelles elle se contentait de vendre des diamants à des marques pour que celles-ci créent des bijoux à leur nom, elle a décidé d'inscrire le sien sur des bijoux. Cantonnée depuis ses débuts au marché de gros, la firme sud-africaine met ainsi le pied dans le marché de détail de la joaillerie diamantaire, avec la ferme intention de se tailler une vaste part de ce gâteau d'environ 60 milliards de dollars.

La De Beers a-t-elle le choix ? Pas vraiment. Bien sûr, l'année 1999 a été merveilleuse, avec des achats sans précédent de bijoux dans le monde entier pour fêter dignement l'an 2000, et son bénéfice a bondi de 83 % pour atteindre 686 millions de dollars, mais c'était après une année de récession en Asie du Sud-Est, région qui consomme environ 40 % de la joaillerie diamantaire mondiale. Le joli rétablissement de 1999 ne change donc rien au cours du destin. Sur le long terme, le déclin de la De Beers est inexorable si elle se cantonne à l'amont du marché.

D'abord parce que le commerce du diamant brut est le théâtre d'une concurrence féroce, et l'époque bénie où la De Beers contrôlait la planète en vendant sa production exclusivement à 125 *sight holders* triés sur le volet, est révolue. Elle ne contrôle plus que 45 % de la production de diamants bruts, et seulement 30 % de celle des pierres haut de gamme. Si elle parvient toujours, par l'intermédiaire de sa filiale commerciale londonienne, la Diamond Trading Company, à négocier environ 65 % des diamants bruts écoulés de par le monde, c'est grâce à des accords de marketing fragiles passés avec la Russie et le Canada.

Elle n'a plus le monopole des plus belles mines. Si elle garde fermement en mains plusieurs mines fameuses d'Afrique du Sud, les dernières à avoir été mises au jour, ou celles qui commencent seulement à produire du minerai ne lui appartiennent pas. Elle n'est plus le moteur principal de l'industrie, alors que les nouvelles mines de qualité se font rares. TransHex, une des plus prometteuses, appartient même à la dynastie sud-africaine rivale, les Ruppert. La De Beers est aussi pratiquement absente du nouveau paradis diamantaire qui se développe dans le Grand Nord canadien. Alors que l'Union soviétique jouait à merveille le jeu du cartel, la Russie postcommuniste et mafieuse s'encanaille dans la contrebande, au point d'avoir été exclue pendant un an du cartel. L'Australie a également joué un tour pendable à la De Beers en retirant du cartel sa mine Argyle, la plus grande de la planète. L'Afrique, où la De Beers jouit d'un influence très ancienne, est devenue rebelle à ses avances. En Angola, les accords passés avec le gouvernement d'Eduardo dos Santos sont soumis à très rude concurrence par un homme d'affaires israélien, Lev Lievev, qui a pris sous sa coupe deux des plus belles mines du pays. Au Zaïre, lentreprise avait cru pouvoir maintenir ses concessions après la chute de Sese Seko Mobutu, mais, là encore, c'est un Israélien qui a convaincu l'équipe de Laurent-Désiré Kabila de lui offrir le monopole de la commercialisation des diamants du Kasaï et du Katanga. Quant à la Sierra Leone, aux prises avec une guerre civile sanglante dans laquelle le commerce du diamant joue un rôle décisif, elle est interdite à la firme du fait de la prohibition de l'ONU concernant les « diamants de guerre ». En principe, la Russie, où la De Beers tient largement le marché par l'intermédiaire de sociétés-écrans, reste une terre d'élection, mais, là encore, des concurrents israéliens, de plus petite taille, donc plus souples, sont à ses basques.

Voilà pourquoi, en ce début de XXIe siècle, elle doit impérativement changer. Le cartel est mort, vive la concurrence ! Puisque le monopole lui échappe, puisqu'elle ne peut plus fixer les prix, il lui faut des marges bénéficiaires. Logique implacable qui sonne le glas de son modèle traditionnel de fonctionnement. La « pieuvre » – le surnom que lui ont donné les diamantaires d'Anvers – doit s'adapter. Elle est prête à devenir, de cerbère du marché, le leader d'une industrie nouvelle.

Les années passant, les financiers du conglomérat sud-africain ont fini par comprendre qu'au bout du compte, le diamant brut ne rapporte pas grand-chose. La rentabilité de son stock de diamants bruts paraît bien poussive, à côté des marges qu'offre la très haute joaillerie, sans parler de celles, encore plus mirifiques, que l'on côtoie dans l'horlogerie de très haut de gamme. Ces marges, elle les veut, elle les mérite ! Qui, plus que la De Beers, incarnation du diamant, est habilité à devenir une marque de luxe ? N'est-ce pas le prolongement logique de son histoire ? Quand elle observe la progression des ventes de bijoux de groupes comme Gucci, sans aucune expertise joaillière, elle piaffe. Elle pourrait sûrement faire bien mieux que tous ces débutants qui se lancent depuis dix ans.

Les grandes marques de couture, le plus souvent dépourvues de toute tradition en ce domaine, comme Dior, Chanel ou Versace, ont commencé à faire du bijou sous leur nom. Et ça marche ! La De Beers n'a essayé qu'une fois, indirectement : elle a aidé le couturier Escada à lancer une ligne de bijoux en diamants. Ce serait bien le comble si elle n'y parvenait pas toute seule ! La De Beers a mis tout ce temps pour négocier ce virage obligé parce qu'elle est une lourde machine bureaucratique qui pratique un capitalisme d'un autre âge. Si Bernard Arnault est là, en ce matin de janvier, c'est que la De Beers a compris qu'elle ne pouvait pas faire seule ce grand saut dans l'inconnu. Le plus gros négociant en diamants bruts du monde a donc décidé de s'associer avec le numéro un mondial du luxe. LVMH n'a pas été son premier choix, elle a aussi démarché Gucci, mais le maroquinier italien, lui, préfère continuer à diffuser des bijoux exclusivement sous son propre nom.

L'attirance de la De Beers pour le monde du vrai luxe n'est pas difficile à comprendre. Quant au *deal*, il est simple : les deux partenaires apporteront chacun la même somme, soit 200 millions de dollars, qui devront permettre de lancer la marque au cours des cinq premières années. Les bénéfices seront répartis à égalité jusqu'à 50 millions de dollars ;

De Beers pourra garder 60 % des bénéfices entre 50 et 300 millions de dollars ; puis on en reviendra à 50-50 au-dessus. Rien là de très original. Les dépenses de promotion seront partagées à égalité, ce qui n'est pas dénué d'importance pour la De Beers qui engloutissait pas moins de 200 millions de dollars chaque année dans son « Un diamant est éternel », campagne publicitaire mythique illustrée jadis par Picasso et par Dali. Le groupe de Bernard Arnault s'engage à ouvrir des boutiques de prestige dans les principales capitales. L'immobilier de haut de gamme est sa grande spécialité : il n'a pas son pareil pour négocier au meilleur prix les meilleurs emplacements dans les plus grandes métropoles.

Pour gérer la nouvelle marque, les deux partenaires constituent une société à laquelle seront transférés les droits mondiaux d'exploitation du nom « De Beers ». Il n'est pas rare, dans le luxe, qu'une marque soit isolée dans une coquille juridique spécifique pour la protéger des prédateurs. Pourtant, dans ce cas précis, on n'est pas dans l'ordinaire. La société commune n'achètera pas directement de diamants bruts ou polis à la De Beers dont 5 % du chiffre d'affaires provient pourtant des pierres taillées ; elle se fournira auprès de revendeurs de diamants déjà taillés, qu'ils soient *sight holders* – c'est-à-dire clients de la De Beers – ou non. C'est là un coup de pied de plus dans le cartel en perdition ! Ce choix ne peut manquer de semer l'inquiétude parmi la longue chaîne de fournisseurs de la De Beers ancien modèle. Maintenant, le jeu est ouvert.

La De Beers a aussi décidé de déléguer l'exploitation de sa marque. Ce qui ne manque pas de surprendre certains analystes, elle n'exercera en effet aucune responsabilité dans la gestion de la société commune, qui deviendra ainsi partie intégrante du portefeuille de LVMH. Myron Ullman, directeur général de LVMH, sera président de son conseil d'administration. Le communiqué officiel de LVMH enfonce pesamment le clou :

«Les activités principales de De Beers Group resteront l'extraction et le marketing de diamants bruts.»

Cette asymétrie entre les deux partenaires peut étonner, mais s'explique facilement quand on plonge dans l'histoire récente des relations tumultueuses entre la De Beers et les États-Unis. Disons-le franchement : l'opération avec LVMH a aussi pour objectif de contourner l'interdiction faite au groupe sud-africain de travailler et vendre directement sur le premier marché de la planète. Il s'est agi là d'un handicap terrible. Le marché américain représente en effet un peu moins de la moitié du marché mondial de la bijouterie diamantaire. Or la De Beers est privée d'Amérique : en 1994, aux côtés de General Electric, elle avait été reconnue coupable de manipulation de prix par la justice américaine. Une accusation très grave en droit commercial américain, et tout à fait justifiée. Au cours de la décennie écoulée, le groupe avait tout tenté pour contrecarrer l'érosion de sa position dominante. Une érosion magistrale ! Rappelons les chiffres cités plus haut : en vingt ans, sa part de marché est passée de 80 % de l'offre mondiale de diamants bruts à environ 65 %. Une baisse particulièrement sensible dans les meilleures catégories où sa part de marché, de 80 % au début des années 80, est tombée à nettement moins de 40 %. Pour gérer cette glissade au mieux de ses intérêts, elle n'a pas hésité à gonfler artificiellement les prix en constituant des stocks considérables chaque fois que la demande n'était pas assez forte. Mais la justice américaine veillait ! Fixer les prix constitue pour elle un délit.

Ce n'est d'ailleurs là que le dernier en date des contentieux du groupe avec la justice américaine. Pour les autorités fédérales, la De Beers, qui a longtemps contrôlé environ les deux-tiers du marché mondial du diamant non taillé, jouit *de facto* d'un monopole, crime suprême contre le citoyen-consommateur américain, et réprimé à ce titre par les lois antitrust. Avec des conséquences pratiques fort désagréables : par le passé, il est arrivé que des dirigeants du groupe, venus en toute innocence passer leurs vacances en Floride avec leur famille, soient appréhendés et interrogés par la police de Miami.

Désormais, ces désagréments appartiennent au passé…

De Beers compte sur l'« effet Starbucks »

Maintenant que la marque est juridiquement exploitée, par le groupe de Bernard Arnault qui a pignon sur rue aux États-Unis, la grande aventure américaine de la De Beers peut commencer. De toute façon, LVMH est un bon choix : grâce au groupe français, la De Beers bénéficiera d'un extraordinaire savoir-faire en matière de distribution sélective, de merchandising et d'exploitation de marque. Cette dernière expertise intéresse tout particulièrement le groupe minier. Le groupe français est passé maître dans la gestion de marque, c'est-à-dire dans l'art subtil de transformer un nom en milliards de dollars. De Beers est un nom mondialement connu. En 1998, le cabinet de conseil bostonien Bain & Company a fait une étude sur la *corporate added value* de la marque, c'est-à-dire sur le potentiel financier qu'elle recèle en cas d'exploitation commerciale. Les résultats ont été très encourageants.

Tout repose sur un constat fort simple : le diamant est à la fois un composant de joaillerie et un bijou, donc un produit de luxe. Passer de l'un à l'autre, c'est changer radicalement de personnalité et de profil boursier. Une compagnie minière qui se transforme en marque de luxe passe en quelque sorte de l'« ancienne » à la « nouvelle » économie en capitalisant sur la puissance financière de son nom. Dans le monde du rêve, le nom, donc la marque, est un tremplin vers le rêve, et son prix n'a plus de limite. Voilà pourquoi le luxe est devenu un formidable aimant financier. Entrer en luxe, c'est faire décoller le cours de bourse vers des altitudes qui ne sont pas sans rappeler la folie qui s'est emparée des valeurs Internet entre 1998 et 2000. Sauf que, dans le cas du luxe, l'exubérance irrationnelle dénoncée il y quelques années par Alan Greenspan à propos de la «nouvelle économie» est précisément le moteur même de l'industrie. Le luxe repose par définition sur une «exubérance irrationnelle». C'est ainsi que 90 % de la valeur boursière d'Hermès sont constitués par les six lettres de son nom, et seulement 10 % par ses ateliers et ses matières premières, ses actifs tangibles.

La puissance de cet irrationnel s'exprime à la bourse par une notion barbare : le *price earning ratio*, «per» pour les intimes. C'est le rapport entre la capitalisation boursière, qui exprime l'engouement du public, et le bénéfice de la société, c'est-à-dire la réalité de ses performances. Pour De Beers, le «per» est aujourd'hui de 8, alors qu'il atteint 34 pour LVMH et 24 pour Tiffany. C'est dire si l'avenir demeure grand ouvert pour la De Beers, à condition de vraiment devenir une marque de luxe.

Pour y parvenir, la firme entame un véritable tête-à-queue stratégique. Des décennies durant, elle avait étranglé la demande, autant que faire se pouvait, afin de maintenir un bon niveau de prix. Privée désormais de l'arsenal du monopole, elle raisonne de manière inverse. Elle veut tout faire pour élargir la demande de diamants taillés haut de gamme. Par la publicité, d'abord, puis en incitant les *sight holders*, déstabilisés par l'agonie du cartel, à s'activer. Voilà pourquoi tous les concurrents de la nouvelle De Beers – Cartier, Bulgari, Tiffany et les autres – ne sont point trop inquiets de l'irruption de l'encombrant débutant. Ils préfèrent croire que les efforts entrepris pour lancer la marque De Beers vont leur profiter à eux aussi. C'est ce que les petits génies du marketing appellent l'« effet Starbucks », par référence à l'impact que la création de la chaîne de cafés et restaurants spécialisés dans les arômes de café a eu naguère sur l'ensemble de la restauration rapide. La « contamination vertueuse » agit comme un halo. Quand des compagnies élèvent le prestige d'un produit, en l'occurrence le diamant, en fabriquant des produits innovants, en créant des marques et en faisant de la publicité, c'est tout le secteur qui en bénéficie.

Or l'initiative de la De Beers n'est sans doute que la toute première d'une grande vague, car le monde du diamant est encore assoupi. Endormi depuis cinquante ans par le monopole, il n'a jamais imaginé d'employer les moyens qui ont fait des grandes marques de luxe de formidables machines à *cash*. Le temps est venu de s'y mettre, mais le retard accumulé est énorme. Les compagnies du secteur du diamant ne dépensent pas plus de 1 % de leur chiffre d'affaires en marketing, alors que c'est au moins 10 % dans l'univers des marques de luxe !

Évidemment, il faut beaucoup d'argent pour se lancer dans la course. Les petits indépendants qui pullulent aujourd'hui, comme le prestigieux Alexandre Reza de la place Vendôme, seront broyés ou rachetés. Les grands groupes que sont LVMH, Richemont, Gucci et Bulgari comptent bien, à la fin des fins, se partager le pactole mondial du diamant. LVMH est le dernier arrivé, et sa collaboration avec la De Beers ne donnera certainement pas de résultats rapides. Avec 95 boutiques à travers le monde, Bulgari ne contrôle pas plus de 3 % du marché, et LVMH compte ne lancer que quatre ou cinq boutiques De Beers d'ici 2003. Il faudra donner du temps au temps.

Ce qui compte, c'est le potentiel de développement du marché. Il est énorme. Le marché de la joaillerie, très fragmenté, compte peu de marques. Quelques chiffres démontrent aisément à quel point le jeu est ouvert. Les deux ténors du bijou diamantaire, Tiffany et Cartier, ne contrôlent qu'environ 30 % du marché ; Bulgari ne peut en revendiquer, on vient de le voir, que 3 %. Le haut de gamme représente environ 10 % des 60 milliards du marché mondial de la joaillerie diamantaire. Ce qui veut dire que la moitié du marché de haut de gamme est composée de bijoux sans marque écoulés par une multitude de boutiques isolées. Ce sont là des conditions parfaites pour que l'« effet Starbucks » joue à plein.

Tout permet d'espérer que la demande de diamants repartira fortement à la hausse, ce qui aurait notamment pour conséquence de vider les stocks de la De Beers, estimés à cinq milliards de dollars en 2000. Encore faut-il que celle-ci consente quelques efforts supplémentaires de ravalement financier ! Dans le grand maelström du capitalisme mondialisé, elle fait figure de dinosaure. Au siège de président, les fils succèdent aux pères comme dans une monarchie absolue : Nicky Oppenheimer, qui a fêté ses cinquante-cinq ans en janvier 2001, est l'héritier-successeur de Harry, qui fut président jusqu'en 1984, lui même héritier-successeur de Sir Ernest Oppenheimer… Alors que la mode, imposée par les analystes financiers des grandes banques d'affaires, porte aux nues les groupes industriels bien concentrés sur un métier de base, elle a longtemps offert l'image d'un capharnaüm industriel : une agence de voyage, des assurances, et même une ferme viticole, la Rhodes Fruit Farmes, qui produit le Boschendal, un merveilleux vin rouge. Le temps est venu pour elle de se regrouper autour de ses activités principales, comme les Ruppert l'ont fait en lâchant leurs participations dans les médias.

Il faut enfin moderniser la structure capitalistique du groupe. La De Beers doit renoncer aux participations croisées qui la lient au groupe frère Anglo American, autre pépite de l'empire Oppenheimer. Les deux sociétés se possèdent mutuellement, mais les marchés ne goûtent plus guère ces situtations incestueuses, ces « noyaux durs ». L'opération sera sans doute complexe, tant la toile d'araignée sud-africaine est dense. La De Beers est un labyrinthe dont Anglo American possède 35 %, les Oppenheimer 2 % et Debswana Diamond Company, une *joint venture* entre la De Beers et le gouvernement du Botswana, 5,5 %. De son côté, la De Beers possède 40 % d'Anglo American. L'idée est de fusionner *de facto* la De Beers et Anglo American de manière à faire émerger le plus grand groupe minier du monde, occupant des positions dominantes dans l'or, le platine, le diamant et plusieurs métaux stratégiques, sans oublier le charbon. La seconde étape, pour la famille Oppenheimer, consistera sans doute à transformer la De Beers en société non cotée après avoir racheté les parts des actionnaires minoritaires. Il faudra, pour cela, la désintroduire des places financières où elle est cotée. De Beers Centenary AG, structure constituée pendant les années d'apartheid pour porter les actifs étrangers du groupe, quitterait ainsi la bourse de Zürich. Parallèlement, la De Beers Consolidated Mines Ltd serait retirée de la bourse de Johannesburg – ce qui, au passage, représenterait une catastrophe pour le marché financier sud-africain, déjà exsangue : il a déjà perdu en dix ans cinq de ses plus gros titres, qui l'ont déserté en faveur de la City de Londres.

Grâce à LVMH, De Beers est capable de devenir l'une des plus puissantes marques mondiales de joaillerie. Plusieurs mois avant la cérémonie de Londres, certains indices de la future coopération s'étaient multipliés comme, par exemple, l'achat par Dior, à un prix prohibitif, d'un espace place Vendôme, la meilleure adresse de joaillerie qui soit au monde. Pour le groupe français, l'accord passé avec la De Beers est une aubaine. Il avait beau être le premier groupe de luxe du monde, il manquait encore quelques plumes à sa panoplie. Sa joaillerie-horlogerie, la plus petite des cinq divisions de l'empire, ne réalise que 5 % des ventes du groupe. Tant pis si la nouvelle marque fait un peu d'ombre à Fred et à Chaumet. Le groupe s'en remettra !

Ce qui motive surtout Bernard Arnault, c'est le tort qu'il peut causer à l'autre grand du luxe mondial, le groupe Richemont, propriété d'un autre clan sud-africain, la famille Ruppert. Dans ce groupe qui comprend Baume & Mercier, Piaget, Van Cleef & Arpels et Vacheron Constantin, la vache à lait s'appelle Cartier, et cette marque a tout à redouter de l'émergence d'un grand joaillier.

Chez Richemont, plutôt que d'avouer une quelconque inquiétude, on préfère ironiser.

« Croyez-vous vraiment qu'une jolie femme pourra un jour associer l'idée d'un beau bijou à un nom comportant le mot *beer*[1] ?

1. *Fashion Wire Daily*, 16 janvier 2001.

Le diamant n'est plus ce qu'il était

Le diamant est peut-être éternel, il n'est plus ce qu'il était. L'époque où seul régnait le diamant naturel est bien révolue. Dans la course à la marge des joailliers, le diamant naturel reste un atout de prestige, mais est devenu aussi un obstacle, car il est très cher. Les actionnaires demandent de la création de valeur, et la tentation est forte de jouer sur le prix des composants. L'idée leur est donc venue de tenter d'étendre aux diamants de couleur la fascination que le public éprouve pour le «blanc». Le succès est largement au rendez-vous : aujourd'hui, le diamant fantaisie est à la mode, et les revendeurs traditionnels subissent sa pression croissante. Les diamants roses, jaunes et bleus sont très demandés, leurs prix montent.

L'idée suivante, logiquement, a été de lancer le diamant noir. Pari difficile. Le «noir» est considéré dans le monde des diamantaires comme une pierre intrinsèquement pleine de défauts. Sans entrer dans les détails, disons qu'il en existe deux types. Le *carbonado* tire sa couleur des grosses imperfections noires qu'il contient. Il sert pour l'essentiel à fabriquer des outils industriels de découpe. Plus rare, le «pur noir» contient, lui, une multitude d'éclats microscopiques de graphite qui lui confèrent sa teinte, mais également un look inachevé qu'il était jusque-là convenu de snober. Évidemment, les faux diamants noirs, artificiels, abondent en raison de leur aspect plus lisse, mieux poli, compliquant encore la donne et jetant un discrédit commode sur l'ensemble de la famille. Certains, qui subissent une irradiation aux neutrons, sont interdits aux États-Unis, car ils pourraient se révéler radioactifs. Les diamantaires ont trouvé un moyen de les débusquer : une lampe à fibre optique suffisamment puissante fera apparaître une lueur vert foncé alors que le noir naturel, lui, est complètement noir. D'autres procédés de fabrication existent, comme le bombardement par électrons à haute énergie, ou bien des processus électrodynamiques qui permettent d'améliorer la couleur.

Dans cet environnement délétère, il y avait fort à parier qu'un anonymat éternel et des prix ridicules affecteraient même les meilleurs « purs noirs ». Trop de « défauts » : les puristes jurent que les trois quarts des pierres noires souffrent d'imperfections voyantes. Jusqu'au jour où Fawaz Gruosi, dessinateur de bijoux et président de De Grisogono, maison sise à Genève, décida de changer l'image du diamant noir en usant d'un argument subtil : ce sont précisément ses défauts qui en font le charme…

Mais, il y avait aussi une histoire à raconter. Celle de l'Orloff, le plus célèbre des diamants noirs depuis qu'il fut porté, au XVIIIe siècle, par la princesse russe Nadia Vyegin-Orloff. À 67,5 carats, il a été acheté 1,5 million de dollars par un collectionneur en 1995…

Gruosi ajouta un autre argument, d'ordre plus technique : les « noirs » sont tels à cause de la présence de graphite microdispersé, et, par voie de conséquence, ce sont des pierres monocristallines, pas des agrégats. De ce fait, les failles atteignent très rarement la surface.

Tout cela, qui peut ressembler à une fastidieuse leçon de choses, constitue un excellent plan marketing articulé autour de cette promesse implicite : le noir, c'est le « vrai » diamant.

De Grisogono a eu une autre illumination. Marié au platine, un métal blanc, le diamant noir exulte. Fawaz Gruosi, gendre du fondateur de l'horloger-joailler Chopard, a décidé de lancer des pièces de haute joaillerie à base de diamants noirs, sous les ricanements de la profession. Celle-ci n'a pas ri longtemps. Le succès a été phénoménal et les marges se sont révélées royales.

Le « GE-POL » affole les diamantaires d'Anvers

Pour les diamantaires, le succès du diamant noir constitue un choc, mais il y a bien pire à venir. Au printemps de 1999, une folle rumeur se met à courir d'Anvers à New York en passant par Tel Aviv et Bombay. À travers le monde entier, tous ceux qui font métier d'acheter et vendre des diamants sont à nouveau sur le qui-vive. On a inventé la machine à faire des diamants parfaits ! Les « vieux de la vieille » haussent les épaules. Des balivernes de ce genre, il y en a eu pléthore depuis la nuit des temps, mais il s'agissait le plus souvent de grossiers canulars lancés par des petits dealers désireux de secouer le marché pendant quelques jours, dans l'espoir de rafler de la marchandise à bon prix.

Cette fois, la chose a l'air plus sérieuse. Un des plus puissants conglomérats industriels du monde, General Electric Corporation, qui pèse environ 400 milliards de dollars en bourse, est impliqué. Le procédé que GE a contribué à mettre au point permettrait de blanchir les diamants, d'améliorer leur couleur et de rehausser leur éclat. Dans un univers où le caractère naturel de la pierre est un facteur essentiel de sa valeur, si cela est vrai, l'innovation risque de faire l'effet d'un tremblement de terre. À en croire les bribes d'informations qui circulent dans les revues ultra-spécialisées aux coûts d'abonnement prohibitifs, et notamment dans la plus fameuse d'entre elles, le *Rapaport Diamond Report*, le procédé serait irréversible et indétectable. Or si l'on peut, à partir d'une pierre médiocre, obtenir un diamant magnifique, n'importe qui sera capable d'assembler de somptueux bijoux avec des diamants traités, et personne n'y verra que du feu ! Les conséquences potentielles sont incalculables. Que deviendra le réseau très exclusif qui tient d'une main de fer le marché du diamant de haute qualité ? Le fabuleux pactole de 60 milliards de dollars que rapporte chaque année la joaillerie diamantaire va-t-il lui échapper ?

Le colloque que le Gemological Insitute of America, le gendarme du commerce du diamant aux États-Unis, organise au mois de juin 1999 à l'hôtel Hyatt de San Diego, en Californie, est entièrement dominé par ce débat, et la General Electric est assaillie de virulentes critiques. Au cours de ce congrès, les diamantaires apprennent avec effroi que les Russes travaillent eux aussi sur un procédé de blanchissage similaire. GE promet que le nombre de diamants traités restera très faible, mais Bill Boyajian, président du GIA, lance un cri d'alarme. À ses yeux, il est clair que GE a décidé de révolutionner le monde du diamant et que ce procédé de changement de la couleur n'est que l'amorce d'une vaste offensive technologique dont il est impossible d'envisager et de mesurer toutes les conséquences.

Quelques semaines plus tard, lors d'un symposium diamantaire réuni à Moscou, l'affaire se complique. Gary Ralf, directeur général de la grande compagnie minière sud africaine De Beers, jette deux pavés dans la mare. D'abord, il rappelle que la plupart des diamants traités par GE sont de type « IIa », ce qui, dans le jargon du métier, signifie qu'il contiennent peu ou pas d'azote. Et il confirme que ces diamants peuvent effectivement être décolorés assez facilement, sans que l'intervention soit détectable. C'est pour cette raison que la De Beers n'a jamais mis en circulation de « IIa » avec des traces de brun, préférant les stocker pendant vingt ans dans la ferme intention de ne jamais leur faire quitter les entrepôts de la société. Mais la De Beers affirme en outre que ses propres experts sont sur le point d'identifier certaines des caractéristiques chimiques des « IIa » qui devraient permettre à leur tour de détecter toute modification qui leur serait apportée.

Cependant que l'angoisse monte chez les traditionalistes, l'infâme complot progresse. Au cœur de la conspiration, une société, la Pegasus Overseas Limited. La POL est une filiale de Lazare Kaplan International ; c'est elle qui distribuera ces « superdiamants » en collaboration exclusive avec General Electric, propriétaire de la technologie utilisée. Le plus exaspérant pour les professionnels, c'est l'insistance que met GE à entourer d'un secret absolument opaque sa méthode de traitement. Le groupe présidé par Jack Welch se contente de promettre qu'il ne met ici en œuvre ni creusage au laser, ni irradiation, ni comblement de failles. Les questions se bousculent : comment est-il possible de rehausser l'éclat d'un diamant sans affecter la composition chimique du carbone ou les faces de la pierre ? comment est-il possible d'effacer de la surface les minuscules signes d'oxydation et d'irradiation sans nettoyage en profondeur, ce qui constitue un « traitement », avec des conséquences importantes sur le prix de vente ? Un silence glacé accueille ces interrogations.

Par ailleurs, personne n'a jamais assisté au parcours d'un de ces « superdiamants » ni n'a pu comparer sa forme « avant » et sa forme « après ». Portant à son comble la perplexité enragée du milieu diamantaire, GE ajoute qu'il ne s'agit pas à proprement parler d'un « traitement », plutôt d'un « procédé ». La joute sémantique bat son plein !

GE pousse le bouchon encore plus loin. Puisque les

altérations apportées par son procédé sont indétectables, le groupe demande tout simplement à la Federal Trade Commission – l'institution qui réglemente les échanges commerciaux sur le territoire des États-Unis – la permission de ne pas dévoiler ces modifications. Elle demande en quelque sorte l'autorisation officielle de gruger ses clients ! Pourtant, le code de bonne conduite institué par la FTC est on ne peut plus clair : tout traitement qui affecte significativement la valeur d'une gemme doit être dûment signalé.

GE ne l'entend pas de cette oreille. Elle trouve tous ces braillards bien hypocrites. Après tout, chacun sait que les diamants strictement naturels n'existent pas sur le marché de la joaillerie. Toutes les pierres subissent des traitements divers et variés destinés à améliorer leur allure, et la FTC n'exige nullement que ces gestes habituels soient dévoilés au public. Bref, le nouveau procédé de GE ne défavorise pas le particulier ordinaire par rapport à l'expert averti, comme ce serait le cas pour un perçage au laser.

Une nouvelle bataille du diamant semble se profiler. Six mois après ce coup de tonnerre, le Gemological Institute of America n'est toujours pas capable de formuler un avis concluant. Pendant toute cette période, les techniciens de son Gem Trade Laboratory, son laboratoire de commercialisation, ont étudié, avec tous les puissants moyens mis à leur disposition, les nouveaux mystérieux diamants, mais ils sont restés bredouilles en dépit de la formulation de certaines hypothèses astucieuses qui finissent par parvenir aux oreilles des ténors de General Electric.

Le 28 septembre 1999, bon prince, GE décide de lâcher un peu de lest pour ne pas laisser l'Institut se couvrir de gloire en parvenant seul à élucider le mystère. Dans un communiqué assez laconique, le conglomérat reconnaît donc une semi-vérité : oui, la couleur des diamants est améliorée par un procédé mettant en œuvre à la fois de hautes températures et de hautes pressions. Il s'agit là, il est vrai, de deux spécialités traditionnelles de GE. Mais le procédé n'a rien d'un nettoyage en profondeur, comme on le fait parfois pour certaines perles. L'Institut prend alors une décision lourde de conséquences : pour honorer sa vocation de neutralité, il refuse lui aussi de qualifier le procédé de « traitement ». Jusqu'à nouvel ordre, donc, les diamants GE-POL sont… naturels !

Pour éviter les fraudes, le GIA demande toutefois à LKO de lui envoyer toutes les pierres décolorées afin qu'une inscription au laser y soit réalisée : GE-POL, c'est-à-dire General Electric-Pegasus Oversea Limited. L'idée rassure quelque temps, et les superdiamants s'écoulent à un prix inférieur d'environ 15 % à celui des pierres non traitées.

Jusqu'au jour où l'on découvre que, sur certains diamants GE-POL, l'inscription a complètement disparu. Ce qui, le cas échéant, signifie que des diamants modifiés risquent d'être revendus comme s'ils étaient entièrement naturels par des détaillants de bonne foi. Le milieu s'émeut d'ordinaire pour bien moins que cela. Les vendeurs risquent de se retrouver dans une position intenable. Quelle attitude adopter vis-à-vis de leurs clients quand ceux-ci leur présentent un diamant GE-POL, puisqu'ils ignorent eux-mêmes la nature exacte des altérations apportées à la pierre originelle ?

Cette difficulté technique se double d'une bizarrerie juridique. Tant que le procédé inventé et très partiellement dévoilé par GE reste indétectable, vendeur et client peuvent accepter de considérer que la pierre est naturelle. Mais imaginons que quelqu'un, par exemple un ingénieur du GIA, découvre un moyen de détecter le procédé GE-POL : le client sera alors en droit, dans certains États américains, d'attaquer rétroactivement le vendeur en justice pour dissimulation d'éléments matériels. D'un autre côté, le GE-POL est susceptible de stimuler la curiosité du client féru de hautes technologies, surtout si on lui explique que ces pierres sont, en définitive, en nombre très limité et constituent par conséquent des pièces rares...

Le nouveau putsch de Pierre Bergé

– Monsieur Arnault ! Monsieur Arnault !

Yves Saint Laurent, reconnaissable entre mille à ses célèbres lunettes à monture d'écaille noire, a l'air bouleversé. Depuis le début du défilé Dior homme, il ne semblait pas dans son état normal, tournant la tête de droite et de gauche, comme affolé, à la manière d'un ibis prisonnier. À certains moments, le plus célèbre couturier vivant parlait tout seul ; on aurait juré qu'il répétait une tirade. Une fois le show terminé, les mannequins repartis vers les coulisses, Hedi Slimane, le directeur artistique de la ligne masculine de Dior, acclamé par le public entassé dans la galerie botanique du Jardin des Plantes, YSL peut enfin passer à l'action : il se faufile un peu brusquement devant Catherine Deneuve et se rapproche du président de LVMH. Avec un mince et indéfinissable sourire où se mêlent froideur, politesse et, pour une fois, un rien de gaieté, celui-ci penche sa longue et droite silhouette vers celle, plus petite et courbée, du couturier :

« Monsieur Saint Laurent ?

– Monsieur Arnault, je vous en prie, sortez-moi de cette magouille ! »

L'échange, qui n'a duré que quelques secondes, est noyé dans le brouhaha mondain d'après défilé. Mais de quoi parle donc Yves Saint Laurent ? Quelle magouille ? Et pourquoi son visage est-il si contracté ?

Sentant probablement qu'un petit drame est en train de se jouer, Jack Lang et John Galliano, le premier en costume Mugler, le second en baskets blanches, débardeur citron et pantalon camouflage, s'éloignent par courtoisie de quelques pas. C'est le moment que choisit Pierre Bergé pour surgir tel un diable de sa boîte. D'un ton coupant, sans réplique, il apostrophe son compagnon de trente ans :

« Tais-toi, mais tais-toi donc ! Il y a des micros ! »

Trop tard ! Yves Saint Laurent secoue la tête d'un air profondément agacé, celui d'un homme qui ne supporte plus de se taire. Pierre Bergé, autoritaire, l'attire à l'écart. C'est fini. Seuls les initiés peuvent comprendre que la conversation vive et brève qui vient de se dérouler sous leurs yeux est de nature à embraser de nouveau le front dans la guerre entre Bernard Arnault, dont le groupe comprend Christian Dior, et François Pinault, qui contrôle Saint Laurent. La supplique d'YSL n'est pas difficile à traduire : il accepte de plus en plus mal ce qu'il convient d'appeler l'« ère Gucci ».

Depuis bientôt deux ans, depuis que François Pinault est devenu l'actionnaire de référence de Gucci, l'univers Saint Laurent est coupé en deux : la Haute Couture est restée entre les mains du couple Bergé-Saint Laurent, avec le soutien financier direct de Pinault ; le prêt-à-porter, lui, est passé sous le contrôle direct de Tom Ford, le gourou de Gucci. Tout avait pourtant semblé définitivement réglé à la fin de 1999, mais c'était faire peu de cas de l'équation psychologique qui s'est révélée, au fil des mois, plus complexe que prévu.

En octobre 2000, on l'a vu, YSL avait préféré se retirer dans une de ses propriétés marocaines plutôt que d'assister au premier défilé de prêt-à-porter Saint Laurent dessiné par Tom Ford et mis en scène comme un vibrant hommage au couturier. Le 27 janvier 2001, toujours au musée Rodin, Tom Ford fait défiler la mode Yves Saint Laurent Rive Gauche pour homme avec des mannequins portant des lunettes à monture noire. YSL n'est toujours pas là. Une fois, ça va ; deux fois... ce n'est plus de la distraction, c'est de l'hostilité ! D'autant plus que, le lendemain, il arrive parmi les premiers au défilé masculin de Dior, la marque fétiche de Bernard Arnault. De la provocation pure et simple ! En plus, il a amené avec lui ses deux égéries : Catherine Deneuve et Betty Catroux, qui se sont répandues en « Mon Dieu, c'est magnifique ! » pendant tout le défilé de Slimane. Difficile de ne pas voir dans cette démonstration d'enthousiasme une manifestation de mépris envers Gucci et un geste de rébellion caractérisée à l'encontre de François Pinault, un mécène qui accepte pourtant d'investir à perte, chaque année, plusieurs dizaines de millions de francs dans la « magouille », afin de maintenir à flots la magnifique mais ruineuse Haute Couture d'Yves Saint Laurent. Le génie est décidément ingrat !

Alors, au bout du compte, qui a imaginé le psychodrame du Jardin des Plantes ? Ce pourrait être Bernard Arnault, sur les conseils de son conseiller Christophe Girard, un ancien directeur général de Saint Laurent que Pierre Bergé poursuit de sa vindicte depuis qu'il a quitté son aile protectrice et envahissante. Peut-être Arnault a-t-il cherché à démontrer à François Pinault et au microcosme de la mode parisienne que c'est lui qui incarne la vraie tradition, le vrai goût français face aux cow-boys italo-américains de Gucci ? Si tel était son objectif, il a été en partie atteint. L'accueil poli réservé la veille au défilé de Tom Ford ne se compare en rien au triomphe extravagant d'Hedi Slimane qui – ironie du sort – avait fui Saint Laurent, quelques mois auparavant, plutôt que de se retrouver sous la férule du Texan. Une belle occasion, pour le camp Arnault, de murmurer dans les salons parisiens que Ford tarde à trouver sa voie chez Saint Laurent. Suzy Menkes, la redoutée pythie du *Herald Tribune*, ne juge-t-elle pas elle-même que les défilés Saint Laurent de Tom sont décidément « très Gucci » ?

Mais si, au contraire, l'incident avait été monté de toutes pièces par Pierre Bergé, patron d'Yves Saint Laurent Haute Couture qui, tout en faisant semblant de retenir son ami YSL, aurait voulu, en défrayant la chronique, réaffirmer sa souveraineté sur un royaume en peau de chagrin ? Ce serait bien là son style... Depuis le début, Bergé n'a-t-il pas toujours monté le fragile Saint Laurent contre Tom Ford ? Un de ses amis le confirme :

« Ce Pierre, c'est un scorpion, un destructeur ! »

Pour établir une vérité microcosmique incontestable, le moindre détail compte. À l'origine, Bergé devait se rendre seul au défilé Slimane, mais il a appelé la veille par l'intermédiaire de Clara Saint, pour faire inviter YSL et son entourage, ce qui accrédite indubitablement la thèse de la préméditation. Pas très élégant de la part de Bergé qui venait, quelques jours plus tôt, de toucher d'Artémis le chèque rondelet finançant sa maison de Haute Couture. Selon ses proches, François Pinault écumait. Il aurait même appelé Domenico De Sole pour épancher son courroux.

Quoi qu'il en soit, la riposte des syndicats de Saint Laurent aura été cinglante. Après l'apparition surprise et les applaudissements frénétiques d'YSL au défilé Dior, le collectif CGT de l'entreprise publiera une lettre ouverte dans laquelle il accusera Pierre Bergé de trahir la maison fondée par lui quarante ans plus tôt. Difficile, soit dit en passant, de leur donner tort. Quant à De Sole, c'était la première fois dans sa carrière qu'il se voyait soutenu par un syndicat communiste !

Quelques heures avant le défilé Slimane, LVMH avait laissé entendre qu'il renoncerait à toute poursuite devant la justice si François Pinault lançait une OPA sur l'ensemble du capital de Gucci, à 100 dollars l'action. Le Breton avait rétorqué que l'offre ne tenait plus. Les hostilités ont donc bien repris au Jardin des Plantes. Dans la guerre totale pour sauver la face, le strass et le cash, il n'y a pas de petite victoire.

Une star de trop chez Dior

L'affaire du Jardin des Plantes, le coup de sang d'Yves Saint Laurent, ce qu'ils révèlent des sourdes tensions au sein de l'empire Gucci-Pinault ont eu un tel effet sur le Paris de la mode que l'autre échauffourée du jour, plus feutrée, il est vrai, est passée quasi inaperçue. Elle relève sans doute davantage de la chronique *people* des gazettes que des pages *business* des journaux, mais elle en dit long sur le Paris de la mode. Il s'agit du conflit de plus en plus ouvert mettant aux prises les deux stylistes stars de la maison Dior, John Galliano, quarante ans, grand prêtre de la haute couture et du prêt-à-porter féminin, et Hedi Slimane, le tout jeune nouveau responsable de la ligne masculine.

Cet accrochage-là, aucun micro n'a pu le capter. Pour y croire, il fallait le voir. Voilà pourquoi, pendant le défilé androgyne de Slimane, les connaisseurs n'avaient d'yeux que pour la jeune femme assise à côté de John Galliano, une actrice aux cheveux blonds coupés très court, à la Jeanne d'Arc, Cate Blanchett. En fait, ces connaisseurs ne regardaient pas tant l'actrice que son costume : un costume noir, un costume d'homme. Un costume d'homme dessiné par Galliano en forme de subtil défi à Slimane, le responsable en titre de Dior homme.

Entre les deux *prime donne* de la maison, le torchon brûle

depuis le début. La première alerte a eu lieu à la mi-juillet 2000. À l'époque, il y a seulement dix jours que Slimane a rejoint Dior pour relancer la mode masculine, quand une rumeur commence à filtrer dans le quartier de l'Avenue Montaigne : Slimane aurait l'intention, comme il le faisait chez Saint Laurent, de destiner certains de ses vêtements masculins aux femmes. Galliano ne s'y trompe pas : la méthode est éprouvée. On répand une rumeur par l'intermédiaire des gazettes et des sites web spécialisés pour tester la réaction du milieu, puis on la dément avec véhémence dans la grande presse généraliste. Et ainsi de suite…

Cette fois, la rumeur est d'autant plus crédible que Slimane a atteint tout jeune à la célébrité grâce à sa mentalité «bordurière». La frontière entre les sexes n'existe pas pour lui. Il la franchit dans un sens, puis dans l'autre, avec la ferme intention de ne pas se laisser enfermer ni d'un côté ni de l'autre. Madonna a fait de Slimane une star en portant ses costumes. Pourquoi ne continuerait-il pas ?

Tout cela inquiète Galliano, au point qu'il fond en larmes, derrière la scène, lors de son défilé d'été pour Dior, tandis que la sono inonde l'école des Beaux-Arts d'un mélange sonore de gémissements extatiques d'une femme au bord de l'orgasme et de bruits de coups de fouet. Certains chroniqueurs veulent y voir une transcription musicale des tourments intimes de John Galliano, mais Sidney Toledano, président de Dior, s'efforce de rester prosaïque :

«Écoutez, tout ce que je peux vous dire, c'est que si une femme entre dans un de nos magasins pour homme et demande qu'on lui fasse un costume, on le lui fera[1]…»

Cette sincère tentative d'apaisement est reçue comme un soufflet par Galliano qui se découvre sur le tard une passion

1. *Fashion Wire Daily*, 13 juillet 2000.

dévorante pour la séparation des sexes. Les femmes, si l'on peut dire, c'est lui ! Le costume que Cate Blanchett porte dans la galerie botanique ne constitue donc pas pour lui une mince victoire. Il signifie qu'en six mois, l'Anglais a réclamé et obtenu de Toledano qu'aucun mannequin féminin ne défile pour Slimane.

Galliano est-il pour autant complètement rasséréné ? On peut en douter. John a quarante ans, Hedi trente-deux, et le premier ne peut pas ne pas redouter, pour l'avenir, l'ambition dévorante du second.

On sait encore peu de choses sur Slimane. Mère italienne, père tunisien, hypokhâgne, un peu d'école du Louvre. Assistant de José Lévy, puis styliste homme pour Newman avant d'être recruté par Christophe Girard pour Saint Laurent, il vit entre Paris, New York et Berlin. On le sait un peu autoritaire. Il aurait fait refaire les portes de ses ateliers Dior afin qu'elles mettent mieux en valeur sa silhouette, et il lui serait arrivé d'humilier publiquement un collaborateur pour être venu travailler affublé d'une veste verte. Rien de gravissime, en somme.

Hedi Slimane est certes jeune, mais est très loin d'être un enfant de cœur. Son départ de Saint Laurent Rive Gauche Homme, en mars 2000, a même révélé d'indéniables qualités de stratège. La rumeur qu'il a fait courir à l'époque consistait à faire savoir que sa puissance créative ne s'accommoderait jamais au grand jamais, de la supervision de Tom Ford qui venait, pour le compte de Gucci, de prendre la direction de la création chez Saint Laurent. Alors il démissionne. Slimane est jeune, frénétiquement ambitieux, apprécié de quelques stars de Hollywood, il peut donc se le permettre. Le bluff « fonctionne » au-delà de ses espérances. Tom Ford, qui redoute un exode massif des troupes de l'avenue George-V, prend sur lui et déclare dans un communiqué conciliant que le talent de Slimane « est si fort qu'il mérite sa propre marque ». Gucci précise aussitôt qu'il est l'interlocuteur « exclusif » de Slimane pour l'établissement de cette nouvelle maison, ce qui fait instantanément de ce dernier le styliste le plus courtisé d'Europe... *Vogue* croit même savoir que Patrizio Bertelli, le « caudillo » qui mène Prada à la baguette, lui offrirait volontiers la mode homme de Jil Sander, qu'il vient d'acquérir.

Cette « exclusivité » brandie par Gucci, qui est naturellement une pure fiction, va mettre à Slimane en position de force pour négocier en réalité avec LVMH, la *némésis* de Gucci... Mais si grand que soit son désir de marquer Gucci à la culotte, le groupe de Bernard Arnault n'a pas du tout envie d'ajouter une autre maison de mode aux dix qu'il héberge déjà. D'autant que la seule maison de couture que Bernard Arnault ait jamais lancée, Christian Lacroix, n'a jamais fait un franc de bénéfice avant 2001, soit près de quinze ans après son lancement. Manifestement, Gucci n'était pas tenté non plus, puisque, finalement, Slimane a rejoint Dior...

ÉPILOGUE

L'armistice du 10 septembre

Via Montenapoleone, l'artère du luxe milanais, tout le monde en rit encore. Personne n'aurait imaginé que la «guerre des sacs» prendrait un jour une tournure aussi cocasse, aussi mesquine. Voici les faits :

Au début de 2001, Dior, la marque fétiche de Bernard Arnault, s'installe dans une superbe boutique de cette rue où les prix de l'immobilier figurent parmi les plus élevés de la planète. Le «pas-de-porte», c'est-à-dire la somme à payer au précédent locataire pour avoir le droit de s'installer, y atteint des sommes folles. Dior a payé le sien 20 milliards de lires, c'est-à-dire pas loin de 70 millions de francs, sans parler de l'énorme loyer qu'il va devoir verser. Ce sont là des montants qu'on n'engage pas à la légère. Le quartier a donc ses us et coutumes. À Milan, avant de payer son pas-de-porte, le locataire et ses avocats vérifient toujours soigneusement que le bail court bien sur douze ans afin d'amortir la dépense. Ce n'est vraiment pas le moment d'être distrait.

Pourtant, les avocats de Sidney Toledano devaient penser

ce jour-là à autre chose, puisqu'ils n'ont pas pris garde au fait que leur bail ne courait que sur cinq ans ! En temps de paix, l'erreur aurait pu n'être qu'une peccadille. Mais la guerre du luxe fait rage et l'immeuble au pied duquel trône Dior est soudain racheté, pour la coquette somme de 180 milliards de lires, par... Gucci ! Domenico De Sole compte installer toutes les marques de son groupe au rez-de-chaussée. Il faut de la place. Sous peu, il y aura d'ailleurs une marque de plus : la maison de Stella McCartney va entrer dans le giron du groupe. La jeune femme avait été presque pressentie, en 2000, pour remplacer Tom Ford chez Gucci afin de laisser celui-ci se concentrer sur Saint Laurent, mais, comme cette végétarienne fanatique refusait de travailler le cuir et la fourrure, les négociations avaient tourné court... Toujours est-il que, dans cinq ans, Dior devra déménager et payer un nouveau pas-de-porte.

C'est dire si la première année du XXIe siècle a mal commencé pour Bernard Arnault. Pour toutes les marques de luxe, l'année 2000 a été faste, avec des progressions à deux chiffres des bénéfices. Mais 2001, même avant les attentats du 11 septembre, n'a pas tenu ses promesses. Récession aux États-Unis, au Japon, en Allemagne. Pour les groupes de luxe, une époque se termine, celle où ils achetaient n'importe quelle marque à n'importe quel prix. Pour l'heure, on consolide et on lèche ses blessures.

Naturellement, plus on est grand, plus on risque de souffrir du ralentissement qui s'annonce. LVMH, numéro un mondial, a beau être protégé des cycles économiques par sa diversification poussée entre marques de mode et maroquinerie, il doit se montrer prudent. Ses dernières acquisitions n'ont pas convaincu les analystes financiers. Fendi, que Bernard Arnault a racheté avec Prada, tarde à se doter d'une véritable équipe de gestion, et les cinq sœurs

Fendi, des femmes au caractère très affirmé, rendent le projet particulièrement ardu. Bernard Arnault a même fini par racheter ses parts à Prada à la fin de 2001. La prise de contrôle de Donna Karan, la marque de prêt-à-porter américaine, a fini par aboutir. C'est la première grande marque américaine à passer sous contrôle étranger. LVMH l'a payée une somme inférieure à son chiffre d'affaires, mais, là encore, il n'est pas évident qu'elle soit nécessaire au groupe. Dans la vie, qui trop embrasse, mal étreint. Dans le luxe, qui trop rachète, mal relance.

Ces doutes et le ralentissement économique global ont secoué le titre LVMH. Après les deux années de nette hausse qui avaient suivi la crise asiatique de 1997, il a chuté de 37 % en un an, une contre-performance flagrante. Au cours de la même période, l'« indice luxe » de Morgan Stanley Dean Witter n'a fléchi, lui, que de 4 %.

Heureusement, il y a aussi de bonnes nouvelles pour l'avenue Hoche. Certaines sont anecdotiques. Bernard Arnault a fini par avoir gain de cause sur François Pinault. L'enseigne Conforama qui défigurait le toit de l'immeuble où siège Louis Vuitton, quai de la Mégisserie, a enfin été enlevée. Le distributeur de meubles, qui appartient au groupe Pinault, a un magasin dans cet immeuble. Depuis trois ans, les deux hommes étaient en conflit au sujet de cette enseigne, dont la présence était contraire aux règles d'urbanisme, mais qui était en place depuis plus de vingt ans.

Plus sérieusement, l'affaire Gucci, c'est fini !

Le 10 septembre 2001, vingt-quatre heures avant la tragédie de New York, les deux camps ont signé l'armistice et on enterré la hache de guerre. Après trente-six mois de paix armée sur le front de la maroquinerie, Bernard Arnault cède ses parts à François Pinault, à 94 dollars pièce. Il avait longtemps rêvé d'un meilleur prix mais, dans une conjoncture aussi dégradée, il lui a fallu revoir ses ambitions. Après tout, voila près de 14 milliards de francs qui retrouvent le chemin des caisses de LVMH. Le groupe est assez endetté pour ne pas bouder son plaisir, même si, sur le plan stratégique, ce départ de Gucci est un échec pour Bernard Arnault, sans doute le plus cuisant de sa carrière. Pinault, lui, s'offre à ce prix le contrôle de la maison Gucci, même s'il faudra à PPR attendre 2004 pour savourer son pouvoir. Le Breton a dit oui pour en finir. Depuis le printemps, à la Chambre des entreprises de la cour d'appel d'Amsterdam, l'atmosphère s'était considérablement alourdie pour Gucci. Depuis le 8 mars 2001, exactement. Ce jour-là, l'alliance entre Gucci et PPR a pris du plomb dans l'aile. La Chambre critique sévèrement l'alliance et affirme que Gucci a « failli au respect des principes de raison et d'équité » du code civil néerlandais en faisant semblant de négocier de bonne foi avec LVMH tout en signant par ailleurs avec PPR. Raison, équité : à Amsterdam, ces mots-là sont pris très au sérieux. La chambre des entreprises ordonne donc une enquête pour déterminer si, oui ou non, le groupe de Domenico De Sole s'est rendu coupable d'une « faute de gestion » lors de l'alliance avec PPR. C'est la première fois, aux Pays-Bas, qu'une enquête est lancée sur une société qui n'est pas en faillite. Trois sages rompus à la marche des affaires ont été chargés de la mener à bien. Il s'agit d'Ad Jacobs, ex-PDG de la Banque ING, de H. Honée, ancien directeur juridique d'Unilever et de J. Rijkels, conseiller juridique indépendant. Pendant six mois, ces trois experts vont fouiller dans les archives de Gucci, pour vérifier si l'alliance était licite. Au cours de leurs recherches, ils pourraient bien explorer l'hypothèse suggérée avec insistance – mais sans preuves – par LVMH, selon laquelle les dirigeants de Gucci ont été achetés avec des stock-options. Pour Gucci, pour PPR, pour

François Pinault, il est impératif d'enterrer l'enquête. Pour ça, il faut traiter avec Arnault. Et c'est l'armistice.

Nous interrompons ici notre chronique des guerres du luxe. La bataille pour Gucci, qui vient de s'achever, a montré que le luxe n'est plus un secteur industriel si différent des autres, et que les enjeux financiers qu'il représente lui interdisent à jamais de revenir à la douce quiétude du bon vieux temps de l'artisanat familial. Quelle meilleure et plus triste preuve de cette mutation que l'adieu définitif d'Yves Saint Laurent à la haute couture, le 7 janvier 2002, et la fermeture de la maison de l'avenue Marceau. Le luxe a perdu son prince. Le marketing de série, la communication, la publicité ont gagné et ne lâcheront plus la poule aux œufs d'or. Tout un monde a basculé : le luxe n'est plus, comme le rêvait avec optimisme Louis-Ambroise de Bonald, « une recherche inquiète de la perfection [1] ». C'est la recherche tout aussi inquiète de marges bénéficiaires qui l'anime aujourd'hui. Passé à la meule des concentrations, des fusions, des acquisitions, menacé par la cannibalisation réciproque de marques qui se ressemblent trop, dopé au merchandising, il doit désormais, paradoxalement, se méfier de son prodigieux succès. En méditant, par exemple, l'adage de l'humoriste et dramaturge Henri Duvernois, qui affirmait souvent d'un air dégoûté : « Le luxe, c'est l'art des imbéciles ! »

1. *Pensées*, Œuvres complètes, J-P Migne, 1859.

Petit catalogue

LVMH ET GROUPE ARNAULT

Haute-couture, prêt-à-porter, maroquinerie

Dior – Givenchy – Christian Lacroix – Emilio Pucci – Kenzo – Donna Karan – Louis Vuitton – Loewe – Celine – Fendi (50 %) – Thomas Pink – Berluti

Parfums

Parfums Christian Dior – Kenzo Parfums – Parfums Givenchy – Guerlain

Cosmétiques

Benefit Cosmetics – Bliss – Fresh – Hard Candy – Make up for ever – Urban Decay

Joaillerie-horlogerie

Chaumet – Fred – Ebel – Tag Heuer

Marché de l'art

Étude Tajan – Étude Phillips

Distribution

Duty Free Shoppers – Sephora – Le Bon Marché

Autres

Omas – eLuxury

FRANÇOIS PINAULT ET GROUPE GUCCI

Prêt-à-porter

Gucci – Yves Saint Laurent – Alexander McQueen – Stella McCartney – Sergio Rossi – Bottega Veneta

Joaillerie et horlogerie

Boucheron – Roger & Gallet – Bédat & Co

Haute couture

Yves Saint Laurent Haute Couture

Marché de l'art

Christie's

SWATCH

Marques

Bréguet – Blancpain – Glasshütte Original – Jacquet-Droz – Omega – Longines – Rado – Tissot – cK Watches – Certina – Mido – Hamilton – Pierre Balmain – Swatch – Flik Flak – Endura

Mouvements

ETA – Frédéric Piguet – Nouvelle Lemania – Valdar – avre & Perret SA – Georges Ruedin – Mecco – Lascor – SMH Assembly – Comadur – Nivarox-Far – Omega Electronics

GROUPE PRADA

Prada – Jil Sander – Helmut Lang – Churcu – Fendi (50 %)

RICHEMONT

Cartier – Van Cleef & Arpels – Piaget – Baume et Mercier – IWC – Jaeger LeCoultre – A. Lange & Söhne – Officine Panerai – Vacheron Constantin – Dunhill – Lancel – Montblanc – Montegrappa – Hackett – Old England – Purdey – Chloé – Shanghaï Tang

INDEX

Agins, Teri : 287n.
Agnelli, Giovanni : 217
Alaïa, Azzedine : 91, 191-194, 230.
Arbus, Diane : 60.
Armani, Giorgio : 210, 217, 285-289, 291.
Arnault, Bernard : 15, 17, 24, 35-41, 43, 45, 48-52, 54-58, 60, 61, 65, 68, 69, 77-87, 109, 112, 133, 141, 151, 152, 181-183, 195-198, 203-206, 210, 230-231, 241, 242, 246, 258, 265, 267, 273, 275, 276, 278, 307, 308, 312, 313, 321, 322, 325, 327, 339, 343, 344, 347, 352, 363-365, 372-377.
Arnault, Hélène : 39.
Audibet, Marc : 113.
Ayoub, Mouna : 277.

Bacall, Lauren : 187.
Balenciaga, Cristobal : 115.
Balladur, Édouard : 206.
Barbizet, Patricia : 47, 196, 198.
Basquiat, Jean-Michel : 308.
Bazire, Nicolas : 206.
Beaumarchais, Pierre Augustin Caron de : 178.
Beaux, Ernest : 163.
Bellamy, Adrian : 199, 201, 202, 245.
Bergé, Pierre : 67-71, 73, 78, 81, 109, 185-189, 364-366.
Berluti, Olga : 251-253.
Berluti, Talbinio : 250.
Berluti, Torello : 251.
Bernheim, Antoine : 79, 85.
Bertelli, Patrizio : 105, 107-109, 117, 191-194, 372.
Bertelsen, Peder : 63.
Biderman : 78.
Blanchett, Cate : 369, 371.
Bohan, Marc : 151, 152.
Boies, David : 222.
Bolloré, Vincent : 85.
Bonald, Louis-Ambroise de : 377.
Bouquet, Carole : 163.
Boussac : 210.

Boyajian, Bill : 358.
Brant, Peter : 193.
Bravo, Rosemarie : 95, 97, 98.
Breguet, Abraham Louis : 316.
Brooks, Diana : 310.
Buckley, Richard : 30.
Bult, John A. : 64.
Bündchen, Gisèle : 157.
Burberry, Thomas : 95.
Burstein, Joan : 62.

Campbell, Naomi : 230.
Carcelle, Yves : 15-17, 24, 135, 275, 277.
Cardin, Pierre : 209, 211-215, 221.
Catroux, Betty : 12, 365.
Cerruti : 287, 288.
Cézanne, Paul : 313.
Chanel, Coco : 149, 251.
Charles, prince : 277.
Chastel, André : 170.
Chevalier, Alain : 78, 81, 82.
Chopard : 355.
Clinton, Bill : 222, 284.
Close, Glenn : 288.
Cocteau, Jean : 213.
Connery, Sean : 288.
Costner, Kevin : 288.
Cresp, Olivier : 177.
Cruise, Tom : 245.
Cunanan, Andrew : 293.

Dahl, Sophie : 297.
Dali, Salvador : 344.
Dalle, Béatrice : 230.
Davidge : 310, 311.
Deneuve, Catherine : 163, 187, 363, 365.
De Niro, Robert : 286.
Depp, Johnny : 301.
De Sole, Domenico : 15-25, 29, 31, 32, 36-39, 43, 45, 47-52, 54, 57, 67-71, 74, 76, 85, 97, 109, 144, 181-183, 185, 189, 195, 197-199, 201, 202, 241-247, 257, 259-261, 263, 265-267, 269-272, 276, 300, 366, 374, 376.
Diana, Lady : 292, 293.
DiCaprio, Leonardo : 245, 301.
Diderot, Denis : 94.
Dior, Christian : 59, 152, 153, 210, 233.
Dubuffet, Jean : 308.
Dufour, Philippe : 316.
Dumas, Jean-Louis : 93, 99, 101, 104.
Dumas, Michèle : 104.
Dumas, Olivier : 104.
Dumas, Roland : 251.
Dumas, Thierry : 104.
Duvall, Robert : 21.
Duvernois, Henri : 377.

Elbaz, Alber : 73.
Ellis, Perry : 28, 300.

Fabius, Laurent : 78, 79.
Falaise, Loulou de la : 188, 189.
Fendi (sœurs) : 375.
Ferragamo, Salvatore : 217, 294.
Ferré, Gianfranco : 64, 151, 234.
Ford, Tom : 12-15, 19, 25, 27-29, 32, 37, 39, 45, 47, 50, 52, 73-76, 84, 97, 108, 109, 113, 127, 147, 148, 186-189, 195,

210, 241-246, 254, 257, 259-263, 269-272, 275, 276, 297, 300, 301, 364-366, 371, 374.
Friocourt, Michel : 52.
Frisanco, Marc : 235, 237-239.

Galliano, John : 59-65, 86, 112, 123, 150, 152, 155, 157-159, 192, 201, 203, 225, 231-234, 278, 300, 364, 369-371.
Gaudino, Antoine : 206, 207.
Gauguin, Paul : 313.
Gere, Richard : 286, 287.
Gervais, Nathalie : 113.
Giessen, Caroline van der : 200, 202.
Girard, Christophe : 365, 371.
Givenchy, Hubert de : 65, 115.
Gleitze, Mercédès : 336.
GN, Andrew : 227, 228.
Godé, Pierre : 40, 41, 44, 55, 56, 254, 266, 272.
Gomez, M^{e} : 252.
Gore, Al : 284.
Goude, Jean-Paul : 299.
Grace, princesse : 20.
Graham, Christopher : 298.
Grant, Cary : 217.
Greenspan, Alan : 348.
Gruosi, Fawaz : 354, 355.
Gucci, Aldo : 21-23
Gucci, Guccio : 20, 21, 24.
Gucci,, Maurizio : 21-25, 27, 28, 292.
Gucci, Paolo : 20-23.
Gucci, Roberto : 21.
Gucci, Rodolfo : 21, 23.
Guerrand, Hubert : 104.
Guerrand, Patrick : 104.

Halliday, David : 230.
Hanks, Tom : 106, 287.
Hardwick, Cathy : 28.
Hayek, Nicolas : 93, 317, 318.
Hearst, Veronica : 220.
Heineger, André : 334, 335.
Heiniger, Patrick : 334.
Helleu, Jacques : 163, 165.
Hepburn, Audrey : 217.
Hermès, Aline : 104.
Hermès, Thierry : 101.
Hilfiger, Tommy : 224, 225.
Honée, H. : 376.
Horyn, Cathy : 187, 229.
Hue, Robert : 109.
Hunt, Helen : 106.

Jacobs, Ad : 376.
Jacobs, Marc : 112, 201, 278.
Jaffré, Philippe : 242, 243.
Jagger, Mick : 230.
John, Elton : 293.

Kaas, Patricia : 230.
Kabila, Laurent-Désiré : 342.
Katz, David : 269, 270.
Kennedy, Jackie : 20.
Kennedy, John : 293.
Kidman, Nicole : 155, 227.
Killy, Jean-Claude : 333.
Klein, Calvin : 220-224, 287.
Knight, Nick : 159.
Koolhaas, Rem : 111.
Kors, Michael : 112, 278.
Kubrick, Stanley : 230.

Lacroix, Christian : 80.
Lagerfeld, Karl : 84, 108, 109, 149, 194.

Lalanne : 13.
Lanciaux, Concetta : 55.
Lang, Jack : 364.
Lauder, George : 108.
Lazareff, Hélène : 213.
Lee, Mark : 74.
Léger, Fernand : 294, 308.
Le Pen, Jean-Jacques : 170, 174.
Lepore, Nanette : 226.
Lévy, José : 371.
Lieber, James : 40, 199.
Lievev, Lev : 342.
Lopez, Jennifer : 227.

Madonna : 63, 227, 277, 292, 370.
Maillebeau : 175.
Malevitch, Kasimir : 313, 314.
Marais, Jean : 213.
McCartney, Stella : 85, 374.
McGurn, William : 36, 40, 45.
McKnight, Gerald : 20n.
McQueen, Alexander : 85, 112, 113, 158, 275-279.
Méaux, Anne : 55-57.
Meisel, Steven : 297.
Messier, Jean-Marie : 196, 198.
Mendès : 75
Menichetti, Roberto : 98, 113.
Menkes, Suzy : 108n, 189, 229, 366.
Mitterrand, François : 77.
Mobutu, Sese Seko : 342.
Mondrian, Piet : 307.
Monet, Claude : 308, 313, 314.
Monroe, Marilyn : 163.
Moore, Henry : 307.
Morais, Richard : 212.
Moss, Kate : 98.
Mueller, Patrice : 337.
Mugler, Thierry : 162-165, 167, 170, 173-178.

Neutra, Richard : 29.
Nietzsche, Friedrich : 92.
Nishizawa, Ryue : 112.
Nolte, Nick : 288.
Norman, Jessy : 194.
North, Oliver : 222.

Onassis, Aristote : 251.
O'Neill, Paul : 242.
Oppenheimer (famille) : 340, 351.
Oppenheimer, Sir Ernest : 350.
Oppenheimer, Harry : 350.
Oppenheimer, Nicky : 339, 350.
Ortiz, Christina : 113.
Orwell, George : 36.
Oswald, Lee Harvey : 293

Paltrow, Gwyneth : 277.
Pambianco, Carlo : 141.
Parker, Sarah Jessica : 227.
Pasolini, Pier Paolo : 213.
Pawson, John : 111.
Perella, Joseph : 46.
Perrin, Alain-Dominique : 235, 327.
Peyrelevade, Jean : 196.
Pfeiffer, Michelle : 286.
Picart, Jean-Jacques : 13.
Picasso, Pablo : 251, 294, 307, 314, 344.
Pilati, Stefano : 113.
Pinault, François : 15, 39, 40, 46-

52, 56-58, 67-71, 74, 87, 183, 185, 195, 196, 198, 204-207, 210, 241, 266, 271, 272, 275, 307, 308, 312, 313, 364-367, 375, 377.
Poivre d'Arvor, Patrick : 59.
Pollock, Jackson : 307.
Porter, Michael : 218.
Portzamparc, Christian de : 308.
Prada, Miuccia : 105, 106, 109, 111-113, 116, 127.
Prouvost : 78.

Racamier, Henri : 81, 82, 132, 133.
Ralf, Gary : 358.
Rampazzi, Carlo : 252.
Rauschenberg, Robert : 307.
Ravenel, Ariel de : 76.
Reagan, Ronald : 78.
Reggiani, Patrizia : 24.
Reilly, Pat : 287.
Renoir, Auguste : 313.
Reza, Alexandre : 349.
Ribeiro, Caroline : 300.
Rijkels, J. : 376.
Robinson, Patrick : 288.
Rodriguez, Narciso : 113.
Roitfeld, Carine : 29.
Rosen, Carl : 220.
Rothko, Mark : 39, 307.
Roux, Ambroise : 56.
Ruppert (famille) : 341, 350, 352.
Ruppert, Johann : 144, 326.
Ruzow, Stephen : 227.

Saint, Clara : 366.
Saint Laurent, Yves : 12, 13, 67-71, 73, 91, 109, 153, 185-189, 297, 363, 364, 366, 369, 377.
Saltzman, Ellin : 63.
Samet, Jamie : 229.
Sander, Jil : 108, 115, 116-118, 194.
Santos, Eduardo dos : 342.
Schwartz, Barry : 220, 221, 223.
Seigner, Mathilde : 230.
Sejima, Kazuyo : 112.
Seymour, Stéphanie : 193.
Sieff, Jean-Loup : 67.
Silvestrin, Claudio : 111.
Singer, Bob : 266.
Sirven, Alfred : 250.
Slimane, Hedi : 73, 74, 187, 201, 363, 365, 366, 369-372.
Sobieski, Lee Lee : 230.
Sprouse, Stephen : 132.
Stalla-Bourdillon, Bertrand : 253.
Stone, Sharon : 63, 217, 287.
Strubi, Vera : 164, 169, 178.

Tapie, Bernard : 78.
Taubman, Alfred : 309, 312.
Tennant, Anthony : 309, 311.
Tessler, Marianne : 275.
Testino, Mario : 29.
Toledano, Sidney : 152, 153, 158, 159, 229, 230, 370, 371, 373.
Treacy, Philip : 189.
Truffaut, François : 251.
Tuttle, Alan : 56, 258-261, 263, 265-267, 271-273.

Ullman, Myron : 84, 344.

Valentino : 217, 287.
Valle, Andrea della : 218.
Valle, Diego della : 215, 216, 218, 294.
Valle, Dorino della : 216.
Versace, Allegra : 295.
Versace, Donatella : 113, 291, 294, 295, 293.
Versace, Gianni : 217, 287, 291-295.
Versace, Santo : 293, 294.
Villagus, Fanny : 155, 159.
Visconti, Luchino : 213.
Voiers, Mark : 283, 284.
Vriens, Mathias : 75.
Vuitton, Louis : 131.
Vukmirovic, Milan : 75.
Vuursteen, Karel : 245.
Vyegin-Orloff, Nadia : 354.

Wachner, Linda : 220-222, 224.
Wargnier, Stéphane : 91n, 94.
Warhol, Andy : 163, 164.
Weinberg, Serge : 46-51, 53, 68, 69, 197, 198, 200, 224, 244, 245, 247, 270, 271.
Welch, Jack : 359.
Westwood, Viviane : 249.
Willice, Bruce :
Willot (frères) : 78, 80.
Wilsdorf, Hans : 334, 336.
Wilson, Lambert : 31.
Winslet, Kate : 227.
Wintour, Anna : 64, 230.
Wright, Frank Lloyd : 286.

Zaoui, Michael : 47.
Zegna : 294.
Zidane, Zinedine : 301.

TABLE

Le catafalque de Tom 11
Guerre dans le luxe 15
Domenico De Gucci 19
Dictateur artistique 27
Les tics de la boutique 31
Cette bonne odeur du sang 35
De Sole tire deux fois 43
Une nuit à Luxembourg 51
Messieurs, La Redoute entre dans le luxe ! 55
Le show chaud de Galliano 59
Haute facture 67
Les grandes purges fordiennes 73
Le patron qui venait du Nord 77
Poupées russes 83
Le nouveau luxe ratisse large 89
Le suicide raté de Burberry 95
Hermès à cache-cash 99
Le syndrome Prada 105
Et Patrizio broya Jil 115
Pour 100 milliards de dollars 119
La diversification ou la mort 125
Vuitton dans l'engrenage de l'hypercroissance 129
Les yoyos du yen 135
La concentration permanente 141

La tectonique des marques 147
Vous n'avez pas vu le code génétique de Dior ? 151
Feu vert pour la « campagne lesbienne » 157
Quand N° 5 *court derrière* Angel 161
Le parfum « œuvre de l'esprit » 167
Patchouli contre praline 173
Parfums : la révolution du droit d'auteur 177
« Alors, comment va le maître de l'univers ? » 181
La guérilla du faubourg Saint-Honoré 185
La Belle et la Bête : Alaïa signe avec Prada 191
Le médiateur et les saboteurs 195
Pour 6 millions de stock-options de plus… 199
Le duel 203
Pierre Cardin dans l'enfer des licences 209
Et Tod's changea le luxe 215
Menace sur les jeans Calvin Klein 219
La dictature des « department stores » 225
Bernard et John 229
Global Lady 233
Cartier ne fait pas de quartiers 235
La bombe Dom-Tom 241
Des Gucci au goût de Berluti 249
SEC, mensonges et stock-options 257
Les poubelles de Grafton Street 265
Jeu de dates 269
Alexander McQueen a disparu 275
Tu pourriras par le Web ! 281
Le grand secret de Giorgio 285
Un Versace après Gianni ? 291
La chair de Sophie 297
L'opium des riches 303
Descente aux enchères 307
L'horlogerie suisse est encerclée 315
Raid truqué sur Jaeger LeCoultre 323
Mon royaume pour un mouvement 329

Les masques de Rolex 333
L'empereur du luxe signe avec le roi du diamant 339
De Beers compte sur l'« effet Starbucks » 347
Le « GE-POL » affole les diamantaires d'Anvers 357
Le nouveau putsch de Pierre Bergé 363
Une star de trop chez Dior 369
Épilogue : la surprise de mars 373
Petit Catalogue 379
INDEX 381

Cet ouvrage a été réalisé en Caslon par Palimpseste à Paris

Impression réalisée sur CAMERON par
BRODARD ET TAUPIN
La Flèche

pour le compte des Éditions Fayard
en avril 2002

Imprimé en France
Dépôt légal : avril 2002
N° d'édition : 22152 – N° d'impression : 12773
ISBN : 2-213-60953-5
35-57-1153-03/2